JE M'APPELLE TOI

« *Espaces Libres* »

JACQUES SALOMÉ

JE M'APPELLE TOI

Albin Michel

Albin Michel
■ *Spiritualités* ■

Collections dirigées
par Jean Mouttapa et Marc de Smedt

Première édition en 1979 aux Éditions Le Regard Fertile
Nouvelle édition au format de poche, revue et augmentée :

© Éditions Albin Michel S.A., 1990
22, rue Huyghens, 75014 Paris

ISBN : 2-226-04846-4
ISSN : 1147-3762

Ce livre n'est pas à lire
il est à écouter —
à dire à haute voix
pour entendre bien au-delà
des mots
les messages qu'il retient.

« *Une parole, avant de se couvrir de mots, doit séjourner, en mammifère douloureux, au fond d'un ventre : elle en acquiert le droit d'avoir un sens, d'avoir un son, d'avoir un sang.* »

ALAIN BOSQUET.

Septembre

JE m'appelais Françoise quand je t'ai rencontré et c'est à peine si je le savais. Mes naissances multiples restaient toujours fragiles, incertaines et trop pudiques. J'étais à l'orée de l'existence. J'ai murmuré contre sa bouche :

« L'essentiel n'est jamais dit, même dans un sourire, même dans un regard, l'essentiel peut se perdre à chaque instant même dans une caresse. Tu souris, tes yeux m'enveloppent et je ne sens que ma violence : je ne veux pas te quitter ! »

« C'est cela l'essentiel de chacune de nos rencontres, nous quitter. Car je peux te prendre dans mes bras, je peux te promettre le présent, mais c'est d'avenir que tu as besoin aujourd'hui, disait-il à mon oreille, d'avenir et de rêves-réalité. »

C'était un mot à lui : rêve-réalité. Je m'approchais plus près alors de son regard, à l'extrême bord de sa présence.

« C'est le chemin de ton absence en moi qui m'effraie. Ce n'est pas douleur, mais peur. La peur encore indolore mais tellement présente en moi de se perdre l'un à l'autre, de se dissoudre dans le moindre espace, de disparaître encore vivante de toi dans un repli caché du temps. Je ne crains pas l'oubli. Je crains la destruction, le morcellement de nos attentes. La séparation est moins dangereuse que l'errance, mais plus mortelle que le quotidien d'une attente vaine. Tu le sais, Gaël : je ne veux pas partir. J'ai pris racine en toi, tu es la nourriture de ma vie. »

J'avais appris à écouter aux rives de ses silences des mots qu'il ne disait pas. Je venais ainsi à mon secours, et berçais ma détresse par les sourires du désespoir. Je proposais l'éclat de mon regard dans une ultime offrande. Je caressais ma peur pour l'adoucir, la convaincre de ne pas naître, de ne pas exister, de me laisser encore respirer un peu. J'éloignais toutes mes pensées de demain. Je niais sans cesse le futur pour un présent incertain, un présent à faire, à bâtir désespérément avec des mots fragiles et des regards mouvants, avec des gestes trop hâtifs pour être vraiment chauds.

Je déteste avec une violence terrifiée cette ville à venir où je serai forcée de vivre loin de toi. Je hais ce métier que tu ne me demandes pas de quitter pour rester ici, encore proche de ta présence, de tes visites incertaines, si près de tes absences mêmes.

Je t'écrirai, oh oui, je t'écrirai pour m'irriguer encore de toi.

J'invente déjà les mots à te dire.

Je viens d'acheter à l'instant cinq mille feuilles de papier, du beau papier blanc, toilé, sensuel, sur lequel je pose ma joue, écrivant avec mes cils le déchirement et l'enthousiasme de toi. Je me ferai au bleu et au gris des jours récit de moi-même. Je serai avec toi, hors des espaces, hors des temps et des lieux, hors des gens. Je ne veux pas exister pour les autres. Je vais enseigner, comme on devient prisonnier pour une faute que l'on n'a pas commise. Je vais enseigner pour tuer le temps qui nous sépare, pour regagner sur la vie qui se dérobe chaque instant de ta présence, pour nourrir ma survivance et égarer mon attente. Enseigner pour être encore un peu, un tout petit peu vivante. Enseigner aussi pour

tenter de transmettre plus d'essentiel, les choses ınfimes
de la vie.

Hier, dans la soirée, je me suis « retrouvée » au
quartier Latin. J'avais du temps devant moi, ne pouvant
te le donner. Le soir s'était invité en bleu, il faisait bon
et doux, sans le goût triste de ces derniers jours. Tu le
vois, j'ai encore des perceptions de bonheur possible —
tu me diras : « La tentation du bonheur te guette
toujours. » Le vent criait du fond de la Seine, peut-être
venait-il de plus loin, il emportait la chaleur du jour et
même ses odeurs. La nuit hésitait à venir, prudente ou
oublieuse. C'était un de ces jours où personne n'attend
le soir. Un jour si large si ouvert qu'il peut contenir les
événements d'une existence. La nuit enfin est venue de
l'eau, elle remontait le fleuve en flânant contre les rives
du ciel. Des arbres épais la retiennent au passage et son
ombre s'inscrit aux angles des pavés. Je vois des gens
heureux. Je les imagine heureux, parce que différents.
Je leur invente des sourires, des projets et des bonheurs.
Je les vois marchant vers des certitudes. Je les entends
porteurs de réponses, messagers de possibles à toutes les
attentes qu'ils vont combler. Ils circulent ouverts et
libres dans la vie accueillante de la rue.
    Autrefois, j'allais dans ces mêmes rues, frileuse,
tendue, aventureuse, mais encore inexistante. Avec les
yeux immenses du besoin d'être et les gestes étriqués du
refus. Autrefois, c'était avant. Avant toi.
    Autrefois, je glanais des moments oubliés par les
autres. Autrefois, je m'inventais des morceaux de vie.
Je mâchouillais des restes d'existences. Je mensongeais.
J'allais ainsi mensongeuse, forçant le monde des idées à
m'accueillir, puisque celui-là, le monde de la rue, celui
des objets et des gens, ne semblait pas vouloir me faire
une place.
    Autrefois, ce temps où j'étais à naître, où j'étais
attente indécise et exigence stérile.

Tu es venu.

Avant toi, j'avais peur dans ces rues que pourtant je connaissais bien et que j'aimais. C'était mon univers, mais un univers menaçant. Avant toi, j'étais dans un ventre inconnu. Partout je me heurtais à des angles, à mes angles. J'avais les épaules pointues dans tes mains. Tu me l'as dit tout au début. J'étais aiguë, protégée par les arêtes de mes désirs les plus obscurs. Défendue, défensive pour employer ton langage.

J'avais peur, dans ces rues. Mes rues d'étudiante prise dans la glu des savoirs. Je peux déposer aujourd'hui tous les mots qui me hantaient à cette époque. Je dépose mes peurs d'adolescente, longtemps couvées sous les silences. Je sais d'ailleurs que les peurs n'existent pas, elles nous traversent seulement et tracent des chemins vers les pays les plus anciens de notre souffrance oubliée. J'ai parfois peur de les imaginer hors de moi, hors de mon contrôle. En fait, je suis une peur vivante car trop pleine de désirs, oui j'ai découvert cela : à toute peur est accrochée un désir. Les peurs sont les nids où dorment les désirs. C'est le désir qu'il me faut rejoindre pour l'éveiller.

Avant toi, je n'appartenais à personne, même pas à moi. Je n'étais protégée par rien. Si, par mon regard, la seule protection efficace de ces années d'attentes. Mon regard, je te dois certainement ma survivance. Mon regard, je te dois d'être née, d'avoir osé marcher vers plus de moi-même. Ce soir, je peux me croire libre. Au milieu de tous ces passants, ceux qui me regardent et ceux que je vois. Je peux leur donner mon regard en offrande, les remerciant d'être par toi Gaël. Tu m'as accueillie justement par ton regard, par tes gestes, donné une forme, des dimensions et même un espace. Où que j'aille, j'ai une place, une consistance, j'existe. C'est moi qui accueille aujourd'hui ces gens et ces rues. Je peux leur parler et sourire sans remparts, sans craintes. Je peux même supprimer mon regard si je le veux et voir de l'intérieur, je vois par toi. On ne me prendra rien, on ne me fera pas de mal puisque c'est moi qui peux faire le premier pas et avancer avec le mouvement de la terre, parcourir le temps des jours et franchir les distances qui séparent les êtres.

Si mes yeux brillent et se donnent, si je suis pleine d'émerveillements et de connaissances, c'est qu'allant dans les jours c'est toi que je répands.

Vivre, parler, me taire aussi, c'est comme te chanter, t'inventer et te créer. Bientôt je trouverai des mots nouveaux, simples, clairs, des mots lumineux qui diront les petites choses, pour les rendre à leur grandeur véritable, pour leur donner une place. Je me souviens maintenant de tes premières présences, de tes longs silences, dans le soleil immobile tu envahissais tout l'espace. Plus tard dans la voiture, notre univers, bulle enclose de nous, nous traversions l'infini des temps. Je revois des paysages ouverts, muets, surgis sans bruit, lentement, comme cet arbre penché sur ton visage tendu vers ailleurs et que je n'osais regarder. Je te croyais très loin alors, et moi absente du voyage. Puis ta main s'est posée sur ma cuisse offrande tendre. Nous nous sommes reconnus, accordés dans la chaleur qui naissait de ce geste.

C'était il y a plusieurs siècles, c'était il y a un an.

Anniversaire d'une naissance. Celui de mon amour longtemps conçu et porté au secret de mon corps, à demi expulsé par mon geste. Oui je m'exile de trop t'aimer. Je fuis mon trop grand besoin de toi. Il me poursuit plus fort car je l'ai emporté.

Première soirée d'exil, à recréer sans fin ma naissance avec toi.

... A Loches, nous vivions le temps comme une blessure. Une blessure, c'est l'image nue que nous avions de notre adolescence. Nous nous sentions coincés entre la plaie et la cicatrice. Croûte irritante et vivace qui s'incrustait tenace et dévorait l'essentiel de nos énergies mais non de nos ressources.

Largement affalés sur les bancs du lycée, nous restions encoquillés dans nos élans de l'été, du soleil de juillet scintillant et dansant encore sous les paupières, les yeux habités par des vagues de vacances, les rires du vent au creux du ventre et des souvenirs en partance vers un rêve déjà flou. Un rêve dispersé par l'immédiat, écartelé par le présent, momifié dans l'attente. Dans cette ville immobile, nous étions chacun un univers infini et unique, gravitant autour d'un semblant de vie. En classe de philo nous apprenions très brillamment combien il est difficile d'être un homme mais personne ne semblait comprendre combien il est plus difficile encore de ne pas en être un. Nous étions en devenir avec dans la gorge cette faim fabuleuse qui nous dérobait au présent.

Et les leçons mécaniques, cahotantes, nous pénétraient sans résistance, sans écho aussi. Le savoir n'avait pas de prise sur nous, nous attendions sans le comprendre clairement, au-delà des connaissances : un savoir-être, un savoir-devenir. Dans nos yeux voilés, personne ne lisait l'amertume des fins de vacances. Une nouvelle année commençait, lourde d'avenir, le baccalauréat pour les uns, l'ennui pour les autres. Pour tous, une attente faite de promesses et de craintes. Nous refusions l'automne, tôt venu cette année-là. Mais au plus profond de nous notre défaite était déjà présente. Le vent qui nous poussait dans le dos, le ciel gris qui pesait sur nos épaules, nous guidaient de façon irrémédiable vers un lycée qui sentait la mort. Nous étions les pharaons-servants de cette pyramide initiatique, la nourriture-connaissance s'y entassait pour notre vie future. Il faut bien croire, dans ces conditions, que la vie se continue dans la mort.

Mais que notre enfance était longue à mourir.

Pierre était mon ami le plus vivant. Encore aujourd'hui, après tant d'années, je peux saisir dans ses yeux les reflets étonnés, en suspens, de ces journées, de ces neuf mois de vie inscrite au plus sensible, au plus profond. Quelque trente ans plus tard, je reste proche de lui, attentif à ce qu'il est. Il est devenu ma mémoire silencieuse la plus précieuse, celle où je puise encore mon ardence à vivre.

Hier, c'était toujours toi. Nous nous sommes retrouvés au parc de Versailles. Les feuilles s'inventaient orange ou brunes, les troncs archanges noirs ou de pierre jouaient à nous perdre. Tu marchais vite, je suivais docile. Ombre mouillée, la tête sur tes pas. Soudain tu me serres très fort. Un orme reconnaissant abrite nos baisers. Tes mains remontent dans mon dos, défont, habiles, le soutien-gorge. Tu aimes ma poitrine libre. « Les seins ont besoin de lumière, de regards et de caresses pour les accompagner dans les rires de l'existence. » Tes mains m'enveloppent, légères de tendresse. Le temps s'éblouit quelques instants de notre abandon. Puis tu me laisses, retenu par un ailleurs, en avance vers un futur. Je deviens alors froide et malhabile de mon corps inachevé dans mes émotions, errante dans mes sentiments. Le parc est beau, soudain plus triste de nos oublis. Bien plus triste que le ciel blessé au-dessus de nos têtes.

Nous errons longtemps à la recherche l'un de l'autre. Il lâche ma main, je marche devant lui, à reculons pour mieux le voir. J'ouvre avec mon dos des sentiers silencieux. Soudain il me prend, me soulève, me porte. Il ouvre son manteau, m'engloutit dedans. Je sens son désir dur, tout proche. Ses baisers me cherchent et trouvent des chemins. Je lui offre la douceur de ma poitrine, l'ouverture de mon ventre, l'émoi renouvelé de tous mes sens. Nous marchons enlacés, mes reins contre ses cuisses, ses mains apaisées sur les miennes.

Les allées solitaires nous appartiennent. Nous pénétrons dans un coin oublié, les feuilles de plusieurs saisons sont encore là, recouvrant le sol d'un tapis épais et craquelant. Nous jouons à l'automne, il est le vent, moi une feuille. Je suis une feuille qui ne veut pas se décrocher de son arbre-histoire. Le vent souffle. La feuille résiste, liée par les sortilèges de l'enfance. Le vent me caresse, m'embrasse, me chuchote un avenir de plaisirs fous. Mon moi-feuille se laisse tomber dans les bras du vent. Il m'enlace, m'emporte, me câline doux puis me caresse partout au plus secret. Le vent m'entraîne, au-dessus des arbres, des villes, des rivières, des montagnes et des années. Le vent me danse. Je suis tissée de lumière dans la trame du vent. Soudain mon moi-feuille s'aperçoit que le ciel est calme, que le soleil est immobile, rien ne bouge. Comme l'espace est limpide ! Où est le vent ? La feuille descend doucement, créant son propre souffle de vie. Elle arrive dans une forêt inconnue, faite d'arbres dépouillés. Elle se reconnaît à nouveau comme une feuille. « Gaël, où es-tu ? Ne te cache pas. » Il est derrière un arbre, il rit. « Je ne veux plus être une feuille, ne sois plus le vent — garde-moi dans ton manteau, laisse-moi seulement sentir ta peau, mon pain d'épices. »

Le soir, nous allongeons la journée de café en café. La Seine, affluent de l'Amazone, porte des Iles que tu inventes. Ce soir, c'est toi qui me parles. Comme toujours pour préciser, affiner ta pensée, permettre à ton esprit de rebondir, plus loin que toi. Mon oreille te renvoie un écho. Je deviens le miroir où tu te cherches. Je te suis reconnaissante de cette recherche où je me trouve, aussi.

Le train qui m'emporte allonge encore un peu le temps de nous.

Je ré-invente ma chambre avec des signes de toi. Tes cadeaux-abondance rappellent nos rencontres, ils disent surtout la générosité de tes enthousiasmes. Je te veux à Loches présent, indispensable. Je veux te dire et te faire connaître. Dans chacun de mes actes, c'est toi que j'offre aux autres : silencieux ou invisible, tu auras plus de présence que moi-même. Bientôt mes élèves te connaîtront, j'attends confirmation de ma nomination. Je ne veux rien savoir pour eux. Je serai semblable à ces lampes japonaises qu'on aime pour leur forme et leurs couleurs, quand elles sont baignées de lumière. Au milieu d'eux mon amour ne pourra se taire. Il sera servi par tous les instants, amplifiés par tous les mots.

C'est vrai, j'ai peur de cette année qui nous sépare, nous isole. Une partie de moi que tu crois ici est déjà ailleurs. Dans un ailleurs non situé, fait d'un besoin de toi, que ne comblera jamais toute ta présence. Aujourd'hui un rien me fait mal, ma peau tout entière crie ta présence.

Ma vie est balisée de temps simples, les cours, les lectures, les « songeries » et l'écriture vers toi, quelques incursions vers le dehors et le minimum alimentaire pour garder apparence humaine. La ville est petite, en spirale, constituée de cercles ouverts. Je suis sortie ce soir. J'ai marché avec plaisir, avec assurance. Je me sentais protégée. Tu m'accueillais encore où que j'aille, j'ai une place. Je me sens moins fragile. Je n'ai plus la nuque raide, ni le corps humide de sueur. On ne me prendra rien. C'est moi qui donne. Si je suis pleine de l'impatience à me faire reconnaître, si j'aime ces maisons et ces pierres, c'est pour toi. Marcher, vivre, parler, me taire, écouter, sourire, c'est comme te chanter toujours. Bientôt, c'est sûr, j'inventerai des mots nouveaux. Non, je préfère butiner des mots simples, familiers qui redonnent leur grandeur aux plus petites choses. Pour toi, je me ferai chansons de Brassens, de Brel ou de Ferré. J'ai loué une chambre à Paris — j'ai une clef pour toi. Je viendrai souvent. Je

serai là magique si tu le veux, disponible pour l'imprévu
de toi, même absente je t'accueillerai. Tu auras là un
lieu pour toi, sans contrainte, un espace respecté à ta
mesure.

Je cultive des silences et recueille ta voix pour en faire
une respiration. Je rassemble et relie chacun de tes mots
pour un poème secret.
Réminiscences de toi, que je récite en incantations.
« L'essentiel n'est pas que tu sois là, les yeux grands
ouverts, écoutant mon silence. L'essentiel se trouve
dans ce nuage se déchirant aux heures de la vie et que tu
n'as pas vu. L'essentiel est dans ce mouvement du cou,
qui soudain te révèle et fera que tu m'aimeras davantage
parce que j'ai envie de t'embrasser. » « Ecoute nos
pensées. L'essentiel pour toi, l'essentiel pour moi, deux
parallèles très proches, jamais mêlées. Destin des parallèles, qui est de ne jamais se rejoindre au visible des
attentes. Chemin des solitudes liées. Nous restons des
étrangers, un peu plus proches seulement à l'infini de
nos solitudes, parce que nous nous aimons. »

Cette rencontre inachevée devenue notre amour.
Plage close dans nos existences où nous nous tenons
égarés et cependant avides de tous les dons à recevoir, à
offrir.

Ce soir, la nuit est longue à venir, je la sens incertaine
à se révéler. J'ignore encore la forme et l'odeur des nuits
à Loches. Mes repères ne sont pas nés, mes sens enfouis
dans d'autres nuits, en d'autres lieux que je sais. Tout
près le jardin est calme, apaisé. Il joue avec les rares
ombres du soir derrière la fenêtre, trop loin encore à
mon envie ou à mes pas. Je lisais Kundera, attentive aux
images réveillées par les mots, mais le silence du dehors

fut soudain plus présent que les mots. Il rejoignit mon
silence à moi tout vivant encore des souvenirs de la
veille. Je n'ai pas encore totalement traversé le temps et
l'espace qui nous séparent. J'ai laissé trop de moi au
plus proche de toi. Je nous revois dans notre bulle. Tu
m'avais accompagnée à Orléans, sur le chemin de
Loches, étape fragile dans nos distances.

En voiture, ton corps repose dans la force du mouvement, délié, docile aux découvertes. J'aime ta façon de
conduire dans les espaces. Tu ignores ou reconnais les
routes au gré de tes sens. Ton regard fait et défait les
paysages. Tu captes une scène, recueilles une maison,
ou invites un coin de campagne à entrer dans ta vie. Tu
associes, relies et rapproches événements, idées, émotions et tout cela devient un morceau de ton existence,
une part de toi, une tranche de ton passé mêlé au
présent. Tu accueilles l'instant calmement, sans
défense, puisqu'il n'y a pas lieu d'en avoir. Tu songes ou
réfléchis, laissant la route à ta confiance, tu crées peut-
être l'avenir. Tu m'as dit une fois ta façon de conduire :
« Avant le départ, je ferme les yeux, je projette en
avant cette partie de moi qui doit être là où je veux aller,
où je dois être au bout de mon parcours. Eh bien durant
tout le voyage c'est cette partie de moi qui me tire à elle.
Filament d'énergie incroyablement solide, je traverse
ainsi tous les obstacles. J'ai cette croyance-là, elle me
réussit. » Il rit souvent en disant des choses graves.

A tes côtés, je rêve. Je crois associer, avoir une vie de
pensées, mais seulement l'attente de l'imprévisible
m'habite. Soudain je te souris parce que j'ai peur d'être
coupée de toi par le silence. Tes yeux me remercient. Je
sais combien tu aimes mon sourire. « Entre seize et
vingt-cinq ans, j'aurais remercié à genoux comme une
apparition la jeune fille ou la femme qui m'aurait
simplement souri, dans la rue, je me voyais si laid, si peu
digne d'intérêt, je croyais que l'amour était une invention périmée. » Tu penches la tête sur mon cou, tes
lèvres m'offrent un baiser incendie, accueillent le mien.

Nos épaules restent amicales. Nos présences se fondent. Amants invisibles nous traversons des foules insensibles à nos émerveillements. Avec des gestes avides nous partageons des silences pleins, au détour d'un échange d'infinitude.

Au début de nos voyages, tu pestais contre les couturiers qui n'avaient pas su inventer « la poche relationnelle dans les jupes et surtout les robes des femmes ». Cette fameuse fente sur le côté gauche, elle te permettait de rejoindre mon corps au plus doux de mon ventre. Ta main connaissait tous les rythmes de mon sexe. « Je suis pour la mort du blue-jean et du collant réunis », affirmait-il. J'avais essayé de l'entraîner sur la querelle des jarretelles et de l'égoïsme masculin. Il riait et me faisait découvrir son invention à lui, une poche sans fond...

Ce n'est qu'au moment où j'écris cette lettre que je suis avec toi sur la route, que je suis tous les instants d'hier dans le violent soleil et dans nos rires.

Hier, violent de déchirances, dernier jour de vacances, dernier jour de vie. Comment est-il possible d'être au même instant très loin et très proche de quelqu'un ? Très loin par la pensée, très loin dans le temps. Très proche par l'attention, l'attentivité ardente. Très proches dans l'espace nos corps confondus. C'est un mot de toi l'attentivité, que j'ai cueilli pour moi dans un matin de larmes. Un soleil d'humanitude, c'est un mot de moi pour toi, illuminant la tendresse de l'instant.

Me voilà découvrant des vérités premières. Ne souris pas. Plus je t'aime, plus je me sens pensante, plus je me sens sérieuse, bêtement grave et importante. Immense de me sentir importante. Eclatante d'existence, portée par le seul fait que tu existes. Ridiculement dépendante et cependant moi-même comme jamais je n'ai pu l'être.

Tous les rêves ne sont pas enfouis. De Dijon à Paris, de Toulouse en Avignon, nous les prendrons au filet de notre foi. Les circonstances, nous croyons les faire, peut-être sont-elles les étapes nécessaires, plus ou moins visibles de ces forces qui parfois s'achèvent en plénitude. Lentement nous nous hissons vers un futur d'étoiles, écoutant, cherchant, provoquant les signes. Je veux croire aussi à ce que tu m'écrivais l'an passé. « Si nos vies deviennent le tissu de l'univers ! Si nos actes se ramifient au noyau cosmique, si nos pensées se cristallisent en messages ! Alors ce que nous nous promettons de faire ensemble permettra au ciel d'allumer une nouvelle étoile ? »

C'est pourquoi je m'acharne à lutter, à gagner sans cesse sur le présent, sur l'instant à vivre avec toi, parce que pour moi, il n'y a pas d'existence future. Tous les faux pas, toutes les erreurs, toutes les impossibilités sont graves, je ne dispose que d'une seule vie, déjà fortement entamée. Tous les jours perdus abîment un peu plus ce qu'elle aurait pu être, ce qu'elle n'a pas été.

Etre soudain son propre destin pour aboutir aux sources de soi-même. Oublier les bâtisseurs de vies qui foulent nos existences, les parents, les amis, tous les proches qui n'ont rien vu, rien compris, tous ces spectateurs impuissants d'un drame qui leur échappe. Oublier les gêneurs de la vie, les grands saboteurs de l'existence pour entrer de plain-pied dans le plaisir d'être.

Ecoute maintenant la suite de notre histoire.

J'ai vu des types importants, des hauts fonctionnaires, de graves personnages, genre ministres peut-être, mais dans un autre domaine que celui de l'Education nationale. Recommandations, appuis, conseils, promesses, sourires, déjeuners. Toute cette énergie, cette foi qu'il faut pour se battre contre des moulins à vent. Enfoncer des portes qui ne demandent qu'à s'ouvrir, qu'à céder de bonne volonté sur le vide de l'incompréhension, car il n'y a rien d'autre derrière. Et ne pas choisir la bonne, celle qui permet tout. J'en ai vu des gens, crevant de bonne volonté pour moi, heureux de m'aider, mais ils n'étaient rien, par rapport à l'essentiel qui m'agitait. Ils peuvent accélérer, retarder, confirmer ma nomination, ils ne peuvent la modifier. Une histoire de syndicat et de quotas informels attribués avant même ma naissance. Je suis Françoise dans la machinerie administrative, culbutée, broyée ; pâte molle, roulée de couloir en couloir, de bureau en bureau. Même là, je sens ta force qui me pousse.

Ecoute ce soir, quand tout disparaît, quand j'existe à nouveau, seule pour toi. Des signes, tu sais les entendre, tu sais les recevoir et aussi les prolonger.

Je suis sûre que ma vie est une sorte de grand signe, auquel il ne faudrait rien retrancher. Aujourd'hui encore je suis obligée de tâtonner. Je ne peux forcer mon regard ni violenter mon mouvement vers toi, à l'écart de toi. Les pierres m'appellent, les arbres s'approchent, familiers, tes yeux me reconnaissent et m'amplifient et je suis accordée à la vitalité de ton existence par ces tâtonnements multiples. Par toi, je reconnais la vie en moi et tout autour sa trace concrète animant les êtres et les choses. Chez toi elle te suit ou te précède, t'entoure vigilante gardienne. Ceux qui entraînent le plus de vies derrière eux, ceux qui éveillent leurs semblables en tout, sont des dépositaires d'une force vitale essentielle. Tu dis d'eux que « l'énergie est leur privilège ». Ils éveillent comme toi la passion de vivre mieux l'existence.

Toi tu te laisses parcourir par la vie, tu la laisses lire en toi. Sans jamais t'expliquer, te justifier. Tu te souviens : « S'accorder à la vie jusqu'au bout de son existence. » Et ton sourire tendre et ironique ajoutait de la force à ces paroles. Je te vois grand silencieux disant beaucoup par la simple interrogation de son regard, par la densité de sa présence, donnant à chacun le sentiment d'être unique dans l'attention reçue.

Nous devrions tous être des signes, les uns pour les autres. Tu l'apprends à ceux qui travaillent avec toi. Tu dis souvent qu'on ne se montre, qu'on ne parle jamais en vain. Chaque geste, chaque regard, chaque mot est recueilli. Chaque attention, chaque intention peut devenir une source. La clé de ta démarche, éveiller les autres, s'éveiller aux autres. Tu suscites, parsèmes des courants de vie qui passent des uns aux autres. Parcelles d'êtres qui s'échangent, se mêlent, s'éloignent... se perdent.

Il sait l'univers d'humanitude qui nous entoure, nous enserre, nous traverse. Il sait les réseaux d'amour, les écheveaux d'affection, de tendresse, dont nous ne sommes que partie, filament. Il sait aussi les éclairs de peur et de violence, tissant l'ensemble avec derrière au plus profond la certitude d'une infinie détresse.

Gaël, je te sais prince et enfant, sage et fou, puissant et vulnérable et je t'aime pour tout cela.

... La classe somnole dans une attente diffuse. Dehors un ciel bas, trop nourri d'amers. Un ciel chaotique chargé de pluies, dont l'épaisseur nous isole du ciel, le vrai. Les arbres de la cour se font des signes de vieillards gâteux, impatients de l'automne ou du béton à venir. Au bruit que fait le professeur en toussotant, pour s'éclaircir la voix, la terminale A fait semblant de s'éveiller. Erreur, pédagogue ! Nous ne sommes pas éveillés ! Seulement attentifs à nous. Enthousiastes à notre reflet perçu à même le dos du voisin ou vaporisé sur le mur laqué de la classe. Nous sommes fatigués des paroles à assumer, des révélations à connaître, des vérités vieilles ou jeunes à comprendre. Epuisés des savoirs à ingurgiter, dégurgiter, mais hélas, nous sommes aussi prêts à tout absorber, à tout accepter, à tout vomir au signal d'une interrogation. Egarés et épuisés dans une enfance qui s'éternise, qui ne veut pas foutre le camp franchement, proprement. Enfance qui s'étiole et pourrit sur pied. Adolescence, chantée par les vieillards et les faux adultes, tu nous étouffes, tu nous emmerdes. Adolescence, âge de confusion, de soumission, d'égalité injuste, de révoltes impuissantes.

Il y a si peu de révoltes en nous, seulement des conflits étouffés. Comme les apparences sont trompeuses ! Ne craignez rien, adultes qui prolongez notre adolescence, au point d'en faire des modèles de vie, ne craignez rien, nous sommes maladroits ou inconsistants, déjà à l'image de vos demains.

J'essaie de voir avec intelligence, c'est-à-dire d'entre-
voir l'obscur, le caché en moi. Voir et repérer pour me
donner l'impression de connaître, donc de comprendre.
Je veux comprendre tout, mais je n'accepte rien de
l'évidence impitoyable : mon éloignement de toi. La
vague de tristesse revient lavant mes résolutions les plus
méritantes, nivelant mes décisions les plus justes. Je
comprends tout bien sûr, et notre histoire parle fort,
s'entend loin, beaucoup plus loin que ma peine présente. Je peux même te dire que lorsque j'oublie de
penser à toi, par erreur ou folie, j'arrive à aimer ce
départ, il est de même nature que tous les horizons que
tu m'ouvrais et dont je composais ton visage. Si j'avais
été mieux préparée, si je n'étais pas la « jeune fille »
que je suis, je continuerais seule le voyage, sans
souffrance, je veux dire.

Si tu le peux, ne me nie pas complètement, parce que
je t'aime encore trop fort, trop dense. Malheur à ceux
qui se nourrissent d'amour, devrait nous prévenir le
philosophe, pitié pour ceux qui veulent vivre d'amour.
J'ai souvent été affamée d'essentiel, d'air, de soleil,
d'eau. Dans mes vies anciennes j'ai souvent été comblée, rassasiée d'affection, de tendresse, de chaleur.
Aujourd'hui je suis affamée de toi, ventre vide aux cris
des distances et du temps nous séparant.

Quand je t'ai appelé hier pour t'embrasser et te
sourire au téléphone, je venais de vivre un instant
merveilleux. Un souffle, un éclat de bonheur, je ne sais

te le dire, une illumination, un morceau de foi, décroché de rien, une promesse de vie. J'ai résolu, à la minute même, de lutter contre le cafard laid et froid qui m'avait prise au réveil. Lutter avec haine, violence, comme on le ferait contre un ennemi, parce que je sentais que cette tristesse s'habillait d'un costume attrayant, auquel je me laissais prendre. Je l'accueillais avec complaisance, satisfaction, intérêt morbide.

La veille tu m'avais dit : « Rien n'est jamais acquis, il faut toujours lutter contre cette partie de soi qui se corrompt aux habitudes. Dans toutes mes vies, rien ne m'a été donné. J'ai toujours connu des combats, des inquiétudes dévorant mes croyances, des doutes et des refus qui me lançaient hors de mes limites. Chaque obstacle devient un tremplin pour traverser un peu plus d'impossibles. »

Tu ne sais quelle résonance tu as éveillée en moi. J'ai toujours eu peur des choses stagnantes, de l'arrêt, d'une fausse mort. On s'accorde le droit de jouir de la chose gagnée et puis cette chose s'étiole ou on meurt à elle. Ma tristesse était cela, un regret de ne pouvoir m'arrêter sur une certitude, de me reposer sur un acquis, une croyance. Je voulais m'enliser dans un instant déjà perdu. J'accusais la vie, le monde, moi et toi-même. J'aurais voulu être autre, plus belle, plus forte, plus libre, moins sensible et surtout moins lucide. J'aurais voulu ne plus savoir que nous étions toujours en attente, sans cesse en mouvement. J'aurais voulu ne plus savoir que mon amour et le tien, le nôtre (j'ose à peine employer ce mot), ne suivait pas un chemin, qu'il n'était pas tracé, qu'il était à créer.

Je ruminais des possibilités et des impossibilités de vies différentes, autres. Je remuais le marécage des jours engloutis sans toi.

Dans un éclair de lucidité fragile j'ai su que cette tristesse me séparait de toi, qu'elle m'éloignait, t'éloignait, me volait ce que j'ai de plus précieux, de plus essentiel : mon affection pour toi.

Tu vois, j'ai besoin de beaucoup de mots pour expliquer ce qui s'est passé très rapidement, pour retenir ainsi
l'essentiel d'impressions volages. Ce n'est pas contre mes
incertitudes que je dois lutter, mais contre mes croyances.
Tu m'as dit l'autre jour : « Je connais le déroulement des
amours. » Et bien avant, c'était l'an passé (il y a déjà une
vie) : « Tout passe et s'oublie même l'amour. Il devient
un instant du passé dans l'immensité du présent dont il
nourrit seulement un peu plus l'infini. »

Je veux te dire que je le sais, mais ce déroulement,
même s'il doit être tel que tu l'imagines, tel que tu
m'invites à le croire, je ne le vis pas dans ce temps, je ne
le vis même pas dans l'espace des absences, je le vis avec
l'intensité des possibles. Il faut qu'il soit à nous ce
déroulement nécessaire des amours. Donnons-lui les
meilleures chances d'exister, essayons le mieux possible
de ne pas lui faire obstacle.

Nous inventons trop peu, nous abîmons beaucoup,
alors épargnons par avance le déroulement mortelle-
ment inévitable des amours. Je sais qu'un jour tu me
quitteras. Je sais qu'un jour je te quitterai si tu me le
demandes. Laissons venir ce jour. Tu m'as fait comprendre, autre contradiction, que la vie est une force qui
a son propre chemin, que nous sommes à la fois ses
instruments et l'énergie de sa force, qu'il faut être docile
à sa poussée. Le danger viendrait de ce que nous
voulons corriger cette force, l'orienter ou la refuser.
Laissons-la nous pénétrer.

Tout cela pour te dire que par toi, je veux dire pour
toi, j'ai été sauvée d'un temps perdu et remise dans le
courant avec des forces vives, des énergies nouvelles,
sur un temps positif.

T'ai-je dit tout cela au téléphone en t'embrassant, en
te disant simplement : « C'est toi ! »

« Oui, c'est toi », m'as-tu répondu en riant et tu n'as
pas raccroché laissant au temps de l'écoute un peu
d'espace pour s'entendre.

Je t'aime
déjà
depuis mille ans et c'est trop peu.
Je vais hâter le temps, gagner quelques milliers
d'années pour les remplir du meilleur de toi.

T'offrir aussi Gaël toute la mémoire retrouvée de
mon corps.

Ma mémoire la plus ancienne me renvoie aux temps
des bains et des toilettes. Mon corps comme une soie
dans les mains de ma mère. Son regard eau et ses yeux
tendresse sur mon cou et mon ventre. Son rire satisfait à
mes fesses rondes et douces, ses câlins sans fin sur le
tard du soir à l'espoir de mon père. Son nez dans mes
cheveux aux matins alanguis.

Je baigne ainsi paisible dans la quiétude inquiète de
ma mère car j'ai déjà des certitudes, les grandes mains
joyeuses de papa aux matins prolongés. Ce n'est que
plus tard avec les premiers frémissements du désir que
les gestes se sont rétrécis, les présences plus dispersées,
le corps à corps aboli.

Revenue à Paris, sur une page de mon journal, j'ai
écrit : « Ces mots sont les tiens. Je les écris pour toi.
Chacune de ces minutes sans toi, mes pensées, mes actes
t'appartiennent. Ces mots ne sont pas à lire, mais à vivre.
Je ne peux laisser s'enfuir et se perdre les moments où je
vis hors de toi, par toi. Je les retiens un peu. En les
écrivant, je les vis deux fois, et plus encore. »

Déjà je nous croyais attachés chacun à l'effort de nous
séparer. Mais il me téléphone, déconcertant de douceur, d'attente. Et la chambre se transforme, mon corps
s'ouvre au ventre. Je suis pleine de lui. Il a pris
possession de la pièce. Lui donne un sens, des dimensions, une orientation. Le plancher devient solide, il est
plancher par le seul pouvoir de Gaël.

Cette chambre est un voyage au plus près de mes
possibles.

... Le cours de mathématiques s'écoulait autour, sans nous baigner, sans nous atteindre et nous étions vivants. Oui nous faisions semblant d'être vivants. Quand le proviseur entra et nous fit asseoir avant que d'être debout, nous n'entendîmes pas le début de ses paroles perdues dans la confusion de ses gestes. « ... Heureux, nous allons enfin... vous allez... professeur... sur vous pour recevoir et apprécier cette jeune femme... Paris... » Avait-il dit mardi, s'agissait-il de notre professeur d'anglais ? Il n'y eut pas dans notre silence les acclamations implicites qu'il attendait. Une ombre de plus se mêlait à nous et nous étions, ce jour-là, très permissifs, bienveillants même à l'égard de cette agitation inutile. L'administration nous octroyait le professeur d'anglais indispensable à notre emploi du temps, à notre emploi de vie. L'ordre des choses s'imposait à nous, venu de quelques décisions absurdes.

Pierre me regarda, me sourit des yeux et du front puis se détacha de l'instant pour entrer en rêverie.

Avait-il entendu plus loin que l'espoir ?

Octobre

L'AVENIR, je peux enfin le laisser à sa place, lui donner sa dimension sans l'accaparer, sans brûler les étapes pour tenter de le rejoindre en oubliant de vivre mon présent. Cette absence de toi est quelque chose de vrai, de vivant, de terriblement présent. Je veux aborder mon présent le plus lucidement et le plus gravement possible. Ne pas l'abîmer en l'étouffant sous les regrets, en le noyant de mes rêves, en le soudoyant avec mon imaginaire ou en le déformant avec mon ressentiment. Je veux, au-delà de la peur de te perdre, essayer de participer à cette chance inouïe que j'ai de vivre dans le présent par toi.

Ne rien froisser, ne rien piétiner, ne rien rejeter et surtout ne rien oublier de ce qui nous arrive. Le temps de l'éloignance est arrivé. Je ne veux pas me laisser envahir par la pensée que cette séparation n'est pas pour toi aussi importante qu'elle l'est pour moi.

Oui, l'amour est inégal et injuste. Et alors ! Oui, c'est celui qui aime le plus qui souffre le plus. Et alors ! Mais le plus et le moins sont des poisons. Je ne suis pas pour toi ce que tu es pour moi, et cette différence-là est un lien puissant. Je me heurte aussi à cette croyance vivace que l'Amour avec un grand A est un tout, un univers dans lequel toi et moi nous entrons librement. Oui, je dois renoncer à cela, accepter que l'amour est un sentiment, que c'est bien moi qui le produis, oui qui le sécrète. Que ton amour à toi est bien le tien toi qui le vis, l'éprouves. Ah ! que c'est difficile à discerner, j'essaie de distinguer sentiment et relation, et je m'efforce d'entendre simplement la différence entre donner et recevoir, entre accueillir et proposer. Je suis dans l'élémentaire de la rencontre.

Pauvres mots qui n'arrivent pas à me convaincre de tout ce que je voudrais te dire pour me protéger, mais que j'étale bravement, rationnellement, avec l'application d'une bonne ménagère. Ménagère de mon amour, je le dépoussière, l'aère. Je sais qu'il faut l'entretenir, le faire briller, le faire durer.

Dis-moi quand même si cette séparation est grave. Dis-moi si elle annonce notre rupture proche. Si cela était, essaie de me le dire (le plus doucement que tu le pourras parce que malgré tout le courage que je veux avoir, je peux avoir très mal). Ce sera, je crois, plus réel entre nous, plus limpide entre toi et moi. Pour toi, parce que tu n'auras pas le sentiment de te trahir. « La fidélité à soi-même prime sur la fidélité à l'autre », tu as écrit là-dessus des articles que je déteste tant ils me semblent évidents ! Oh ! je sais, « je n'attends rien, je ne demande rien, je prends tout ce que l'on me donne, ne prends que ce qui m'est donné... et j'offre ce que je suis », me disais-tu. C'est à moi d'être claire, de faire attention à ne pas me laisser déposséder, à me remplir en te donnant. Ce que je veux t'offrir avec tant de force est en fait un partage, un reflet de mes possibles. Mélanger mes sources aux tiennes. Tu le sais bien : « Le plus important n'est pas ce que l'on donne aux gens, mais ce que l'on réveille en eux. » Jusqu'à présent tu m'as grandie, multipliée. Je te redonne en t'aimant une partie de ton œuvre. Dans un partage comme je l'entends, l'un donne, l'autre reçoit. Un partage n'est pas un échange, un échange nous dégoûterait vite — il aurait une odeur de mort, une odeur de pitié. Ce que je te demande surtout, c'est de ne rien faire pour moi par bonté, par pitié.

Je ne suis pas à plaindre. Quand je m'essaie à l'objectivité, je peux dire que je m'envie de t'aimer. Tu m'as dit souvent que les relations humaines étaient irrationnelles, je me sens cohérente dans les méandres de mon irrationnalité.

Ainsi je peux tout comprendre avec ma tête mais c'est le reste qui ne suit pas, qui n'accepte pas tout. Une crampe rauque au ventre, une raideur muette dans la nuque, une brûlure hurlante au cœur me rappellent l'insuffisance de l'opium des idées, l'asepsie de certaines pensées. Le corps semble garder la trace des douleurs oubliées. Ce qui me lie à toi est comme une perle naissant aux replis des cicatrices. Tu as jeté un regard, ouvert un passage, à peine quelques mots, grains de sable de souffrance et nacre de tendresse mêlés. En couches successives la perle s'embellit, douloureusement et magnifiquement. Je lui donne la vie, de l'éclat, parce qu'elle est devenue ma croyance. Qui suis-je sans elle, coquille triste et inutile dans une mer asséchée ?

Depuis toujours je savais ta venue, tu n'es pas un intrus, tu n'es pas entré par effraction, tu n'as rien détruit. Tu m'as fait naître en m'appelant, en me reconnaissant.

Tu es venu avec l'évidence des aurores. Porteur des jours et des saisons, passeur des horizons, passager passionné de la vie.

Et pour te rassurer, pour que tu sentes bien que je ne suis pas un poids à traîner, une enfant perdue, une malade à soigner, sache bien que je n'attends rien — je ne prévois rien. Je ne me sens aucun droit à demander. Je ne veux rien d'autre que ce qui surgit de nos imprévisibles. Dans un seul geste je reçois l'abondance, tu ne peux savoir tout ce qui me vient de toi.

La solitude est un espace vide où s'engouffrent les mots inachevés, toutes ces bribes d'échanges restés en suspens, les non-dits du regret, le gaspillage des paroles vaines. Ainsi au téléphone que tu détestes, avec les fausses questions, les réponses tièdes, ou les projets flous.

Mon amour, tu m'as fait mal en disant : « Que vas-tu devenir ? » Comme si tu n'étais pas concerné. Mais tu as bien fait — tu n'aimes pas le nous —, tu m'as forcée à peser, à mesurer non pas notre amour, mais mon amour pour toi. Je me vois comme un objet posé dans l'espace, rassemblée, sans fard, sans mouvement, sans direction, sans orbite, sans vitesse. Et cela m'apaise. Hier, en rentrant de mon premier cours j'ai pleuré comme une bête, et puis soudain j'ai éprouvé le désir de me calmer, de me ressaisir — ce mot est vrai —, je me suis cernée et en récompense, un grand courage, une grande joie sont nés.

Gaël, ne crains pas notre amour. Je te le dis amoureusement dans le creux de l'oreille ! Nous naissons à nouveau hors des habitudes, bien au-delà d'une liaison clandestine, nous naissons amants sans liens, tissés de nos seuls élans.

... Ce fut pour nous tous une surprise. Nous avions pour la plupart oublié ce cours d'anglais qui n'existait pas faute d'une nomination ou d'autre chose. Le nouveau professeur fut introduit brusquement dans notre vie par le proviseur. Un proviseur transformé, étonnant de présence, grimaçant d'attention et d'excès. La jeune fille, car c'était une jeune fille, que je voulais reconnaissable à ce sourire au coin des lèvres, le remercia. Il s'inclina, s'élança vers la porte, voulut revenir, un doigt en l'air recommandant un je ne sais quel impossible puis disparut. Elle ne s'était pas un seul instant occupée de lui. Elle était déjà avec nous, prenant possession de nos regards, de nos consciences ouvertes. Elle entrait dans notre attente, se faisait une place dans nos rêves. Tout cela sans que nous le sachions, elle et nous. Pierre se souvient-il des premiers mots qu'elle adressa aux trente visages levés vers elle ? Se souvient-il de son premier geste pour relever ou caresser une mèche de cheveux, près de la joue ?

« Je m'appelle Françoise — Françoise Campan. Nous connaissons, vous et moi, un peu d'anglais, nous allons essayer ensemble d'en découvrir un peu plus. »

Il y eut un long silence. Elle effleurait nos yeux d'un regard paisible. Est-ce le creux ombré de ses pommettes, ou ce cerne bleu prolongeant l'œil jusqu'aux tempes qui la faisait paraître sérieuse et très jeune à la fois ?

« Je reviens des Etats-Unis, des States, comme on dit
là-bas. J'ai besoin de redécouvrir la France, j'ai besoin
de me redécouvrir ici. »

C'est alors que je découvris la couleur de sa peau,
mordorée et chaude, illuminée. Elle avait les bras nus,
d'une couleur plus douce près des épaules et de la gorge.
Où avait-elle accumulé tout ce soleil ?

« C'est votre dernière année de lycée pour la plupart,
votre dernière année d'anglais pour beaucoup. C'est ma
première année de ce côté-ci. — Elle montra le bureau,
l'estrade et le tableau dans le même geste attentif. — Je
n'en sens pas, je n'en sais pas encore la différence. »

Etrange professeur qui allait emporter notre jeunesse. Qui balayait d'un seul coup tous les autres
enseignants, qui nous faisait oublier notre condition
d'élèves. Elle osait parler d'elle, elle osait nous parler
comme aucun n'avait pu le faire jusqu'alors, en témoi-
gnant, en nous permettant aussi de témoigner.

En sortant Pierre me parla de ses yeux. « Crois-tu
qu'un peintre de la Renaissance pourrait retrouver la
palette de ses yeux ? »

Et plus tard encore, bien plus tard dans l'hiver :
« C'était comme si chaque fois elle nous prête l'intensité
de son regard pour mieux nous voir de l'intérieur. »

... Quand je revois ce moment-là, je sais combien nous étions incertains. Rien ne nous avait préparés à ce qui allait arriver, surtout pas six ou sept ans de lycée, enrobés de protection et d'insouciance. Non plus les quinze ou seize ans de vie familiale ayant entretenu des embryons d'hommes, réduits par les échecs, bousculés par les avatars, ou sertis par la bonne volonté du monde des adultes.

Rien ne nous prépare à l'imprévisible, aussi le laissons-nous trop souvent se perdre dans l'impossible.

Pierre, le plus sensible, sentit le besoin de se protéger, de se fermer. Mais comme le ferait un aveugle de la lumière, sans savoir qu'elle est bien au-delà de ses yeux. Il s'absenta trois jours du lycée, inventa une angine, ricana des excuses, devint soudain plus grave.

Personne autour de moi ne me sait aussi troublée, aussi privée de toi. Je crois que je t'aime réellement : je veux dire avec une réalité si intense qu'elle habite tous les instants. Je t'aime en accord avec chaque parcelle de moi. Je n'ose plus te le dire tant c'est grave. Tu avais presque réussi à me convaincre qu'un amour conduisait, préparait à un autre amour. Il faut recommencer à me le faire comprendre. Je sais par toi l'amour comme un rondo, « Œuvre musicale où le même thème se répète... », mais dont les harmonies, les sonorités, le jeu des instruments, l'interprétation renouvellent la beauté et le sens. Suis-je un thème égaré dans un rondo commencé bien avant moi ? Suis-je une suite de sons, sans musique, un bruit ? Dis-moi que l'amour est moins important que tout ce que je vis, que c'est une étape, un état d'âme. Dis-moi aussi qu'il est plus important que tout ce que je suis. J'ai toute la vie devant moi. Je ne sais plus comment l'espérer et cependant rester vivante, heureuse et riche de promesses loin de toi.

Cette soif de présence qui me noie au début de chaque jour, à l'aube de chaque heure. C'est une grande désespérance que la seule espérance d'espoirs. Oui, si tu le peux, ne me nie pas complètement, parce que je t'aime encore et encore. Leitmotiv de mes espoirs les plus insensés dont se nourrit même mon désespoir.

Gaël ne m'a jamais dit qu'il m'aimait. Il offre les sentiments de l'immédiat, il vit les émotions du présent, les plaisirs de l'instant. La première année, je le lui reprochais sourdement, sans trop savoir pourquoi. Blessée peut-être dans mes attentes d'être confirmée, cherchant la réciprocité, la semblance chez l'autre.

Il m'a donné tant de preuves, mais jamais il ne m'a dit : « Je t'aime. » Il ne veut pas s'enliser dans les liens des sentiments à venir et des mots qui débusquent l'éphémère. « Ne m'attache pas, je crains les liens trop étroits », disait-il souvent au début. « J'étais comme un bateau déposé par un cataclysme très ancien au creux d'un vallon, tu es venue et j'ai retrouvé la mer. Certaines nuits au début de notre connaissance je sentais cet élan vers l'eau, ce glissement à la rencontre du sable, des vagues et du vent. Avec toi j'ai retrouvé le mouvement, la mouvance de mes désirs. Ne m'attache pas à toi qui m'as ouvert à la mer retrouvée. »

Je sais qu'il ne peut s'engager totalement avec moi. Non parce qu'il est engagé ailleurs, mais parce qu'il me semble inapte à s'engager dans un seul amour. Je ne saurai jamais comment il s'est marié. « Il y a eu longtemps en moi des lassitudes, des fatigues, des désirs d'immobilités. » Qu'a-t-il voulu détruire ou immobiliser en se mariant ? Cependant il accepte tant de gens autour de lui, il donne de l'amour à beaucoup. Serait-il incapable d'aimer quelqu'un totalement, uniquement ? Non. Je le crois capable d'aimer follement, dans un absolu de tendresse, avec une intensité extraordinaire, mais tout cela en un temps et un espace que lui seul peut-être connaît et délimite jalousement.

J'imagine que l'amour est une découverte récente dans l'histoire humaine, une découverte ancienne dans l'histoire de chacun. Et cependant, aimer l'autre, pour lui et pour soi, est à inventer tous les jours. Aimer l'autre plus que soi-même me paraît une idée désuète, un sentiment impossible, ce n'est que la forme projetée en autrui d'un amour incommensurable pour soi-même. La justice sociale que réclament les peuples d'aujourd'hui est un dérivé de l'amour : vouloir pour l'autre ce que l'on veut pour soi. Ces pensées me paraissent vides. Pour Gaël, je voudrais être unique, être la seule à lui rendre le bien et le beau qu'il me donne en m'aimant. Oui, je nomme amour le fait qu'il reçoive le mien.

Tu sais me combler, me remplir. Tous les gestes de l'amour dont tu m'enveloppes, chaque baiser, chaque sourire, je les reçois comme un miracle, ils ont fait de moi une vraie femme. Je me sens pure, déliée depuis que je te connais. Tu dois sourire au souvenir de nos nuits, de nos gestes, à mon corps révélé. Ce n'est pas tant la connaissance que j'ai de moi qui m'émerveille, mais celle que je peux te donner parce que tu en es le créateur. J'aime cette liberté incroyable dans nos gestes et dans nos corps à corps ces émotions multiples, éphémères. Avant toi je n'imaginais pas un abandon aussi total, tous ces possibles, cette confiance infinie dans le donné et le reçu. Je ne savais pas ce ruissellement de moi à tes caresses. Toute cette eau, ce jaillissement joyeux, « ma jaillissante » me dis-tu. Et ton étonnement renouvelé me comble.

Je me suis informée tu sais, j'ai demandé discrètement autour de moi à d'autres femmes si elles aussi « elles coulent », si elles sont sources, rivières, océans. C'est le black-out le plus complet, la suspicion, le rejet. « Tu dois prendre tes désirs pour des réalités... » Le plus effarant, c'est qu'il n'y a pas de mots, pas de vocabulaire pour exprimer cela. Un ami médecin m'a donné, avec réticence, un article de *Sexual Medecine To-day* daté de 1962, le titre : « L'éjaculation féminine. » Quel mot horrible. Oui, le scandale est déjà là, dans l'absence de mot pour nommer l'en deçà de la jouissance, il faudrait inventer un mot à la fois dansant et lourd pour dire ce gonflement qui agrandit mon ventre et mon sexe, cette explosion, cette éruption qui éclate, cette vaporisation perlée, nacrée dont je sens parfois les gouttelettes sur mes cuisses et dont je vois la trace sur ton bras, sur ton ventre — accueil. Deux mots sont au moins à découvrir. Un pour dire l'événement, le phénomène, oh non ! ce n'est pas une éjaculation, c'est plus long, c'est plus vaste, c'est plus doux, c'est moins violent, ça monte en vague, ça résonne, ça cascade, c'est subtil et puissant. Un autre mot pour dire ce liquide, ces perles, ce miroitement, cette légèreté transparente qui sourd de moi sans honte, sans limites. Cette abondance surtout m'émeut. Il n'y a pas de fin seulement l'inépuisable d'un long cri silencieux.

Avec toi je sens des mains au bout de chaque doigt pour te caresser, mes gestes parcourent des millions d'années-lumière sur tes cuisses, ton dos, tes épaules d'ocre. La première fois je t'ai caché ma peur en sentant, puis en voyant les draps littéralement inondés. J'avais cru à une faiblesse de ma vessie.

Te souviens-tu de ce matin opulent, de cette nuit inachevée — mon corps liquide, mon ventre source jamais tarie. Oh ! Gaël, j'ai tant envie de crier ma joie — jouir c'est jaillir, un abandon plus sauvage, plus actif, éclaté en lumière...

« Je n'ai de souvenir avec personne, car les souvenirs séparent plus qu'ils ne rapprochent, les souvenirs communs n'existent pas, je n'ai que des souvenirs en commun et je découvre alors des vécus tellement éloignés, tellement différents que ma solitude s'accroît. »

... Ses yeux gris, bleus peut-être, immobiles, nous regardaient longuement personnellement, les uns après les autres. Pas d'appel, pas d'inquiétude, pas d'affirmation ou de séduction, une reconnaissance lente et profonde.

« Notre programme : Civilisation américaine. »

Les cheveux libres et ordonnés avaient la couleur de la paille. Paille fraîche et satinée, sans reflet. Ils absorbaient la lumière, créant une densité renouvelée autour de son visage.

Nous ne pensions pas encore à son corps très jeune, incertain sous la robe. Nous ne savions pas encore combien elle était belle tout entière dans nos yeux. Ce premier matin fut curiosité embrumée. Nous piétinions encore dans nos habitudes, nos élans et nos masques ne vinrent que plus tard et avec une telle violence que plusieurs d'entre nous furent meurtris. Elle, elle était déjà toute présente, entière, la même que celle que nous crûmes connaître jusqu'à la fin.

« Civilisation américaine. Nous allons voir naître un pays. Ce pays va devenir notre héros. Nous découvrirons son enfance, ses premiers cris, ses hauts faits, ses erreurs. Nous le verrons devenir homme, adulte, nous le verrons vieillir et rajeunir, s'épanouir, souffrir. Nous le verrons parfois se trahir, se blesser, être au plus près de la mort absurde. Ce pays, comme les héros, ne peut

mourir... Il est plus grand que ses crimes, plus vulnérable que ses erreurs. »

Ainsi nous présenta-t-elle son cours et son aventure
professorale. Elle fut ce jour-là magique en réveillant en
nous des attentes et un projet de partage.

Le mot magique qui réveillerait le monde, existe-t-il ? Un mot qui serait le révélateur d'un univers sensible, intensément impressionné, profondément enfoui. Je ne connais pas encore la nature de ce mot. Alors je me contente d'approches, de tâtonnements, travaillant sur les parties connues, à l'écoute de l'apparence-miroir. Mon être avance malgré moi vers des inconnues, tels les anciens navigateurs qui livraient le monde à l'attaque de la connaissance. C'est ma tête ou quelque chose de plus profond en moi, qui refuse l'inconnu, analyse les impressions, affine l'approche. Quelque chose qui tente à la fois de se rassurer tout au fond et qui en même temps ouvre des failles sur l'indicible archaïque où les mots n'existaient pas encore.

Alors je cherche un mot magique, pierre philosophale de mes inquiétudes. Tu dis en riant : « Je suis la voix qui ne crie pas dans le désert. » Et plus gravement : « Il faut avoir des oreilles pour entendre et surtout des yeux, rien n'entend mieux que l'œil. » Je cherche un mot qui serait plus fort que l'incapacité d'entendre, un mot qui forcerait les portes, qui rassemblerait les énergies. Une sorte d'appel auquel tout le monde répond parce qu'il serait fait des fibres mêmes dont nous sommes tissés. Un mot unique, élément secret de compréhension universelle et intime. Un mot enfin susceptible de faire naître, comme ton sourire parfois fait naître la paix, une lumière bienveillante qui ne viendrait pas du soleil.

Bien plus tard, ce soir-là.

Je sais que je suis aveugle. Quelque chose en moi qui ne l'est pas me le dit. Parfois, je peins sans savoir ce que je peins et pourtant je suis remplie de joie et d'assurance comme si quelqu'un en moi savait pour moi. Les choses que je fais avec le plus d'assurance sont celles qui me sont les plus mystérieuses. Les explications que je trouve à mon amour tournent autour de lui, sans jamais le pénétrer. Quand je cherche à dire ce qu'il renferme, je ne fais que parcourir la surface. Le papillon ainsi tourbillonne autour de la lampe, il se noie de chaleur et de lumière, la volonté, puis bientôt le corps, desséchés, brûlés.

De cet amour pour toi, il n'y a rien au monde dont je sois plus assurée. Cette certitude m'est douce, peut m'importe de ne pas la comprendre. Je ne m'explique pas la lumière non plus, je la reçois, je la bois.

C'est effrayant de penser que si nous sommes tellement étrangers à nous-mêmes, nous devons l'être encore plus aux autres. Jusqu'à présent, avant de te connaître, cette idée ne me préoccupait pas. J'avais ainsi résolu le problème : « Nous n'avons aucun devoir les uns envers les autres. » Le seul devoir est de se connaître soi-même et d'être fidèle à sa propre mesure », as-tu énoncé un jour. Mais il n'est plus question de devoir. Tu as mis le doigt sur une évidence qui m'étonne parce qu'elle est ambiguë. A l'instant où je veux bien admettre mon besoin de l'autre, je découvre chez lui, non seulement une source où puiser, mais un réceptacle où verser.

Je ressens très fort que donner et prendre peuvent être contenus dans le même geste. Je vois ainsi tout s'éveiller et se transformer quand tu regardes, quand tu parles, quand tu travailles. Ainsi je te comprends bien, tantôt preneur, tantôt donneur.

Pour ma part je ne sais pas donner, je ne sais pas accueillir, recevoir non plus dans la totalité de mon être. Je n'ai pas encore appris à bien regarder, alors je passe à côté de ce que je pourrais prendre. Toi, je sais te regarder. Tu as été mon premier et plus profond éveil, le premier don de mon corps. Je suis ouverte à toi. C'est cela qui est merveilleux. Si je pouvais en puisant à la source l'agrandir en même temps.

J'aime te parler de notre relation, y revenir souvent, en saisir tous les prolongements. Peut-être ne te souviens-tu pas de notre troisième rencontre, c'était la seconde fois où nous faisions l'amour. Tu m'as « fait amour ». J'étais perdue au début, habituée à jouir vite et mal, à avoir le dessus, à conduire l'échange. Ce jour-là j'ai compris que l'amour s'inscrivait dans la durée et que le « faire » ne m'incombait pas totalement. Que c'était un voyage, je pouvais m'ouvrir toute grande, mon sexe tel un pays tout en rondeur, en ondulations souples et soyeuses. Ton sexe me révélait l'immensité du mien, toutes ces régions inexplorées, tous ces espaces vierges. Mais ce devait être trop, trop nouveau, trop inconnu. J'ai saigné ce jour-là, traces de passage, traces d'exploration, traces-naissance. Tu m'as dit : « Tu es une femme. » Et tu as ri. J'ai été émue par ce sang nouveau. Je n'étais plus vierge depuis longtemps et mes règles dataient de la semaine précédente. Je ne savais pas encore que mon corps-univers, mon corps-plaisir était à naître.

C'est pourquoi j'aime tant m'emplir de toi. Quand tu me donnes tes sourires, tes regards, je deviens le plus grand sourire du monde, le regard le plus large, l'attente la plus profonde, la certitude la plus étonnée. Je sens en moi un jour éternel se lever. Peut-être arriverai-je à faire que ce jour se lève aussi pour d'autres. Etre si pénétrée d'amour, à travers toutes les épaisseurs qui ensemble s'appellent « moi » pour ruisseler, rejaillir loin autour.

Je voudrais qu'un jour tu puisses voir, sans que je te le dise, que tu m'as changée. Que tu puisses sentir que je rayonne aussi pour les autres. Tout cela doit te paraître confus et enfantin et aussi peut-être un peu inquiétant. Toi qui crains tellement la dépendance des autres. Oui, j'ai cette espèce de maladie douce et violente, une passion qui dérive parfois jusqu'à la folie, au déraisonnable. Mon amie Anne, à qui je te dis parfois, te hait profondément : « C'est un salaud, il se laisse aimer », et la preuve suprême qu'elle m'assène : « S'il t'aimait tellement, il ne se laisserait pas aimer aussi fort. » Je peux lui rire au nez sans qu'elle se fâche contre moi, elle en a tellement contre toi qu'elle ne peut éparpiller ses ressources. J'essaie de lui dire que le plus important n'est pas la forme ou les moyens de ton amour, que c'est toi oui simplement toi avec tout ce que tu es et ma certitude de toi, je te sais m'aimant par mille signes que je reçois et amplifie. Mes pensée s'agitent trop vite, et mes mots ne peuvent les cueillir toutes. Mon enthousiasme naïf hurle des certitudes. Anne s'épuise à te disqualifier. « Je ne pourrais continuer une relation avec une femme qui se dirait ma maîtresse. Ce mot est horrible, il est ordurier, je le ressens blessant pour une relation profonde. » C'est vrai, notre relation n'entre dans aucun cadre, aucune référence, cela exaspère mon amie.

J'allais sortir, le téléphone a sonné, c'était toi. Tu me dis « qu'il faudrait nous autonomiser ». Tu as comme cela des mots crus qui m'effraient. Tu comprendras donc bien cette lettre. Je fais tout mon possible pour ne pas être inerte. Ainsi quand je suis triste, quand tu me manques, quand je m'asphyxie, je me redresse et me débats, j'essaie de faire taire mon besoin de toi. Je me réduis. Sens-tu bien ce mot ? Je me réduis et me révolte contre une que j'étais. Excellent moyen de s'oublier

ainsi dans le présent. Je dose aussi ma nourriture de
rêves. Je vis instable, mouvance sur un temps bâti, un
temps où je n'existe que pour moi, par moi : auto-
délires, auto-mirages, auto-vie, auto-amour ?

Mon amour est moi. Je suis mon amour. Cercle
parfait. Jeune fille tu sais trop de choses ! L'amour aime
les questions auxquelles on peut répondre soit par la
sincérité soit par le mensonge, par un léger déplacement
des désirs et des peurs. J'en suis à l'opium de l'amertume, à l'os des désespoirs.

Ma colère secrète gronde entre mes chairs vivantes.

L'automne arrive. L'automne est là. Je l'ignore
encore un peu. Je craignais l'érosion de l'amour par
l'habitude, par l'absence ou par l'oubli. Le nôtre ou
devrais-je dire le tien, le mien a encore des pointes
fraîches. La magie de ton attentivité transforme ce que
je suis, vois, et sens. L'homme qui m'habite suit mon
regard, il devine ce que je perçois, ce que j'éprouve, et
me sourit ou hoche la tête sans me confirmer. Parfois
d'un mot, d'une phrase, il fixera pour toujours ce
moment que j'ai aimé, que nous avons créé ensemble.
Son regard reste chaud et riche, il amplifie, prolonge le
goût des objets et l'odeur des êtres.

Je peux imaginer ce soir un homme qui meurt par
manque de regard. Il vit seul, oublié dans sa chambre, et
se brise d'inutilité. Sa mort sera complète s'il casse le
dernier miroir, le dernier regard possible, le sien.

Je reconnais entre mille les visages aimés. La plénitude d'une ligne ronde le long du nez, la douceur du cou
près de l'oreille, peut-être cette fraîcheur ombrée près
des yeux, et surtout la certitude d'être reconnu qui
rayonne de leur corps. Les êtres aimés ont plusieurs
dimensions, ils savent recevoir et amplifier chaque
signe. Les êtres aimés ont une place, ils portent leur
racine dans chacune des rencontres.

Visiteuse imprévue, incertaine, je t'ai vu hier, chez toi, agité, bousculé. Dévoré par les apparences d'un quotidien trop lourd. Tu occupes tous les espaces de ta maison. Je me tiens à l'écart de tes mouvements, proche et lointaine à la fois. Avide de saisir un peu de ta présence et soucieuse de ne pas m'imposer, de ne pas te retenir. Je n'ai pas le sentiment de te déranger, car tu me prends dans le tourbillon de ton agitation.

Tu vis seul dans une maison immense. Je sais ta solitude habitée par tant de présences. La mienne n'a pas de place, n'est pas inscrite ici, pas encore.

Chez toi, tu es entièrement pris dans « le faire », accomplissant dix actions en même temps : me faire du thé, étendre du linge, déplacer un tableau, chercher un dossier, te préoccuper de l'odeur du frigidaire, me lire un article qui t'a enthousiasmé et beaucoup d'autres choses encore dans le même mouvement. Parfois tu stoppes le temps, me regardes longuement, puis me souris apaisé. Visite maligne et aseptisée où l'inaccessible est partout présent.

Ici à Loches, les premiers jours de mon exil sont difficiles. Pas durant les heures de classe, mais après, quand je me retrouve seule dans cette grande chambre. Quand je reste assise au bord du lit, ne comprenant pas pourquoi je ne suis pas auprès de toi. Amputée de tout ce qui est toi. Avec un trou au-dessus du ventre, une grande faille descendue de la gorge et l'envie de pleurer, de me répandre dans le plus grand espace possible. Cette envie terrible de me gonfler, de me tendre de partout, de repousser les limites de ma peau et d'occuper chaque coin, chaque chemin de mon corps. M'habiter plus large, plus ample, comme un œuf plein. Aide-moi à ne pas laisser mourir toutes les possibilités de vie que j'ai. A tout moment je suis prête à abandonner les solutions raisonnables. Mon avenir ? Mais l'avenir d'une femme comme son présent, c'est d'aimer et d'être aimée. Je t'en veux d'avoir accepté avec moi un avenir qui détruisait un présent. Mon avenir, c'est d'être en toi. Ne sens-tu pas combien je suis éclatée hors de tout ce qui est toi ? Dans ces moments de solitude, je perds pied et ne sais plus que m'accrocher au souvenir de ma souffrance, elle existe au moins, intense, vivace, abondante.

J'ai mal d'être accrochée ainsi à l'inépuisable de la douleur.

Je suis venue à Paris pour te voir. Tu étais ailleurs, voyageur de l'imprévisible. Pour te présenter, au temps de notre rencontre, tu m'avais dit : « Je suis six mois en voyage, six mois en France et six mois ailleurs, ça fait souvent une année bien remplie. »

Je t'écris, pour te dire à nouveau mes peurs et mes espoirs. Il y a le projet d'une traduction pour me relier à un pays aimé, les heures longues passées au-dehors à me chercher. Il y a cet espace de chambre où je végète. Il y a le soleil que je ne vois pas. Il y a des films japonais que je voudrais voir. Il y a la collection Paul Guillaume et Jean Walter que je n'ai pas vue. J'avais oublié l'évidence, les musées nationaux sont fermés le mardi. Assise sur les marches du Jeu de Paume, je retrouve ma soif de peinture, de couleurs. Je réinvente pour toi les tableaux aimés. Tu le sais bien, la peinture remplace ou déplace l'insuffisance des mots.

Dans un mois, quand cette traduction, enfin acceptée, sera terminée, je pourrai t'apporter l'abondance de mes découvertes, moi qui ai des loisirs. Je t'offrirai les joies que je recueille pour toi.

Je moissonnerai les livres, les spectacles ou les

rencontres pour t'en offrir l'essentiel. Je me sens
porteuse d'abondance pour t'offrir la vie comme un
cadeau étonné.

Il y a ta présence en moi, trésor si précieux que je suis
maladroite devant lui. Je n'étais pas habituée à laisser
vivre en moi la vie d'un autre. Il y a encore toutes les
erreurs que je commets, dont certaines me sont de plus
en plus claires. Petites vagues qui s'attaquent à un
rocher, pour le miner. Quelle force faut-il avoir pour
s'oublier dans l'autre ? Quelles répétitions inconscientes
y a-t-il dans l'amour le plus fou ? Peux-tu accepter de ne
pas te blesser à mes maladresses ?

Dans son livre Han Suyin[1] dit à Marc qu'elle pourrait
vivre loin de lui parce que sa présence l'accompagne
sans cesse. Le plus souvent, c'est le souvenir de ta
présence qui m'accompagne, et plus que le souvenir, le
désir de ta présence. Et aussi le besoin sauvage de vivre
plus d'événements avec toi, une avidité d'évidences.

Le récit d'une chose est un peu différent de la chose
elle-même. C'est une différence qui me gêne. J'aime nos
rencontres à Paris, et je ne saurais exprimer dans toute
sa plénitude un moment tel que l'achat de cadeaux avec
toi, pour tes enfants. Ou le silence des livres dans les
librairies que nous aimons. Ou encore la nuit sur une
route à la poursuite d'un temps à vivre ensemble.

Quand je parle des arbres, de mes émotions ou de toi,
c'est aussi moi que tu apprends à connaître un peu
mieux. J'ai besoin de ta connaissance, besoin de la co-
naissance, qui jaillit dans le partage des découvertes.
Souvent je rêve à ce monde révélé, inaperçu aux autres,
qui se dévoile à nous, ensemble. En attendant, je recrée
notre passé, en recueillant images éparpillées, instants
ou échanges impromptus, trésors fabuleux pour des
temps de famine. Un après-midi, dans la montagne,
c'était l'hiver dernier, je revois la couleur d'un arbre, le
grain de la neige, une feuille morte, oubliée par le vent,

1. *Multiple Splendeur*, Stock.

un squelette de maison, et des gens très loin, à la démarche heureuse. Je garde aussi l'odeur de ton chandail, le goût d'un baiser et les cris d'un oiseau perdu dans le ciel.

Quel silence, depuis trois jours, dans ce que j'appelle mon journal, feuilles blanches éparpillées sur la table. J'ai fugué du lycée, tout un début de semaine — c'est fréquent paraît-il chez les professeurs débutants. A Paris dans ma chambre, je l'ai attendu, à demi sommeillante sur *Belle du Seigneur*[1] et dans mon rêve éveillé je donnais à Solal le conseil d'emmener Ariane en voyage au Sahara pour une rencontre miracle au plus proche du soleil. Gaël est entré sans me voir en se dirigeant vers la bibliothèque. Il venait lire, s'oublier, trouver l'ombre des solitudes qu'il recherche. Il ouvrit un livre de René Char et commença de lire à haute voix : « Un poète doit laisser des traces de son passage, non des preuves, seules les traces font rêver. » Le silence dut l'étonner car il leva les yeux et me vit. Il ne s'étonne pas des miracles. Il me prend dans ses bras sans un mot. Me regarde longtemps avec un rire heureux.

Dans ses yeux je vois tout le chemin parcouru depuis Loches. Il croit au merveilleux. Dans ces moments-là, je suis merveille et prodige soudain surgis du quotidien. Le mot quotidien a pour origine super-essentiel. Lui, vit le quotidien comme une fête possible. La chambre devient trop petite pour nous contenir tous les deux. Il me dit : « Viens, je connais un endroit au parc Montsouris. » Nous nous sommes aimés au grand soleil, appuyés à un arbre, et nos mains se savaient aimantes de nos corps. Nos désirs suspendus aux couleurs du jour, le ciel en attente de nos élans. Notre présence était douceur. Deux dames sont passées tout près, le regard bas. Ma robe, paraît-il, était trop relevée. Gaël rit et me trouva

1. Albert Cohen, Gallimard.

très décente. J'avais mis ma robe de Grèce et je me sentais très jeune, nue, entière dans ses bras. J'étais ivre du goût de la vie, je buvais sans retenue la chaleur de ses yeux, je m'isolais en lui, protégée de toutes mes soifs. Avec lui, l'indécence joyeuse et le plaisir à fleur de regard me délient de mes pudeurs.

Plus tard, nous avons retrouvé, c'est le lieu privilégié de nos promenades, le musée Rodin. Nous avons inventé et semé des statues sur notre passage. Il a ce geste de la main qui matérialise l'espace. Son regard dessine des mondes, ses associations créent des rencontres. Il semble ici chez lui, comme s'il avait tout créé. Devant *Le Baiser,* dans le jardin si beau en cette saison (l'automne est la saison de Rodin) nous avons offert le même baiser, oui, nous l'avons donné, il n'était pas pour nous, cadeau offert à ceux qui aiment ce lieu. Il m'a parlé de Camille, la sœur de Claudel, sculpteur et amante de Rodin, enfermée comme folle. « Je ne sais si elle vit encore... » Ensuite ce fut l'échoppe du barbier, celui qui frisait Robespierre tous les matins (il était soigneux de sa personne !). Un salon de coiffure est toujours là. Adossée à l'église la boutique est blottie contre la pierre, porte étroite à auvent et large fenêtre à l'étalage où le barbier officiait à la vue de tous. Gaël entre. « C'est bien ici que Robespierre se faisait coiffer ? » Le coiffeur « n'en sait rien, il ne l'a pas encore vu ». Nous rions follement, un peu déçus de ne pas l'avoir rencontré nous non plus.

Puis c'est le Palais-Royal, espace clos ouvert sur un ciel en voyage. Nous en aimons surtout les arcades. Nous en faisons trois fois le tour puis traversons le jardin avec nos yeux sur les toits, à guetter les signes de la vie intime. Nous nous asseyons près du bassin, c'est là qu'il y a le plus d'enfants. Nous aimons les regarder et leurs jeux complexes nous émeuvent. « Ce n'est pas l'âge de l'insouciance, dit Gaël, c'est celui de la souciance. » Soudain il fait trop froid, le jardin s'est vidé très vite en dehors de nos regards et nous repartons vers la Seine.

Le fleuve est noir, luisant dans les replis de ses mystères et sonore de tous les bruits de la ville. La main de Gaël est chaude sur ma joue, elle me contient en entier. Au bord du quai, les deux jambes dans le vide, un Noir sans âge joue de la trompette. Il est seul, plus sombre que l'eau, tout enveloppé par son dos. Il doit jouer très mal, même pour nos oreilles profanes, mais que c'est beau dans ce moment !

Dans la librairie « Aux yeux fertiles », la joie de Gaël éclate, il feuillette tous les livres, m'appelle, me lit une phrase, commence à garder quelques volumes dans les bras, charge les miens. Il faut payer. Il n'a pas assez d'argent. Il faut laisser la moitié des livres. Il a toujours ce regard angoissé pour parcourir les rayons et abandonner les livres qu'il ne peut prendre. J'interviens, nous refaisons le tour des rayons, rechargeons plus encore nos bras. « Il y a dans chaque livre tant d'existences qui traversent la mienne, tant d'univers où je suis né, tant de réalités proches. »

Il sait que tout lui appartient. Mon testament est affiché au mur — « En cas de disparition, je donne tout ce qui est ici à Gaël Lauret » —, il y a quelques mois c'était une boutade. Combien cette phrase me rassure maintenant. J'y vois un prolongement de moi. J'ai averti ma mère d'obéir à ce souhait, elle a seulement dit : « Il aura tout eu et surtout le meilleur de toi, le saura-t-il un jour ! »

Je reste étrangère à ce que tu vis dans un autre monde, sur une autre planète. Je connais seulement un cercle de bras qui m'apaise, une peau dont j'aime à parcourir les contours et les dessins secrets, et des yeux habités par tous les ailleurs.

Au bout de chacun de mes doigts il y a un passage de désirs et beaucoup d'envie de toi. A te rêver encore.

... Nous attendions ses cours en état d'urgence, sans oser nous l'avouer. Mais les « matins d'anglais » il y avait des rires et des joyeusetés à l'intérieur de beaucoup.

Elle nous parle de l'Amérique comme d'un être vivant.

« Ce héros nous le verrons amoureux, soldat, affairiste, négrier, inventeur, poète, législateur et atomiste. Nous le verrons créer et renier des idées. Nous l'entendrons inventer la liberté moderne et jouer au flic du monde. Si vous le voulez bien, nous ne le jugerons pas. Le comprendre même est difficile. Nous essayerons de le découvrir et de garder plus près de nous la parcelle qui nous ressemble, celle qui nous parle le plus. »

Je découvrais quant à moi la possibilité de grandir dans un seul cours, par la seule magie de sa confiance. Je me sentais plus agile dans les développements de ma pensée, plus habile dans le tohu-bohu de mes idées. Il y avait en moi une ivresse possible, jalousement partagée avec Pierre. Il aurait pu être mon rival s'il n'avait pas pris toute la place, me laissant spectateur.

Je te donne un instant simple dans un café de Fontainebleau où je suis encore en partance de toi. Il est onze heures du matin, je n'ai pas le courage de te quitter, mes mains retiennent la tasse. Les gens tout autour paraissent très vivants. Juste à côté, un homme lit son journal et de temps en temps me regarde longuement. Ma joie doit former un élément visible, comme le froid avive le contour des objets. Dans un coin il est question de Morzine où il y a déjà des pistes skiables, de l'Espagne où en été il fait cinquante degrés à l'ombre. Une jeune fille fait semblant d'être calme en parlant à un jeune homme des vacances de Noël qu'elle n'aura pas. Je t'écris et dans la chaleur qui fait trembler mes doigts, je te reconnais. Tu es au fond de moi. Tu me parcours de l'intérieur, rayonnement doux qui éclate en bulles dorées dans mes yeux. Mon visage et mes mains naissent de toi. J'étais. Mais j'étais non ordonnée, seulement proposée, sans lien, sans ressources.

Le café est bon, doux et fort comme tu aimes le préparer. C'est lui qui me conduira jusqu'à Loches. Je me sens entière, paisible, respirante. Plus besoin d'analyser, de peser le monde. Je suis rassemblée, jointée, comme un tableau de Rouault. Je suis faite de couleurs révélées l'une par l'autre. Ai-je oublié ces gros traits noirs qui les séparent ?

Je demande à tout mon corps de pouvoir être souvent

aussi calme, aussi présent, aussi docile (c'est peut-être cela l'humilité) à cette force douce qui s'étonne en moi. En ce moment, je suis lavée de lumière.

Quelque part sur les routes de mes retours, cette nuit ou une autre, j'ai laissé une peau ancienne, étriquée, qui ne voulait pas me laisser grandir.

Une peau ou plus simplement quelques enveloppes de plus, abandonnées, inutiles.

L'opium que nous sécrétons nous-mêmes avec nos doutes et nos peurs est plus dangereux que celui des herbes, ai-je écrit sur mon mur.

Et puis cet élan encore vers toi, mon plaisir non consumé, mon désir non consommé. J'ai cette pudeur à te dire mon admiration grandissante, à taire l'amplitude unique que tu rends à mon corps et cette liberté dansée dans la légèreté de mes abandons. Toute cette part intense de moi qui ne sait tricher, ma violence paisible à te faire l'amour. Je te suis fidèle là où tu es, là où tu seras. Je t'accepte avec démesure ne voulant rien retrancher à ce que tu es.

« J'ai besoin d'une acceptation inconditionnelle, m'as-tu chuchoté un soir d'émotion, j'ai besoin de toutes mes libertés pour exister. Je ne propose rien d'autre que moi-même. » Plus tard tu as ajouté : « Je suis cet homme-là, plus que d'amour j'ai besoin de respect, c'est ma seule demande. » Demande inouïe, exorbitante dans sa simplicité mais qui me convenait, que je comprenais sans restriction.

... Nous n'avions pas vu sur son visage, dans ses paroles, son refus d'être là avec nous, dans cette classe dans cette ville perdue. Le rejet de son poste, de sa fonction, sa résistance à exister loin de ce qui faisait sa vie se dévoilèrent seulement dans les derniers mois. Nous n'entendions pas toute la violence cachée, la révolte contenue au prix de tant de servitude. C'est bien plus tard que nous comprîmes son arrivée tardive au lycée, résultat de l'échec de toutes ses démarches pour modifier son affectation au « désert de Loches ». Nous ne sûmes jamais qu'elle vivait cette séparation comme une asphyxie, une sorte d'agonie volontaire. Il y avait dans sa démarche à la fois un défi insensé et une soumission désespérée. Une mise à l'épreuve de tout son être, associée à une passion contre l'évidence des refus.

Cette femme resta un mystère d'ombres et de lumières à l'aube de nos vies, mais son rayonnement nous enveloppa longtemps.

J'ai tellement besoin d'exister pour lui. Quand il m'a vue triste, l'autre soir, son absence de sourire semblait dire : « Je ne peux rien pour toi, c'est ta peine à toi, et toi seule peux la prendre en charge. » Il a un sens aigu de la responsabilité personnelle, il prétend que nous produisons nos sentiments, nos sensations, que c'est bien nous qui entretenons nos plaisirs et nos souffrances. Au début cela me faisait violence, je réagissais fort. Nous avons eu des discussions sans fin, épuisant chacun nos positions et en fin de compte illustrant chacun à sa façon le bien-fondé... de son point de vue. Cette autoresponsabilisation me dérange bien sûr, elle me donne le sentiment de mon inutilité comme s'il n'avait besoin de personne pour être lui-même. Il est à la fois si présent, par son regard, par sa chaleur, ses gestes, et si loin, comme absent de lui-même. Il porte des souffrances dont il ne parle jamais, blessures secrètes au plus secret de lui : « Faire face tout seul, toujours seul, cacher ses cicatrices et si possible en rire. » Il y a en lui un étrange mélange de vieux sage oriental et d'enfant désespéré. « Le seul amour qui ne nous trahira jamais c'est celui que nous pouvons avoir pour nous-même. » Il a parfois des rires soudains, joyeux et dérisoires. Je me sens alors coupable de ne pas être gaie et aussi de le culpabiliser, de l'amener à justifier son attitude à mon égard. Mes silences l'inquiè-

tent, mes regards l'appellent, aussi me répond-il : « Je
suis là et je sais que tu es là, encore faut-il que tu y
sois. »

Je vis d'attente. Lui de présent. Nos rencontres
s'égarent de plus en plus. Gaël n'a pas le temps de
m'aimer dans la continuité. La permanence, pour lui, ne
se délie pas dans l'absence, elle s'amplifie aux retrou-
vailles. Il n'a pas assez de temps pour oser le donner
dans l'abondance aussi le donne-t-il dans l'intensité. Je
crois qu'il m'aime dans la durée paisible de sa fidélité. Il
m'aime point fixe dans la turbulence de rencontres
multiples, à l'impromptu de l'instant. J'aurais voulu être
un besoin pour lui, je suis une réponse.

« Je suis pétri de trop d'inquiétudes inconnues pour
accepter celles qui me sont connues, disait-il l'été passé,
c'est pour cela que je me bats, que j'agis, que je m'agite
aussi, que je vis. » C'est à cette situation impossible que
je dois m'habituer — l'aimer sans dépendre de son
amour —, vivre ce postulat absurde — aimer totalement
sans être aimée totalement. Et puis, il va avoir un
enfant. Au fond sa femme espère plus que moi, en lui.
Mais je pressens et je sais que nous sommes perdantes
toutes deux. Tout au bout de sa course, il nous
dépassera, nous laissera, libres de nous perdre. C'est un
solitaire affamé de rencontres.

Il se doit à tant de gens. Je peux l'aider en étant libre
de lui, à ne pas ajouter au poids des demandes. Je sais
combien les instants de bonheur sont construits de
souffrances, de tâtonnements et d'errances.

Où trouver la force d'être libre ? Où trouver d'autres
sources de certitudes que sa tendresse, que sa présence
éphémère ?

Mes certitudes « en chambre », comme il n'a pas le
temps de les partager, vacillent. Elles se déchirent au
couperet de mes peurs, se brûlent aux éclairs de lucidité
de ma solitude. Je sais le froid soudain des évidences, la
morsure aiguë d'un cri dont le son s'est perdu. Au-
dehors, il pleut et vente, le bruit de l'eau éclate comme

une gifle de métal. Je suis devenue sensible aux dyshar-
monies qui tempêtent autour de moi. J'ai besoin de
protection, d'un placenta contre les menaces sourdes de
l'ignorance. Il ne vit plus avec sa femme, elle lui donne
un enfant partage ultime.

Nous avons inventé une traduction pour nous rejoindre dans des mots... Je traduis pour lui un texte
important en anglais. Son allergie à cette langue justifie
l'intérêt qu'il porte à mes efforts de traductrice. Il a
besoin de ce texte pour une recherche. Il donne ainsi de
l'importance à ceux qui l'entourent en leur proposant
une création commune, et cependant il ne demande
jamais rien. Il donne des buts, il propose des projets
impossibles (« Le possible est juste un tout petit peu
après l'impossible... »), il fait cadeau d'aspirations nouvelles, il offre des dépassements.

Pour gagner du temps, je n'ai pas recopié le début de
ma traduction. Si tu as trop de mal à en comprendre
l'écriture, j'écrirai à la machine, mais j'aime le bruit du
stylo sur le papier... Chaque mot est un chemin ouvert à
l'approche de toi. Ce soir je ne t'écrirai pas une longue
lettre car je suis très troublée. Je viens de découvrir que
je suis une sorte de personnage ici, « un pôle d'attrac-
tion », disent-ils. Sans le savoir, on vient de me décrire
mon masque, comment je suis vue, comment je parais à
l'extérieur. J'en suis extrêmement étonnée. J'existe
pour les autres d'une manière qui échappe à ma volonté
comme une partie de moi séparée, qui me quitterait, qui
deviendrait autre, indépendante de moi. Attirer ou
recevoir la confiance des autres, c'est encore risquer de
s'égarer parce qu'il faut devenir un peu l'autre, lui
renvoyer une image de lui, un peu plus claire. C'est
sentir aussi que l'on prend de l'importance. Exister
nouvellement pour quelqu'un, avoir l'importance de sa

croyance en vous. C'est encore la magie et le piège des mots qu'on croit comprendre parce qu'ils résonnent plus longuement. Et plus encore, la magie de l'écoute — je ne semble exister que pour celui que j'écoute. Je deviens importante par mes oreilles et mes yeux attentifs. Il paraît que je sais entendre, mon silence aux paroles de l'autre comble ses attentes les plus inassouvies.

Moi qui suis pleine de mots à dire, d'émotions à donner, je deviens le réceptable du trop-plein d'autrui. Je deviens étonnante d'intérêt pour beaucoup, en me taisant. Ce n'est pas un leurre d'ailleurs. J'aime donner de l'attention. Ils sont plusieurs à deviner, à pressentir ton existence. A s'interroger, à te rêver sans te connaître. Bien sûr, je sais entendre, je sais leur donner une impression de présence unique quand ils me parlent. En échange, ils attendent ma confiance, mes confidences. Je les tais. C'est ainsi que l'on te pressent, si vivant derrière mes silences et mes réticences, derrière mon écoute pour eux. Ils sont dépendants de ton existence et cela peut-être leur est insupportable.

Et le reste de la page, où je n'écris rien, c'est quelque chose en moi, qui ruisselle chaud, silencieusement, en dehors des mots...

Je t'envoie quelques pages de notre traduction. J'y travaillerai le plus souvent possible, entre deux cours et le soir d'esseulement. Cette traduction est devenue un trait palpable, une certitude entre nous deux. Les autres traits qu'on ne voit pas sont certainement aussi importants mais tu n'es pas là pour les sentir, alors parfois ils m'échappent et me laissent seule, séparée. Je pense à l'immense richesse que j'ai quand je te donne. Je pense à tout ce qui bouillonne, éclate, miroite, scintille parce que tu existes. Jamais je n'ai fait autant de pas vers les autres, autant de chemin en eux. Je suis reçue par les autres professeurs, par des tas de gens gravitant autour du lycée. J'essaie de créer des activités, je parle, non pour le plaisir mais par le besoin de projeter hors de moi ce que je possède. Donner, amplifier, comme je te ressemble déjà. Les premiers pas sont faciles. Surtout lorsque les gens s'ennuient. Rendre le monde brillant, animé, donner de la vivance ! Je le fais de mon mieux, et c'est en toi que je puise, dans ta chaleur en moi. Ecoute aussi quand je me retrouve seule avant de m'endormir, je ressens à nouveau le froid, l'incertitude, l'attente songeuse, une incapacité à vivre le temps de la nuit. Mon esprit est semblable à une batterie usée que je cherche à te faire recharger à distance — je n'y parviens pas toujours. Je connais des moments affreux. Je touche à l'os de la folie, à l'ultime du doute. Contre des bribes de croyance, une espèce de désorganisation, de morcellement grisâtre. Tu disais en riant, tu ris toujours dans les moments de gravité : « Il y a deux sortes de désespoir, le désespoir avec espoir, le désespoir sans espoir. C'est le premier le plus terrible. » Oui, tu savais déjà cela.

Je n'ai encore rien vu de la ville, des environs. Je crois le pays beau, la lumière y est douce, incertaine et sûrement fragile. Je n'y ai pas encore vécu de moments intenses et je suis encore trop absente — mal à l'aise — mal assurée — déboussolée. Mon cœur seul me sert de boussole et il n'indique qu'une direction... la tienne.

Depuis deux ans, je n'ai plus ni refuge ni évasion possible. Je n'ai plus ce que tu appelles des moyens « de compensation ». Les croyances d'adolescence, les vérités éternelles ont disparu, elles n'étaient plus partageables. De tout le savoir acquis, il ne reste rien. Subsiste dans l'instant un souvenir aigre mêlé de stupeur et de colère, lueurs rares, éphémères dans un présent voué au quotidien.

Je ne plane plus, ce qui est bon, mais patauger n'est pas meilleur. Je crois les gens heureux d'être avec moi, de partager un semblant de présence. Suis-je autre ? Moi qui ne sais plus être seule avec moi-même.

J'ai du plaisir à t'écrire toutes ces lettres. A t'envelopper de mots. J'ai du plaisir à t'imaginer les recevant — enveloppe blanche — longue et fine. Ton nom, précédé du prénom que j'aime, je n'ai jamais mis Monsieur, l'as-tu remarqué ? Je te vois lisant. Où lis-tu mes lettres ? Au bureau, dans un café, dans ta voiture, dehors en marchant ? Lis-tu mes lettres ? Oui.

Je serai à Paris, vendredi soir vers 21 h 30, non plutôt vers 21 h 15, chaque minute, chaque tranche d'heure m'est précieuse : si tu le peux, viens avec hâte, dérange le temps pour moi, surprends-moi. Samedi, j'essaierai d'aller voir la pièce de Brecht — *Dans la jungle des villes,* tu l'as certainement vue. J.-L. Barrault redonne *Le Partage de midi,* mais dix représentations seulement ! Je souhaite que tu puisses aller voir cette pièce — elle est poésie vécue.

Rêves-tu des vacances de Noël ?

As-tu regardé notre étoile ? Sur la constellation de Cassiopée elle est la dernière — comme en partance, île cosmique nous appelant. Le vent ce soir arrache tout, il déchire le ciel et notre étoile a basculé dans le noir. Je n'aime pas ce vent-là.

Comme les images et les sensations se répètent, parfois ! J'ai déjà vécu ce ciel déchiré, ce vent intense. Il frappe le mur, force la cheminée, siffle sous le toit et cogne, cogne à mon oreille et par ce chemin traque mes images de toi. Il heurte le dos de mes douleurs et relance la nuit vers plus d'incertitudes. Le vent fait partie des choses de mon enfance toujours présent aux heures essentielles où j'ai existé. Le vent a toujours côtoyé mes attentes, il a balisé mes interrogations. Il jalonne mes souvenirs d'écolière fragile. Je prenais des chemins labyrinthiques pour rejoindre de platane en platane, de fontaine en fontaine, l'école de mes enfances... J'avais peur qu'il m'emporte, soulève mes jupes, gonfle mon manteau et m'enlève au loin. Je lui parlais gravement :

« Vent ne m'emporte pas, je dois aller à l'école » et j'appuyais bien sur le *dois* pour lui donner de la force. Je préparais à l'avance des dessins de bateau, d'avion, d'oiseau que je donnais ainsi en pâture au vent pour l'apaiser et le rendre bienveillant.

Je quitte à nouveau Paris sans t'avoir vu. Je rentre donc plus tôt que prévu. J'avais laissé ma voiture à Tours. J'ai besoin de conduire ma route vers mon exil. Le train ce soir ne va pas loin — Le Mans — Angers — à Nantes la mer est là qui l'arrête. Les gens disséminés dans le compartiment occupent les coins et dispersent le vide de leur regard au-delà des paysages rayés par la pluie. Une dame sans âge, toute grise et morne, morte sans doute voilà des années me regarde sans me voir. Une autre, vieille celle-là, et grosse aussi, jambes difformes et bas plissés, avale la vie avec des yeux malicieux. Un homme en costume gris, soixante ans environ, visage sec mais l'œil humide, regarde comme fasciné ma poitrine, j'en ai le téton dur avec ta main dessus. Mes semblables, que je ne connais pas. Personne ne se parle, on n'ose pas ou on oublie de se regarder. Seule la grosse dame a répondu à mon sourire. Je sens des gens enveloppés dans leur solitude qu'ils vont retrouver ou compléter au Mans ou ailleurs. Mais je sais combien la solitude peut être habitée, vivante, combien la solitude peut être peuplée et nourrie d'appels. Dans l'autorail entre Le Mans et Tours, même sensation, ici les gens sont plus à l'aise. Ils connaissent le pays, ils sont en marche vers des lieux sûrs, ils ne resteront que quelques minutes dans le train. Ont-ils comme moi des interrogations, en ont-ils eu, en auront-ils demain ?

Expérience unique de chacun où je voudrais trouver mes propres réponses. Je remue les miennes, avec ce calme que je n'avais jamais connu auparavant et qui m'effraie un peu. Je pense à toi — non ce mot est trop

pauvre, trop limité — tu es en moi, frisson chaud
et inquiet à la fois. Je cherche une issue pour te
laisser partir, puis tout aussitôt un moyen pour te
garder.

Je te vois en moi, entier, d'abord les points de
repère, tes yeux, ta bouche, ton sourire, tes épaules.
Puis le détail de ta peau, tes oreilles, ne te moque
pas. J'aime tes genoux, le dessin de tes coudes, et tes
pieds, oui je ne me sens pas bête de te le dire, de
l'écrire. Je te vois tout entier, tu es mouvement,
départ, voyage. Tu es loin et ma joie de t'aimer te
suit. Lumineux, tu brilles hors du temps dans une
partie de moi que je connais mal, parcelle née de toi
et qui durera plus longtemps que moi, plus longtemps
que mon oubli, que ma mort. Tu es en ce moment
vivacité — jaillissement de tant d'élans, de tant
d'enthousiasmes.

Sens-tu aussi cette parcelle de toi alimentée par
notre amour? Il nous faudrait construire ensemble,
avec ces deux parcelles de nous, un bout de ce chemin
qu'un jour tu as appelé pèlerinage. « Mendiant la
vie... sur le bâton de mes rêves... en pèlerinage vers
un amour... pour arriver à l'essentiel de nous-mêmes,
que nous traînons comme une nostalgie, un exil... »
L'amour comme un chemin et non un but pour se
réaliser.

Je suis sûre qu'ensemble nous pouvons beaucoup. Ce
soir, je redécouvre l'exigence d'un nous, je me sens
baignée d'énergie, inondée de cette soif d'être ensemble, proche.

Co-naître — naître avec. Je suis née de toi, avec toi,
pour toi.

Tu es en moi.

Tu es en moi.

Tu es en moi.

Carillon de ces mots dans ma tête. Résonance.

Qui cerne, qui ouvre l'espace? Quel soleil aujour-
d'hui s'égare dans le ciel! C'est un matin surprise il fait

doux, un vent léger habite l'air. Je croyais n'avoir plus mal. J'ai voulu quitter ma chambre et voir la campagne. Droit devant j'ai retrouvé les couleurs de l'automne, lentement brûlées de l'intérieur contre un ciel miraculeusement bleu. Je m'étonne toujours de l'harmonie des couleurs libres. Il faut les voir ensemble. En les détaillant ou les isolant il y a le risque de les perdre. Une couleur existe par les autres et ce n'est pas un hasard s'il y a là un cèdre noir, un chêne roussi, ici un peuplier jaune en retrait et de la vigne vierge rouge-orange pour dessiner l'espace. Les branches apparaissent plus fines que nature, sombres, révélées et sûres, vaisseaux ramifiés à un sexe noirci.

Les petites villes de ce pays, j'apprends lentement à les connaître, elles m'effraient encore. Les murs en sont épais, faisant semblant de protéger des choses d'importance qui ne sont plus là. Ils encouragent l'ennui alors qu'on les voulait certitudes, cheminées, protection. Comme cette église romane autrefois vieille, aujourd'hui fanée, conçue d'après un savoir sûr où je ne sens aujourd'hui que mon vide. Je venais en spectatrice rechercher la beauté des formes lourdes transfigurées en vents — mais j'ai peur maintenant d'écouter et de voir. Bien plus loin, amical et distant, c'est un grand parc roux, sans ciel — où les branches se rejoignent et forment un toit à ma mesure. Les feuilles mortes sont complices. Dans l'après-midi, j'ai retrouvé ma chambre, je me suis réfugiée dans mes bras, sous l'abri d'un édredon. D'entendre battre mon cœur me rassure un peu.

Je crois avoir sondé mes sentiments, étalé mes émotions, en avoir défroissé les plis obscurs ou douteux. J'ai tenté de regarder mon amour pour toi bien en face, et je suis devenue humble. Il ne s'agit plus de parler d'éveil à la vie, d'éveil à soi-même, pour réduire mon besoin de toi à la mesure de ma faiblesse. Ce que je te prends, la douceur de tes mots, la chaleur de tes gestes est un verre d'eau entre deux grands efforts pour ne pas mourir. Ce que je te prends est pour survivre. Ce que tu me donnes est un plus, une confiance en moi, une assurance en un au-delà du présent, des possibilités d'être à travers des gestes multipliés.

Ce que tu me donnes, au-delà de mes soifs, c'est ma vie.

... D'où venait-elle ?

D'où venait-elle ainsi, si proche et si lointaine de nous ? Loches, le bout du monde oublié, celui dont on ne rêve pas, dont il n'est jamais parlé dans les livres. Bout d'un monde incertain où l'on pouvait encore se perdre, sans jamais trouver la mer, un pays entre deux pays.

Que faisait-elle parmi nous ? Nous enseigner l'anglais : Civilisation américaine, disait le programme.

Elle était différente, c'est cela. Différente des autres professeurs, des autres adultes, différente de toutes les ombres qui nous entouraient. Pour beaucoup d'entre nous, elle était déjà unique. Nous n'avions pas besoin de nous l'expliquer, pas encore.

Nous prenions beaucoup, tous avides et surpris de tant de dons. Mais elle ne donnait rien d'elle. Elle nous agrandissait, nous donnait des dimensions, nous qui n'étions pas avant elle. Elle nous donnait une consistance, un contenu. Avec elle nous avions une forme. Il nous semblait recevoir de ses yeux, de ses mains, d'une parole ou d'un mot plus lentement dit, une force nouvelle, une lumière inépuisable. Elle avait une manière bien à elle de s'exprimer, des temps de volubilité passionnée et des espaces de silence entre deux mots, sur une phrase inachevée qui nous laissait en suspens entre sourire et gravité.

Nous remplissions ses silences d'émerveillements, de rêves chuchotés de cahier en cahier. Elèves soudain étrangement proches par sa seule présence. Grâce à elle nous formions une classe, un groupe, un ensemble.

Nous aimions son attention, sa réceptivité bienveillante qui nous prolongeait, bien au-delà de la classe.

Nous avions pris près d'elle une autre dimension. Elle avait d'un seul coup, par sa seule présence, repoussé loin nos limites. Elle nous écoutait, nous captait, et nous avions le sentiment d'être meilleurs, d'être différents et multiples. Elle était là et c'était comme une nouvelle liberté d'être.

Les jours avec elle avaient de la durée et le temps créateur contenait les germes de l'éternité.

Tu es perméable au vent, au soleil, aux gens. Tu es comme un arbre dont la ramure tente d'étreindre le ciel pour assouvir la faim de ses racines. J'en ai regardé un aujourd'hui dans lequel je t'ai reconnu. Tu es directement concerné par tout ce que tu vis. Tu accompagnes la respiration des jours et tu restes sensible aux plus petites choses — une peur, une joie, un espoir, un rêve, une faim, un rire sont amenés à la lumière et deviennent événements. Non seulement tu laisses exister, mais tu entraînes. Je ne sais plus si je t'ai parlé de cette histoire — on a retrouvé des grains de blé dans un sarcophage, ce devait être en Egypte ! Enfermés depuis des siècles dans la tombe, ils devaient nourrir la princesse dans son voyage vers l'au-delà de la vie. Ils étaient restés intacts. Mis en terre après tant de temps — ils ont germé. Tu as quelque chose de cette terre, tu fais naître à nouveau des semences très anciennes, oubliées en chacun. C'est un peu de cela ma confiance en toi — et beaucoup plus. Je n'avais jamais vu la bonté et je te vois très bon, généreux. Eveillant et invitant à une participation de vie, créant ce besoin d'être plus encore chez ceux qui te connaissent.

Je reste fascinée par tes mains sur mon corps, ta patience infinie pour délier chaque fibre, tes caresses vivantes pour recréer mes seins, mon cou, mes épaules et mon ventre. Et le plaisir inouï que tu partages à éveiller mon sexe. C'est toi qui m'as appris à pousser, à laisser grandir, à rendre mobile ce silence secret au plus profond de moi. Un jour, très disert, tu m'expliquais gravement : « Je crois qu'il y a une méconnaissance profonde chez l'homme et peut-être chez la femme de l'acte d'amour. Tout se passe comme si la femme se sentait obligée de recevoir, d'attirer... » Il a eu un geste curieux avec sa main gauche pour montrer un pénis et sa main droite comme un étui fermé recevant, attirant le doigt et se refermant sur lui. « Tu vois, en faisant cela le sexe féminin se referme et se clôt ainsi sur des zones de sensibilité... Quel gaspillage de possibles ! Si la femme, par contre, acceptait de pousser, non pas de repousser le pénis mais d'aller à sa rencontre, de lui faire l'amour au sens actif du terme, quelle rencontre nouvelle ! » Il s'enthousiasme à ses propres croyances et découvertes. « Il faut ré-inventer l'amour physique, démystifier la pénétration, car ainsi il devient possible de proposer à chacun de faire l'amour avec chacune des parties de son corps... » Oui, tu as parlé longtemps, je t'écoutais sans trop de conviction, aimant seulement tes gestes, ton regard, tes élans.

Je te rêve.

Je sens ta peur d'éclater à force d'être ouvert. Peine de l'arbre chargé d'un trop-plein de sève, et qui ne parvient pas à la faire mûrir en fruits. Je te vois riche de vies possibles, impatient de donner naissance à chacune d'elles. Tu ne peux choisir, ce serait t'amputer. Tu veux tout vivre. Et ma tendresse immense vient de l'assurance qu'il y a en toi les germes du monde. J'imagine la force qu'il faut pour les animer tous. Cette douleur féconde dont tu parles souvent te fait accepter un plus grand partage.

Je suis aussi cela, étant perméable à toi. Cette douleur de pure souffrance se transforme en chaleur et veut te revenir pour t'illuminer, mon Gaël. De t'évoquer ainsi, tu viens de me donner quelque chose. Ce que je pressentais en regardant au-dehors est entré en moi, maintenant.

Un poisson au fond d'un aquarium, rêvant de mer...
La veille du jour où je t'ai rencontré pour la première fois, j'attendais ma mère dans le salon du Sheraton. Un couple est passé lentement devant ma table pour aller s'asseoir plus loin. Lui, beau comme un homme plein de possibles. Un tweedy-man nonchalant, les réussites inscrites dans l'assurance de son corps. Elle, merveilleuse de jeunesse, éclatée de promesses, des yeux d'orage indien. A un certain moment, à demi tournée vers lui, elle lui caressa le visage de bas en haut, en remontant doucement derrière l'oreille. Et ce geste contenait tant d'amour impudique, tant d'offrande totale que j'eus comme un orgasme dans ma poitrine, entre mes seins, une fulgurance de chaleur. Puis un sanglot dans ma gorge, j'avais à cet instant-là déjà, sans te connaître, le manque de toi. J'ai su que j'allais vivre pour un tel geste et courir, courir vers l'homme à qui je pourrais le donner.

... Nous nous connaissions tous, par des schémas, des répétitions d'images bien établies. Par nos habitudes, par nos jeux, par nos plaisirs, depuis des années, le lycée nous avait conçus, modelés, clonés. Nous nous connaissions un peu à la manière dont nous connaissions chacune des vitrines de la ville. Nous percevions chez les autres les changements de visages, de comportements, de rythmes. Nous percevions ces variations, qui correspondent surtout aux besoins de ceux qui les regardent, comme les changements observés dans les vitrines.

Nous vivions de l'immédiat, attablés comme à un repas. Le présent vécu comme une bouffe. Bouffer très vite, sans mastiquer, la bouche ouverte, sans rêver, ni avant ni après. Ce n'est que de la bouffe ! Notre année de philo découvrait soudain la puissance d'être, de penser, de dire, d'influencer peut-être, c'est-à-dire de commencer à agir sur l'univers. Le pouvoir des mots, la griserie des idées habitaient nos bouches et nos gestes. Les certitudes basculaient, se bousculaient, s'annulaient. Françoise arrivait avec tout cela et plus encore, l'inouï. Lame de fond puissante qui allait bouleverser nos chimères et les fortifier plus profondément.

Elle allait, par le seul impact de sa présence, donner un sens à notre existence, déchirer nos masques, nous reconnaître nus.

Il y a un élève dont je ne vois jamais les yeux. Son front et ses mains sur le bureau gris m'indiquent seuls sa présence. Je ne vois jamais ses yeux, et son regard cependant m'enveloppe en permanence. Je sens sa présence plus que toute autre dans la classe. Sa présence comme une auréole sur des cheveux noirs. Dans sa rangée il me paraît plus isolé que dans un désert et justement important pour cela. Il s'appelle Pierre. Je n'ai pas encore entendu le son de sa voix, je n'ai pas encore vu la couleur de ses yeux. Sait-il la vie qu'il porte en lui et ce rayonnement d'énergie close? Ce garçon inconnu me passionne par le silence de ses passions.

Il m'inquiète aussi par la force de l'attirance qu'il suscite en moi. Je dois me contraindre pour parler, m'adresser au groupe dans une autre direction que la sienne. Il capte par son énergie toute une partie de mon être, tiré, absorbé par lui. Il suscite des flammes, de la pétillance en moi : ce soir je lui souris.

J'ai des soirs de folie où je dérive puis sombre corps et biens dans les tempêtes de mes doutes. Navigatrice solitaire, je poursuis insatiable un horizon insidieusement courbe et cela avec des vents contraires. Je m'éloigne du pays de mon âme et me relie — attente — au pays du futur qui lui se dérobe ou se masque.

... Durant tout l'automne, ce fut la découverte de nous-mêmes. Un jour, elle nous avait dit : « Vous êtes des jeunes soleils qui se font les dents et vous rayonnerez à votre tour. »

Elle nous faisait oser ainsi des rencontres inespérées avec le meilleur de nous-mêmes. Elle était une mine inépuisable, miroir multiple où il nous était facile de rêver et même de vivre. Nous avions une soif ardente de sa présence. Etre avec elle, c'était s'agrandir plus vite, bousculer les limites et pénétrer d'autres horizons.

Nos parents étonnés, mais peu curieux, devinaient mal ce besoin d'être et de savoir qui nous saisit cette année-là. Soif d'anglais — Civilisation américaine —, soif de vie, dévoilement et reconnaissance, soif de rencontre. Nous sûmes très vite qu'elle avait loué une chambre près de la rivière.

Pendant un mois cette chambre fut sa prison. Les valises non ouvertes, les bagages encartonnés dans le couloir, le lit sans draps avec son matelas de crin, dur et sale. C'est bien plus tard évidemment que nous sûmes tout cela, par les confidences de sa logeuse. Les objets aimés étaient restés à Paris. Les regards, les pensées que nous lui volions ne nous appartenaient pas. Absurdités et contradictions qui nous échappaient. Nous attendions tout, elle voulait nous refuser tout. Et notre rencontre était inévitable.

Nous nous conduisons affamés et fébriles l'un l'autre vers ce chemin caché, loin des gens que tu étais venu voir. C'était le but de nos promenades, nous conduire l'un vers l'autre, nous étendre et nous donner de l'amour. J'étais nue sur les feuilles et tu gardais je ne sais pourquoi tes chaussettes. Tu m'as dit plus tard : « Si quelqu'un était venu je me serais habillé plus vite ! » Nous avons ri de nos corps, de nos gestes, de nos élans désordonnés, avides vers le plaisir. Plaisir rapide, brutal, puis renouvelé dans la tendresse, dans l'accord partagé. Tu n'as jamais su tout à fait, je crois, combien ton cri au moment du plaisir me comblait. Tu as été pour moi le premier homme à oser crier, d'abord un son long comme un appel étonné, puis des sons hachés mi-rire, mi-sanglot, enfin ce mouvement du buste comme une vrille pour ouvrir tout ton ventre et ton dos à la montée du plaisir. Nos yeux, te souviens-tu, ont allumé le grand soleil de midi au-dessus des arbres. La tête sur mon ventre tu as dormi et moi, écartelée, humide, je veillais à la belle étoile du jour, apaisant le silence, accordée au présent, porteuse de tous les dons. Et l'aube aventurière est venue avec le soir déposer son chagrin en nous, pour voiler nos yeux d'avenirs incertains, pour stopper les départs irrémédiables, et dérouter les peurs secrètes. Fallait-il te crier de me retenir, d'arrêter l'irréparable — Ne me laisse pas repartir — Ne

me laisse pas partir — Entends-tu le chaos de mon sang
— Tu embrasses mon cou — Ne me laisse pas partir —
Ne me laisse pas repartir — Ne sens-tu pas mon corps
qui se détache, qui me quitte.

Dis, soulève la terre, réduis les distances. Retiens-
moi. Arrête le temps. Demande-moi de venir travailler
avec toi, près de toi. Fais une révolution qui supprime
les Ecoles, l'Enseignement, les Professeurs, la Famille
— une révolution qui établisse la liberté, le partage, la
libre circulation des corps et des amours. Il est déjà trop
tard, je crois, quand hier est plus fort qu'aujourd'hui.

Je t'écris à nouveau, incorrigible, au milieu de la nuit
— le lit est trop petit pour contenir mes peurs. Je n'ai
pas sommeil. Tes livres me tiennent éveillée, ils me
stimulent sans me protéger. Il y a tant à connaître — et
tant d'obstacles aussi à la disponibilité.

Je poursuis l'idée d'un club de poésie avec les élèves,
je vais le préparer et tenter de le lancer avant Noël. Je
suis très déçue de devoir abandonner notre traduction,
j'ai l'espoir que nous en trouverons une autre. Je serai
heureuse de lire ce livre en français injustement et
même abusivement traduit par un autre ! Quand il aura
paru, il me parlera encore de toi. J'ai peur de ces non-
aboutissements, de ces tentatives désordonnées pour
être avec toi, je crains l'échec sournois et l'illusion
trompeuse. Pardonne-moi pour hier au soir. Je ne
voulais pas de pleurs. Tu sais combien j'ai toujours
mal à te quitter. Il faudrait bien que je me mette dans
la tête et le cœur qu'il y a des lieux, des circonstances où
je peux seulement t'entre-percevoir, t'effleurer en
cachette. Trop près de toi j'oublie toutes mes résolutions. Je voudrais tant m'abandonner à ma tendresse,
oser crier à chacun — oui c'est lui ! Je t'aime.

Nous sommes perçus en public comme des amis
chaleureux, proches par nos lectures, nos écrits,
accordés à la même passion de Georges Brassens. Et j'ai

plaisir à provoquer ainsi ta parole sur tel livre, telle chanson ou tel événement. Tu t'emballes aussitôt, développes une pensée, rassembles autour quatre idées et relies ainsi plusieurs impossibles comme un peintre rassemble des couleurs incroyables pour dessiner un visage ou un ciel sorti du néant. Il y a une érotisation des mots et des idées chez toi qui séduit l'autre et le menace aussi trop vite pour qu'il te suive longtemps. Tu te découvres seul, et gardes alors le silence, plus attentif encore à ceux qui ne t'accueillent pas.

Nous nous sommes encore vus en coup de vent tendre et violent. En moi quelque chose d'imperceptible a changé, je me sens exister face à lui, alors qu'au début sa seule présence, son seul contact me vidait — un vide prêt à l'accueil, mais j'en souffrais, j'étais gauche et timide, en attente, réceptacle offrande pour tout ce qui viendrait de lui. A présent je reste moi, je le trouve beau, grave et séduisant et c'est bon. Il ne me frustre pas trop, dans ma jouissance de lui, j'aimerais qu'il m'aime plus, avec plus de continuités, plus de certitudes aussi. J'aimerais qu'un jour pas trop lointain, il m'enlève, pour m'emmener avec lui, pour me garder.

J'ai besoin d'en rêver pour en faire mieux le deuil !

Novembre

CETTE violence tendre du crépuscule, carrefour éphémère entre jour et nuit, entre ciel et terre, où se rencontrent les odeurs silencieuses chuchotées et enfin entendues. Où se mêlent désirs et projets dans la même rencontre. Quand ta main nostalgique dessine la première étoile à naître et porte mon corps dans un ruissellement de lumière.

C'est la Toussaint et je ne sais contenir ma joie et un espoir nouveau. Je n'ai jamais été aussi vivante que ce jour des morts à Paris avec Gaël. Vivre deux jours entiers avec lui. Le redécouvrir inchangé, si proche. Il reste chaleur, vérité, certitude profonde. Il est comparable aux couleurs tourbillonnantes. Je me sens eau de pluie contre lui. Je me sais présente dans sa tête, au milieu de tant de gens. Il a toujours une vie multiple, qu'il multiplie à plaisir « Comme un œil d'abeille à six mille facettes doit multiplier les formes », dit-il.

Il est habité par sa femme, ses enfants, son travail, ses amis, ses livres, tout ce qui l'enveloppe, le possède et l'émerveille à la fois. Il me parle par à-coups, toujours avec une intensité brève. Il y a des locutions qu'il n'explique pas, des certitudes qui ne sont vraies que pour lui : « Un être qu'on aime ou qu'on a aimé reste un point lumineux, une balise dans la solitude, une conscience dans le cœur. » Un être qu'on aime, un être qu'on a aimé... Est-ce pour moi qu'il parle ? Ses phrases

prennent de l'importance longtemps après, elles deviennent messages chargés de sens. Souvent dans une phrase
il exprime à la fois la certitude et le doute. « Dans aimer
il y a rassurer et protéger. Mais comment puis-je
rassurer et surtout protéger quelqu'un, moi qui suis
inquiétude », l'ai-je entendu dire au téléphone.

Il y a de la vivacitude en lui en ce début d'automne.

Je suis préoccupée seulement par le temps qu'il fait
dehors. Il faut que je te dise vite l'hiver qui balbutie. Je
viens t'apporter ma joie — une force renouvelée que je
crois sans mesure, plus solide que moi la portant. Et je
t'oublie alors pour mieux te donner. Pour un court
instant je ne pense pas à tes problèmes, à tes difficultés,
à ta vie échevelée, à tout ce que tu es sans moi. Les mots
écrits, ma joie fond. Je me dépêche de puiser ailleurs
mon souvenir. Je veux créer sur-le-champ l'architecture
des mots à te donner, les accorder, pour que tu les
entendes et les reçoives au plus profond. Que t'importe
le bel hiver et que m'importe-t-il soudain. Je te parlerai
pourtant du grand froid tout à l'heure — avant de
l'oublier, avant qu'il ne tombe dans le rien. Te donner
des moments venus de nulle part, de lieux où la
conscience n'existe pas. Je m'épuise à combler le grand
fossé du silence — au jour le jour —, je dois me rappeler
chaque fois que je ne suis qu'un point minuscule dans
ton espace. Un point que je distingue à peine dans ta
vie. Les moments où je m'en souviens sont très importants — comme une épreuve. Je cogne dans la réalité, je
butte sur mes croyances. Je me sépare en plusieurs
parties pour passer au travers. Vais-je me reconstituer,
vais-je m'éparpiller en morceaux inconnus ? Le risque
en est toujours possible. L'obstacle franchi, je me sens
chaque fois raffermie, libérée, plus sereine pour quelques heures.

Je voudrais pouvoir vivre indépendamment de toi.

Par toi j'y parviendrai. Tu es une épreuve que j'aime et qu'il faut à chaque heure surmonter.

J'avais du mal à te quitter l'autre soir. J'avais honte et peur. As-tu senti ma nuque raide ? C'était comme si j'allais me lancer dans un gouffre de froid et de nuit — un gouffre de solitude. Partir quand tu n'as pas trop d'ennuis m'est déjà difficile. Je te sens impatient de vivre, d'avaler le temps. Quand les ennuis t'envelopent, quand ils s'acharnent sur toi, je les vis avec une intensité incroyable. J'ai le sentiment que tu voudrais me retenir, que je pourrais les chasser, t'en libérer.

On vient me chercher pour dîner. Je vais sourire et parler, me distraire peut-être, et rire aussi. Je dois me garder en bon état de marche, en bon état de représentation. Je mène la vie normale d'une célibataire, jolie, intéressante, affectueuse mais tellement imprévisible.

J'ai apporté tes livres de poésie au « Club », nous avons dit des poèmes de Mallarmé, de R. L. Laforgue, de J. Rictus. Je vais profiter des dimanches pour préparer cette activité nouvelle hors cadre et m'assurer que je suis capable de la conduire. Je réapprends à régler mon sommeil, dormir peu, mais entière. Je fais la guerre aux copies à corriger, aux détails qui rongent mes énergies, j'ai l'intendance exigeante — je me veux disponible pour te rêver, te faire naître ici.

À bientôt — très vite. Je rêve ta venue d'abord comme une imprévisible surprise, que tu ne me fais pas, puis comme un projet à mûrir ensemble. Et puis il y a deux jours tu m'as dit « je viens » comme pressé, presque inquiet. Ton désir vers moi est un éblouissement.

Il guette partout les formes de la vie. Il quête une vérité jamais sue, en chacun de nous. J'aime sa façon d'accueillir ce qu'il regarde. Son amour est de me faire participer, de me donner des yeux, un cœur, un corps.

En quelques mois, il a fait naître ma poitrine, mon ventre, mes jambes, mes épaules, mes mains et mes cheveux. Mais surtout il m'a donné ses yeux, il m'a donné d'être en eux.

Il m'a dit un jour : « Il faut donner ce que l'on voit, puisqu'on ne peut donner ce que l'on est. »

Gaël m'aime. J'en suis sûre. Mais son amour ne me comble pas, il intensifie mon besoin de lui. C'est un amour-pluie — un amour-soleil aux germinations sauvages, hors saison. Par exemple ce n'est pas son baiser qui déclenche mon désir, c'est le mien. Je l'embrasse doux sous l'oreille, sur la main, dans le cou et je m'embrasse. Je deviens désir du seul fait de l'embrasser. Mon ardence le surprend, il ne se dérobe jamais à l'émouvance du plaisir.

Ensemble nous avons visité Loches, il a reconnu, exploré, agrandi mon territoire. Il voit sans frayeur la distance qui nous sépare. « Ici seule — tu te rassembleras et je vivrai plus d'apaisement à travers ta paix. Je n'ai plus le temps de penser, de lier mes idées, fais-le pour moi. » Il souhaiterait aussi faire retraite, je sens qu'il désire l'isolement, reconnaître sa solitude, sans personne que lui-même à assumer. Il voudrait avoir le temps de se poser ses questions, de se voir dans ses yeux et non plus dans ceux des autres. Se reconnaître dans sa tête et non dans ses actes. Ma joie éclate — il arrive par ses paroles à me rendre heureuse de moins le voir — d'être seule — de l'aimer loin, plus lui-même.

Je crains l'action, j'intériorise les actes. Gaël m'effraie parfois par les forces, les convictions qu'il soulève chez les autres. C'est pour lui une nécessité de transformer ses idées en force, en mouvement, en énergies « ondulatoires » comme il dit, mettant dans ce mot une dimension cosmique. Depuis que je le connais, je n'ai plus peur de mes pensées « masturbations intellectuelles » dont j'avais honte.

> Gaël, même loin de toi, je veux
> que ma vie soit mêlée à la tienne,
> qu'un lien nouveau naisse de nous.

Il ignore le nous.

Il affirme que le nous n'est pas l'important. « C'est la reconnaissance de l'un par l'autre qui l'est, l'identité respectée. » Ce qui importe, c'est ce que je deviens par lui. Ce qu'il devient par moi. Je découvre un bonheur nouveau à le croire, et aussi une douleur nouvelle à le vivre.

Il est sûr que je serai rayonnante — et je le suis, nourrie de ses rayons, de tout ce qu'il m'a donné au cours de cette année merveilleuse, l'an passé. Nourrie de ce qu'il a reçu de moi, et qui me rend si pleine — si belle, dit-il — parce qu'il l'a accepté. Nourrie de ses enthousiasmes. Au début, j'avais beaucoup de mal à accepter son émerveillement, ses gratifications : « Tu es formidable tu sais c'est extraordinaire que tu existes pour moi. » Quand il me parle ainsi il s'adresse à ce moi qui fait partie de lui. Je suis investie du meilleur de lui-même. C'est cela l'amour d'un homme : son amour de la vie à donner, son attente d'être reçu. Il ne m'écrit presque jamais, m'assurant qu'il devient sombre, déprimé ou cynique au stylo. Il envoie des phrases lapidaires sous forme de paradoxes ou d'aphorismes qui percutent chaque fois mon confort, déplacent mes exigences.

Et cependant je sais qu'il écrit « plusieurs livres à la fois » sur des carnets multiples qu'il traîne après lui : « Ma mémoire de l'oubli. »

...Dans nos premières rencontres nous ne supposions pas tant de mystère en elle. Elle était pure parce qu'elle était jeune et belle. Chaque découverte, chaque approche nouvelle nous confirmait dans notre foi. Elle était transparente et nous croyions voir très loin en elle. Nous l'appelions « Mademoiselle » en classe et, dans la bouche des plus jeunes, il y avait de la ferveur. Pour qui était-elle Françoise ? Vers la fin de l'automne, un d'entre nous qui avait découvert Camille, la sœur de Paul avant même qu'elle ne devint de mode par des livres, un film, vingt ans plus tard, trouva son vrai nom, un nom à nous : Claudel.

Elle devint Claudel — un mot plein, généreux, qui se buvait. Un mot qui nous donnait de la force. Ce nom, bientôt tissé de toutes les projections de la classe, devint pour beaucoup d'entre nous une raison d'être cette année-là.

Un soir, nous découvrîmes que les autres, les professeurs, l'appelaient : Tulipe. « Je suis chez Tulipe », le bout de papier contre le pare-brise d'une voiture l'indiquait clairement. Et ce nom-là nous sépare encore plus d'eux. Tulipe pour eux. Claudel pour nous, pour Pierre elle demeurait Françoise. Pour l'autre qui était-elle ?

Elle revenait de Grèce où elle avait passé un mois durant les grandes vacances. « Si je vous avais connus, j'aurais pu en emmener quelques-uns dans ma voiture. » Et nous comprîmes tous qu'elle avait été seule pour ce voyage. Ce voyage qui devint un peu le nôtre.

Aucun d'entre nous n'avait été en Grèce. Nos seules connaissances s'appuyaient fermement sur Homère, les grandes tragédies classiques et sur notre *Précis d'études mythologiques, grecques et romaines*. Le voyage, pour elle et pour nous, commença quand une vieille dame de son quartier lui avait dit en lui prenant la main : « Oh ! laissez-moi vous toucher, puisque vous allez en Grèce... »

Et les portes du voyage s'ouvrirent. Ce fut d'abord le ciel. Le ciel et la mer dans une même lumière. Les moissons déjà faites engerbées à l'ancienne. Liées, nous découvrîmes ainsi le sens du mot lien. Les oliviers et les hommes de là-bas. Ce fut la chaux éclatante des maisons et des rues. Ce fut l'envol des élans, de ses joies, les odeurs séparées, chacune à son destin. Ce fut enfin la découverte de la vie accessible.

Quand Brassens chante : « Et c'est triste de n'être plus triste sans vous », il dit tout le vide et la nostalgie à la perte sans l'oubli. Je m'accroche à toi désespérément. Tu ne me vois plus. Tu ne m'entends pas. Tu ne me sens plus. Le téléphone silencieux, la chambre vide, je m'égare aussitôt, navire en perdition de sens. Au grand large de ta présence, j'ai besoin d'infini.

Ici j'ai besoin du fini, de tes yeux, de tes mains, leur souvenir ne me suffit plus. Je n'en peux plus de cette misère quotidienne qui ronge ma tête, que j'essaie de cacher sous les larges pétales de mots. Ma vie ressemble à un cauchemar que j'essaie de tromper en tentant de m'éveiller. Partout des murs lourds, gris, de plus en plus épais. Et j'ai mal de tout ce noir où je m'enlise. Et j'ai froid. Un vent rigide est figé sous ma peau. Un soleil décoloré m'écrase, fait de trop d'absence. Sur le sable des jours je rampe, tel un poisson à la recherche de la mer. En te quittant j'ai perdu la mer. J'entends encore les vagues. Je sens les courants. Je respire l'eau ; mais que tout cela est donc loin. Je suis ici et ailleurs. Je suis la marée lourde et je suis ce galet rond perdu et retrouvé dans la poche d'un enfant des Pyrénées. J'ai le cafard ce soir, pardonne-moi, toi qui ne le sais pas. Où sont les repères devant tant d'incertitudes ?

Et si mon amour était dérisoire parce que ne l'atteignant pas.

Et si ma souffrance était vaine parce que depuis trop longtemps vouée à l'échec.

Et si mon attente était leurre de l'avoir perdu sans le savoir encore, aux premiers jours de notre rencontre.

Paroles chuchotées en cachette de mes pensées. Gaël je t'aime, à bas l'amour ! Aime-moi beaucoup même si tu ne peux me le dire. Sans tes caresses, sans ton affection que suis-je ?

Un rien qui divague. Aide-moi à sourire. Tu n'es pas à l'étroit dans mon amour, car il est infini, il est en expansion comme l'est certainement l'univers. Surtout quand je libère ma crainte de te le montrer. L'amour n'existe pas, as-tu dit, seules les preuves d'amour existent, c'est-à-dire le don. MON EXISTENCE est-elle une preuve ? Puis-je donner plus que ma vie ? Et déjà je sais ta réponse : « Oui tout le reste et même plus encore. Mais ne commençons pas un troc, attention aux livres de comptes affectifs — j'ai fait pour toi, tu as fait ou n'as pas fait pour moi... Je me préfère et je te souhaite riche de tout ce qui reste encore à inventer entre nous... »

Contre ton absence, contre les mots d'adieu, les au revoir, contre les regrets, contre tous les obstacles vrais ou faux, ma voix intérieure a raison, je t'aime. Ma voix tente d'aller loin, contre les interdits, contre les blâmes, contre les incompréhensions, contre le mal, contre le désespoir. Je t'aime, je ne veux pas mourir dans le silence. Je ne veux pas me laisser coincer par mes propres pensées. J'ai besoin d'échanges, de partage, de la circulation des sentiments, d'interprétation. J'ai besoin de communiquer, de mettre en commun, pas seulement d'échanger ou de partager, mais de créer ensemble, de bâtir du visible, du palpable. Je veux du concret, du charnel, du vivant accessible au toucher, au regard et au respir. Je veux de la durée contre l'impromptu, l'improvisé, l'imprévisible!

Tu absorbes le présent. Tu vis l'éternité des instants et moi j'ai besoin de durabilité. J'ai besoin d'être unique, totale, essentielle. Je ne peux être multiple, libre seule, omniprésente en toi et ailleurs. Je ne peux être réduite à ma propre adoration.

Je ne peux être seule dans ma tête et mon corps. Ce n'est plus possible. Que suis-je sans toi. Tu crois me donner la plus belle des libertés, celle de te quitter, celle de te garder, celle de me perdre, celle d'être par moi-même.

Entre une vie double et écartelée, je préfère une vie double avec un peu de toi, avec beaucoup de toi ai-je envie de te crier!

Ma chambre de Paris ressemble à un pays. Le pays natal où sont tous mes amis, tous ceux qui me connaissent. J'en connais tous les chemins. La chambre de Loches est une cellule d'exil, un atelier de rêve, une usine de frustrations, un subterfuge pour subsister. Ici je m'évite, là-bas à Paris je me rassemble.

Tu viens et je me tais. Ensemble nous créons le silence pour ne pas nous laisser emporter par des mots d'amertume, car nous ne pouvons nous permettre ni le regret du passé ni le désir de l'avenir. Le temps nous manque l'un à l'autre. Ensemble nous rassemblons les forces éparses de notre amour pour qu'il continue à être au présent inscrit dans le réel, même parcellisé, infiniment présent.

Je me contiens en entier dans le grain de sable d'un instant alors que j'implose de toute part.

Tu es là silencieux, tes bras se referment sur mon dos. Tu restes longtemps immobile me donnant ta respiration et moi t'offrant la mienne. C'est ta façon de me retrouver. Avant toute parole le mouvement, la rencontre des corps, puis ton regard et ton sourire, enfin ta voix me disant impromptu : « Tu connais Bourbon-

Busset [1]. » Et de me dire ton admiration pour le journal de son amour écrit depuis près de vingt ans, pour Laurence appelée le lion. « Il dit, il vit l'amour durable, renouvelé, l'amour qui ne s'épuise pas. Un amour au quotidien nourri au levain des matins étonnés et des soirs apaisés. » « Le crépuscule du bonheur est encore du bonheur, ne jamais gaspiller la plus petite seconde d'amour. »

1. J. de Bourbon-Busset, *Journal,* Gallimard.

... Ce jour-là nous parlions de tout ce qu'il peut y avoir de magique dans un regard. Le sien que nous aimions. Toute l'attention qu'il peut éveiller en nous. La multiplication des résonances, suscitant des symphonies et des déchaînements, que nous n'arrivions pas à absorber. Claudel nous donnait ainsi un regard et plus encore une qualité nouvelle de voyance qui transformait le monde sous nos yeux. Elle était la rencontre qui permettait le passage et la découverte d'un univers éblouissant. En effet, en sa présence nous naissions par accouchements successifs, par strates, par élans, ce qui nous donnait une apparence curieuse. Certains en paraissaient comme désarticulés, inachevés. Elle nous mettait au monde comme le ferait un bouleversement géologique. Des couches anciennes, archaïques de nous-mêmes apparaissaient dans un désordre joyeux ou inquiétant et nous révélaient au monde étonné.

C'est Claudel qui eut l'idée du Club de poésie, du club « d'expression libre », nous dit-elle d'abord. « S'exprimer, se dire, créer en se cherchant librement... »

« Ce sera chez moi », nous dit-elle encore. Et la classe silencieuse se leva pour la fin du cours. Nous étions effrayés d'avoir à nous exprimer ouvertement, sans le refuge des contraintes nécessaires, à révéler ces pauvres parcelles de nous-mêmes que nous croyions uniques.

Jusqu'au vendredi midi nous en parlâmes avec détachement, nous n'étions pas encore concernés, ce n'était pas de nous qu'il s'agissait. L'idée lancée ne voulait pas mûrir en nous. Mais cet après-midi-là, à la fin du cours de dessin, nous partîmes silencieux, avec une sorte d'oubli forcené de nos regards, de nos paroles. A dix-sept heures, nous étions sept chez elle. Pierre arriva le dernier, le dos têtu, farouchement exigeant, avec tout au fond un sentiment de reconnaissance pour les six autres de ne pas être le seul.

La chambre nous parut petite, sombre dans le soir qui nous saisit. Pierre s'était assis à terre près de la fenêtre, en contrejour. Le lit étroit était recouvert d'une couverture de couleurs finement tissées. Un grand plateau de bois sombre supportait des poteries, pichets, gobelets, écuelles de terre noire, satinée. Des formes pleines éternelles, de celles que les mains reconnaissent depuis toujours. Au mur, une grande forme d'osier chaud, tel un soleil de mer. Des livres dans un coffre d'ici, un coffre de paysanne aisée. Des pièces de bois sculpté, « palissandre des Indes », dit-elle en répondant à mon regard. Une tenture immense, brodée de hiéroglyphes et de dessins simplifiés, « un kilim kurde ». Des pierres noires et rondes, « galets des îles Ioniennes ». Et des livres le long de la fenêtre, « mes voyages ». Nous buvions ces présences, égoïstement satisfaits d'en prendre possession. Il y avait aussi un tout petit Bouddha doré, « ramené de Thaïlande ». C'était la prémonition pour chacun de la certitude d'un trésor. Un trésor à ne jamais découvrir totalement, à garder comme une flamme secrète où se chauffer. La cheminée, que nous découvrîmes plus tard, était cachée par un tissu rouge.

Claudel nous fit découvrir les règles qu'elle voulait nous proposer. A chaque rencontre du club, nous acceptions d'apporter une production personnelle. Production écrite en vers ou en prose. Tous les sujets étaient permis. La production restait la propriété de l'auteur. Mais la règle essentielle, impérative : apporter un peu de soi et l'exprimer. Claudel nous lirait des poèmes inconnus, d'auteurs que nous n'avions pas encore découverts, elle nous révélerait les mots et la danse des mots.

« La poésie, c'est pouvoir se dire en écoutant chanter des mots qui sont encore à inventer. » Cela devint notre devise.

Ce soir-là j'avais envie de l'appeler mélodie. Ce qu'elle disait devenait musique et rythme pour moi.

Il n'y avait aucune limitation pour le nombre des membres. Le club était ouvert à tous et déjà nous en étions jaloux. Le club serait un lieu de rencontre, à notre disposition le vendredi après les cours de dessin, et nous restions libres du choix de venir ou non. Sans avoir à invoquer de raison. « Vous n'avez pas à vous justifier de votre absence, mais à justifier votre présence, en respectant la seule et unique loi : une production personnelle. »

Ce fut la soirée constitutive d'une aventure qui allait durer six mois et pour au moins deux d'entre nous, Pierre et moi, toute notre vie. Il y avait eu aussi une autre proposition : « Chaque garçon ou fille du club s'engage au " secret d'appartenance " envers ceux qui ne sont pas du club. » C'était la garantie du respect sacré de l'expression d'autrui. C'était nous investir d'une qualité nouvelle, nous étions reconnus dans l'extraordinaire.

« Nos règles resteront verbales, elles sont une communication entre nous, elles ne seront modifiées que par un apport commun. Elles sont l'émanation du club. Ceux qui ne peuvent y adhérer peuvent nous quitter. » Nous sommes devenus d'un seul coup très graves. Nous étions profondément troublés par cet engagement envers nous-mêmes. Premiers initiés, et premiers forgerons d'une chaîne d'échanges qui devait nous lier bien au-delà de cette année de lycée. Car nous étions convaincus d'avoir créé l'esprit et la forme de ce club. Nous étions persuadés d'avoir découvert cette possibilité de libérer nos forces vives, notre expression jusqu'alors endormie ou liée.

Et nous étions reconnaissants à Claudel d'avoir permis qu'elle nous voie sous d'autres visages.

Ce soir-là, elle nous lut : *L'Inconnue de la Seine*[1]. Ce soir-là elle jeta sur chacun des liens sensibles nous attachant à elle, nous attachant au meilleur de nous. En sortant je flottais dans la rue. J'étais allègre, au sens espagnol du terme, rieusement heureux et soulevé par une envie folle de m'affirmer en offrant à la vie mes découvertes.

Le lendemain le libraire de la rue Monge s'étonnait de redécouvrir Supervielle, R. G. Cadou, Guillevic. Ces seuls noms semés au gré des échanges prirent de l'envol dans le ciel de Loches.

1. Jules Supervielle, Gallimard.

Les autres me voient telle que tu m'as faite. Eux en reçoivent les fruits. Je commence à vivre en eux.

Gaël, je veux vivre non enchaînée à toi, mais libre par toi. Aime-moi dans le durable.

Pourquoi Gaël se tait-il sur lui-même ? Sur ses sentiments. J'imagine des scènes folles où je le secoue, lui criant : « Mais dis-moi quels sont tes sentiments, tes projets avec moi, dis-moi où nous allons ? » Je voudrais l'obliger à parler de nous, à nommer ce qui ne se passe pas, à dire ce qui se passe. Il est clair pourtant, quand il me répond : « Je ne suis pas dans un nous, je ne suis pas à demain, je suis là tel que je suis, tel que je t'aime, ne détruisons surtout pas cela. C'est le plus précieux, c'est le suc de la vie. » Avec lui je n'ai aucun modèle de référence, tout se passe hors du commun. Je ne semble exister pour lui qu'au moment où il me voit. Alors il est étonnamment tendre et me caresse de sa bonté. Je l'aime de m'aimer.

J'ai envie de le nourrir, oui de lui donner à manger par plaisir, de lui préparer une nourriture vivante, chaude et douce au ventre. C'est un sentiment nouveau que celui du nourrissement. Ma bouche, mes mains, ma poitrine, mon ventre et mes jambes doivent y participer. Je rejoins là quelque chose de très ancien, d'inexploré enfoui au plus obscur et révélé ce soir par sa faim que j'imagine. Je prépare pour lui une tarte aux pommes comme il les aime. C'est la première fois que je sens la pâte aussi dense, aussi vivante sous mes doigts. Que de sensualité dans beurre et farine mêlés, jouissance de l'avant-nourriture saisie à pleines mains — doigts inventifs étrangement vierges, accordés aux fruits et au sucre.

Il y a du corps à corps dans la préparation de l'aliment à promettre.

... Et chaque jour nous attendions sa présence, chacun en solitaire, anonyme. Comme une goutte d'eau multiple et unique dans le même orage peut se sentir reliée à la lumière de chaque étoile. Elle était cet orage et nous contenait tous.

Chaque jour nous attendions d'être éternels par elle. D'être pressentis, révélés, ré-inventés.

Bientôt Pierre, malgré sa réserve, commença à me parler d'elle. Je n'étais qu'une oreille où se déversait un monologue. « Je ne sais comment l'atteindre. Tout m'appelle en elle, tout me séduit. Ce n'est plus sa beauté — mais elle est très belle, corrigeait-il, trop belle pour tous les autres —, ce n'est plus sa beauté, c'est ce qui l'habite. » Il soupirait :

« Comment l'atteindre ? Ne sens-tu pas cette métamorphose qui se produit en elle ? Le club de poésie par exemple. Ce n'est pas d'elle qu'elle parle, c'est d'un état, d'un monde où elle a vécu. Un monde où elle est toujours. Elle est animée par tant d'ailleurs, possédée sans nous. »

Puis changeant d'idée, ou plutôt de forme : « Comment reconnaître les limites cachées du divin et de l'humain ? Car il y a du divin en elle, oui, c'est cela comme si le divin se cachait en elle ! » Je ne riais jamais aux paroles de Pierre. Il vivait chaque mot avec un souffle de vie qui semblait pouvoir se briser d'un seul coup. Il y avait en lui une dureté et une ardeur étincelantes qui séduisaient et éloignaient à la fois. Que s'était-il passé en nous en quelques semaines ? Cet été nous dansions encore le twist et battions les filles sur les plages. Pierre maintenant me parlait du divin en pensant à notre professeur d'anglais et cela me semblait d'un seul coup d'une importance essentielle, tout le reste était réduit à une dimension de futile nécessité. Pierre me prenait le bras : « Tu comprends la vie est devenue très simple. Celle de Lazare le ressuscité. Moi par exemple, je suis en état de résurrection permanente. Le monde des ténèbres et celui de la lumière, de la chaleur et du froid m'habitent ensemble. Tu comprends ça ! » Je comprenais et ne comprenais pas. Qu'importe, j'étais quoi qu'il arrive avec Pierre, proche disciple.

Je me souvenais d'un soir il y avait deux ans, chez Cordier où nous parlions de la foi, de la foi dans les hommes. Quand le vieux Cordier nous surprit par ces paroles : « Et si le Christ revenait sur terre sous la forme d'une jeune fille. Quelle surprise les garçons, quelle surprise ! » Il répétait encore — quelle surprise — en baissant la lampe pour éclairer son travail.

Nous fûmes alors trop troublés pour approfondir l'image qui se créait en nous. Aujourd'hui en écoutant Pierre j'entends la voix de Cordier : « Quelle surprise les garçons, quelle surprise ! »

Quelle force dans nos divagations, que d'envols préparés... l'ivresse des mots, le mirage des idées nous emportaient parfois plus loin que le réel et nous déposaient sur les rives désertes d'un pays perdu aux confins de l'enfance. Nous nous retrouvions étonnés d'être encore de ce monde.

Je t'aime. Si je te le dis, si je me laisse aller à écouter cette certitude que deviendrai-je ? Car si je me laisse bercer par cette vérité, je me perds. Alors je me fais silencieuse, et j'essaie de faire comme si cet amour n'était pas aussi profond, aussi essentiel. Je m'interdis pour un temps de t'écrire, de t'envoyer ces lettres pour ne pas accueillir ce que je sais avec tant d'évidence. Je t'aime. J'ai mis un bandeau sur ma bouche, ce sont mes yeux alors qui s'élancent pour tenter de te rejoindre, mes mains me quittent, se paralysent et se perdent, mon corps me manque.

Je tiens ma conscience en sourdine.

Je me sens éveillée à l'infime du monde. Cela me vient de toi encore, c'est un des fils invisibles qui nous lient.

Je saute à pieds joints dans le vide et je ne descends pas, je reste en suspens. Les gens de l'autour m'accueillent, et m'acceptent je crois très profondément. Chaleur nouvelle pour moi, mais chaleur étrangère qui n'est pas la tienne. Je reste semblable avec la même soif, la même tristesse, la même joie de te savoir.

J'attends des miracles, plusieurs à la fois. Ainsi tu peux apparaître là, t'asseoir, me caresser le bras et raconter en même temps un conte à une de tes filles. Je te sens très proche d'elles. C'est avec toi que j'ai compris combien un père pouvait porter ses enfants des années, les porter au sens fort du terme, dans sa chair, sentir les mouvements de leur corps, les coups de pied, les déroutes. Tu es un père encore engrossé de ses propres enfants. Sans me le dire clairement je sais que de nombreux projets, ton travail, l'essentiel de ta vie leur appartient, le savent-ils ? Peut-être pas. Peut-être te méconnaissent-ils enfermés dans quelques facettes de toi, mon être multiple. Ce dont je suis sûre c'est qu'ils mettront longtemps, longtemps à te découvrir.

Notre histoire est ouverte infiniment, sans limites, sans repos. Elle est essentiellement dangereuse. Absurde comme une étoile égarée hors des systèmes. Notre histoire vit maintenant hors de nous. Chacun séparément et malgré nous (mais est-ce vrai !) nous alimenterons les étoiles de notre oubli, de notre mémoire, de notre souvenir, ce sont peut-être les mêmes, d'ailleurs.

Enfant tu as entendu cette phrase : « Il faut laisser aux étoiles le temps de grandir et d'arriver jusqu'à nous. » Ainsi tu poursuis un horizon qui se dérobe et se révèle aux tentatives pour le rejoindre.

Nous alimenterons le ciel en lumière et la nuit en sanglots. Je me fais prophète de notre histoire.

... Le difficile était quand nous la rencontrions en ville. Nous n'étions plus protégés par notre état de lycéens. Un abîme d'élans vers elle nous séparait. Aucun dialogue spontané n'était encore possible. La ville était petite, et nos voix portaient haut, bien au-dessus des toits, nos mouvements éclataient les ruelles secrètes, se heurtaient aux places trop étroites et nos silences mêmes agitaient la rivière. Aussi avions-nous bâti autour d'elle un autre royaume. Jusqu'alors la rivière ou plutôt cette rive de saules et de pierres était notre royaume d'été. Royaume interdit aux ombres, c'est-à-dire à tout ce qui n'était pas nous, les adultes, les autres, les différents.

Tour à tour désert de pureté et cour de miracles de nos désirs, la rivière seule était capable de nous absorber. Avec la boutique du père Cordier, le graveur, c'était l'autre bout du monde de notre espace d'adolescence.

Tout cet automne, des fils invisibles nous reliaient à Françoise. La ville était tissée de nos tentatives vers elle. Nous apprîmes ainsi que souvent le lundi soir, elle allait au cinéma... Mais cela, chacun le garda comme un secret personnel, une parcelle infime d'emprise sur elle.

J'ai à nouveau envie de t'écrire. Rester huit jours sans parler avec toi, c'est comme rester muet pendant une semaine. Et surtout je ne puis assimiler tout ce que je fais tant que je ne t'en parle pas. Il y a tout un aspect de ma vie que tu ne connais pas. J'ai du mal à l'accepter.

Paradoxalement à Loches je retrouve ma vie d'étudiante, les discussions de café, les sorties sans besoin, poussées par le besoin d'un autre. Un travail de compilation des livres ou des cahiers. Peu de création, rien qui corresponde à mes désirs réels. Je vis en retard de plusieurs années sur ce que je suis maintenant. Je ne me sens plus, comment dire, limitée à moi-même. Tu fais partie de mon être et pourtant tu n'es pas là, tu n'existes pas, car je ne peux te nommer.

Les collègues d'ici sont tous dans une situation assez particulière. Il y a Jacqueline, une femme mariée depuis le mois de mai dont le mari est à Paris. Elle enseigne le latin. Ils se voient en fin de semaine. Les autres jours, elle vit dans les parenthèses d'une longue route. Même si elle lui raconte ce qu'elle a fait, elle est seule à connaître son être réel ici. Elle partage avec moi ce qu'elle voudrait donner à son mari. Elle aspire à se révéler, à prendre une dimension telle que celle-ci atteigne son mari, au-delà de la distance. Je la reçois et j'ai l'impression de protéger ainsi un peu de son amour, de le prolonger.

Le prof de philo, lui, habite Caen, marié, une petite fille. En apparence il vit la même chose que Jacqueline. Mais sa force est moins grande, ou alors les liens sont détendus. Nous nous retrouvons tous les trois — parlons ensemble — aimons ensemble, le fragile de l'immédiat.

Trois bulles d'amour qui dansent dans Loches. Nous allons fouiller les antiquaires des environs. N'y a-t-il pas une sorte de désespérance à rechercher la vie de ces vieux objets qui ont été aimés, qui ont vécu dans les mains et le cœur d'hommes morts et oubliés ? Nous traversons les villages, en barbares civilisés, nous appropriant le devenir des autochtones. Les chemins creux nous perdent, nous longeons les rivières à la recherche d'une vie plus large. Nous croisons les « habitants » et je sens, et je cache mon angoisse à découvrir que nous sommes seuls — uniquement seuls.

La beauté de ce que nous voyons, l'intérêt de ce que nous faisons, s'arrêtent à nous. Il ne nous est pas offert de participer, de donner, d'être dedans. J'ai parfois l'impression d'être le spectateur de moi-même. Bien sûr, tu soutiens qu'on ne peut jamais parfaitement communiquer l'indicible même quand on est proche. Pourtant lorsque je pense au piano mécanique acheté ensemble, aux librairies fouillées, rassemblés dans le même désir, nous étions ensemble dans le piano, ensemble dans les livres. Ces moments de vie ici ne peuvent avoir d'intensité. De ta vie, je sais peu. Je construis ton réel. C'est le quotidien qui est le plus difficile à raconter, à faire partager à distance. Sa richesse est faite de pâleurs délicates trop vite dissipées par les mots. Son intensité est dans son présent, le temps est un tueur de vie. Il abrège les instants au point, parfois, de les assassiner. Tout à l'heure, à cause de cela même, je t'ai téléphoné — non pour te dire — mais pour être, pour t'entendre aussi. Contre mon attente, tu n'étais pas là. Quelle importance soudaine ont eu tous ces mots non dits ! Samedi soir j'essaierai de te dire un peu comment j'ai vécu, comment je vis.

J'hésite encore, je suis chaque jour au bord de la démission, parce que je ne suis pas sûre d'avoir accepté l'évidence, les conséquences de mon travail à Loches, ma déportation pour cause d'amour, pour raison d'absurdité.

Plus tard...

Et puis autant essayer de raconter, de t'offrir mon présent. Le matin au réveil, c'est toujours formidable. Je me réveille heureuse et impatiente, pressentant le jour comme un événement jamais vécu. Le lycée est mon voisin. J'arrive fraîche — bien habillée. Nous nous retrouvons tous, dans la salle des professeurs — bonjour au principal — des mots jetés et repris — notes claires qui mettent de la musique dans nos relations. Ah, je ne t'ai pas dit la cour du lycée, les élèves sont là, certains viennent de loin, en avance. Nous nous sourions et je sens leurs regards m'accompagnant, me portant. Le matin est frais, la cour reste froide au niveau du sol quoique déjà ensoleillée. La matinée passe incroyablement vite. Enseigner en anglais de l'anglais n'a rien d'excitant, car cela ajoute une barrière de plus au langage entre les élèves et moi-même. Je suis forcée de leur parler anglais, eux aussi. On ne peut faire passer grand-chose dans quelques mots usuels, les stéréotypes les plus éculés apparaissent vite. C'est par ma voix, mon intonation, mon visage, mes gestes que les élèves me rencontrent. C'est par leur murmure, leur gêne, leur mouvement secret, leur geste inachevé complétant un mot inaudible, que je les connais.

Mes cours dans les « petites classes » sont bien meilleurs qu'avant. Je suis douce (du moins je sens que je le suis) et détendue, en sympathie avec eux. Puis c'est le déjeuner, à l'internat nous disposons d'une salle à manger. Toujours bizarre notre table car nous déployons des énergies folles à ne pas nous ennuyer. Ils sont trois à jouer un rôle, à faire les idiots, à provoquer ceux qui sont muets, à dire leurs pensées (qui ne sont ni les nôtres ni les leurs d'ailleurs).

Surtout ne pas laisser s'installer le silence — on pourrait nous reconnaître et nous débusquer. Au moment du café, là nous devenons sérieux — dans ce quart d'heure privilégié nous sommes capables de respecter le silence ou la pensée de l'un d'entre nous. A quatorze heures, cours à nouveau, au moins trois après-midi par semaine. L'autre jour — mardi, il faisait beau — trop beau pour un jour de classe — j'étais seule à avoir un cours, malaise improvisé juste après le repas et nous voilà dans le soleil, la deux CV ouverte — emplie de nos rires. Rire comme on boit de l'air, cela fait du bien.

Nous avons découvert un village inconnu sur la carte. Il y a encore des maisons du Moyen Age, du moins nous l'imaginons à la lecture des linteaux et le prof d'histoire est formel. Ce sont des maisons vivantes, bien entretenues. Une église romane magnifique, légère et sereine, avec un toit d'ardoise retombant comme une main ouverte sur un cimetière apaisé. Nous parlons villages, églises, maisons et lieux que nous avons aimés — nous sommes devenus passionnants, les uns pour les autres. Nous nous sommes aimés à travers nos souvenirs, emplis d'affection pour le respect de chacun envers sa mémoire. Emus de tous les signes gardés, entretenus comme autant de balises et d'ouvrages dans l'histoire de chacun. Puis progressivement, avec l'ombre du soir grignotant le jour sur la ville, notre joie d'être ensemble s'est estompée. Une feuille de vigne vierge rouge dans ma main symbolisait toute la pauvreté de ce présent sans toi. Puis le désir brutal d'être seule, je ne comprenais plus pourquoi j'étais là et ce que je venais y chercher. Nous sommes rentrés plus silencieux que jamais. J'ai travaillé à des corrections inutiles, avec un acharnement mauvais.

Je me replie, je me ferme pour te garder plus proche.

J'essaie de me coucher tard, fuyant l'immobilité agitée des insomnies.

Les autres soirs, mes cours préparés, mes copies corrigées, je suis infiniment disponible au monde, c'est-à-dire à la lecture.

Je lis, très lentement, je ne dévore plus, me laissant pénétrer par les mots. Je lis Denis de Rougemont, Abellio et Pasternak, trois livres à la fois — une phrase m'arrête, un mot m'emporte. J'écris alors pour toi, tu surgis vivant, chaud, totalement présent. Je reste longtemps éveillée, sans presque penser. Une soif de tendresse, sans image, sans mot — me gagne lentement, tout entière. Gaël, tu es ma soif. Je peux enfin dormir, mon journal ouvert sur une phrase vers toi. Au réveil, le lendemain, je recommence à croire au jour. Je me lance dans l'aventure des hasards — des moments qui font une journée d'interrogations, de doutes et même de certitudes. Une journée d'énergies tourbillonnantes qui sont l'écume d'un désir de vie.

Il est près de minuit déjà, je vais me coucher et continuer dans mon sommeil un élan vers toi — avec tout au fond de ma tête l'envie de tout bousculer, de ne pas être adulte. Etre adulte, c'est trop souffrir. Souffrir de compromis, de partages et aussi d'inachèvements. La lucidité, dit René Char, « est la blessure la plus rapprochée du soleil ».

Je me sens en danger de vie. Je ne veux pas vivre d'imaginaire. Je ne veux pas de la solitude noire, c'est contre l'état de femme. Etre femme, c'est être multiple, par le don reçu. C'est être luminosité dans l'accueil des rires et des regards. Même si le rêve me semble être la seule solution immédiate, je ne veux pas seulement rêver mon amour, l'alimenter de mes seuls espoirs et désespoirs. Je veux aussi rester fidèle à la réalité.

Et ma réalité c'est toi, dans l'amour que je te porte. Un des sens de l'amour c'est de trouver la vie bonne, un second peut-être est d'apprendre à s'aimer.

Je viens te voir à Paris avec toujours le même cri et parfois il rencontre le tien. La porte, attentive à ta venue, s'ouvre sur une bouffée de joie, une odeur de plaisir, de lumière plus vive. C'est un grand appel quand tu entres dans ma chambre, la FÊTE.

... L'ai-je dit, avant Françoise, nous n'aimions pas notre jeunesse, nous la subissions dans un abandon sans excès. Cette faim énorme de vouloir dévorer la vie et cette lassitude d'exister. L'automne nous a appris le goût d'être face aux autres et de vivre face à soi.

Un soir près de la rivière, Pierre me désarçonna par ces mots : « Quand elle est là, je détiens une parcelle de connaissance, quand elle n'est plus là, le reste perd de sa valeur, je ne reçois plus rien, je ne sais rien, seules mes émotions vivent. Quand elle n'est pas là, ma tête est un miroir qui aurait gardé seulement un morceau d'image. Un morceau d'image reconnaissable par mon cœur seulement. Quand elle est là quelque chose d'infiniment doux s'ouvre en moi, quand elle n'est plus là quelque chose se ferme et se déchire, là dans la poitrine, avec une envie irrésistible d'être malade, de me laisser couler. Une hémorragie de tous les sens, des désirs qui foutent le camp de partout.

En son absence, je me sens dépossédé de quelque chose de vital et d'essentiel. Avec en même temps le sentiment aigu de n'avoir jamais reçu cette chose essentielle et vitale, seulement une évidence nécessaire. »

Il y a en toi une avidité de tout saisir, de retenir l'éphémère quelques instants de plus, de l'embellir encore peut-être.

Je t'aime là où tu es, aussi absent sois-tu.

Je t'aime pour oser te dire avec tes affirmations pleines de doutes, ta recherche périlleuse vers un toujours trop.

Je t'aime de m'aimer à ta façon intense et secrète sans limite, ni dans un sens ni dans un autre.

Je t'aime. Je veux te réchauffer, même si le monde est un naufrage, même si tu es amer, découragé ou cynique. Je demeurerai brillante. Malgré le froid polaire qui parfois me saisit, je serai brûlante, tu auras le plus chaud de moi, traversé par une lumière.

Je t'ai rencontré très vite, trop vite, à Paris. J'étais venue pour toi, tu avais peu de temps à me donner. A nouveau seule, j'ai marché longuement, cachant dans ma main ton baiser déposé distraitement. Sa chaleur s'est perdue très vite, mais qu'importe — il s'est inscrit en moi.

Tu marches à mes côtés, surgi de la nuit. Puis tu disparais happé par un courant dont tu es la source et le sens. Ce seul instant grave l'évidence de ta présence. Tu es un vitrail dans un grand mur de silence. Ce soir les arbres de la nuit sont plus verts que jamais, dernier élan de vie dans les ultimes feuilles aux portes de l'hiver.

Tu es une fontaine d'étoiles, jaillie des tours intouchables de Notre-Dame. Et aussi ce reflet fragile de l'eau qu'efface l'ombre d'un inconnu. Je marche longtemps pour maintenir le souffle de ta présence. Tu es les visages rencontrés, perdus, retrouvés, égarés de cette soirée. Les ébahis dans un cloître de lierre. Les cheveux d'un saint, le sein d'une vierge. Tu es le premier sourire de Pierre mon élève préféré. Une main serrée sur un bien oublié. Tu es mon pas irrégulier soudain brisé par le rire d'un clochard. Tu es ce soir, ce café brûlant qui marquera ma gorge. Tu es ce dernier regard sur Saint-Germain-l'Auxerrois, ma dernière écoute à la voix des cloches englouties. Tu es les amours sur le point d'exister encore à naître, et celles perdues à jamais. Tu es ce sentiment inexprimable d'inachèvement, d'incomplétude qui comble le noir du ciel. Je te veux partout.

Tu es ma gorge d'ardoise et les yeux clos de cet homme qui passe indifférent et se perd. Tu es le temps qui m'accompagne, le temps qui tue le temps. Le temps qui me garde hors du temps. Tu es la main qui me conduit hors des jours. Tu es la nostalgie d'une étreinte, le regret des pierres, tu es la perte solide, dans un monde de reflets. Tu es surtout ce que j'aime, tu es plus que moi.

« Faire l'amour avec toi, m'as-tu chuchoté, c'est comme inventer le plus beau des poèmes. » Et moi je ne sais trouver les mots pour te dire ce moment inouï quand toi et moi ne faisons qu'un. Quand tu viens fort, de si loin dans l'ultime jouissance. Quand ton corps s'envole à la montée du plaisir, il ne s'affaisse pas comme chez d'autres que j'ai connus, il semble au contraire se tendre, s'élever et en même temps fondre en moi. Mon ventre, en un mouvement mystérieux, doux, sans bruit, hors du temps, dans un espace créé, t'absorbe alors tout entier. Plus de limite entre toi et moi, de clôture, de différence, ni femme, ni homme.

Tout en un. Cet entier déchiré, dont nous sommes issus, enfin réconcilié, renoué. Nos souffles, mes sanglots, ton cri se mélangent, nos sueurs s'accordent, ton sperme chaud et doux m'irrigue en grandes vagues violentes. Surviennent les spasmes, les échos du plaisir dans la cathédrale du corps. Tu deviens rires et sanglots en moi, un étonnement subtil comme un enfant à naître.

Je deviens femme ronde, déliée, comblée. Je sais ma peur la plus ancienne d'être trou et vide, disparue, engloutie dans la lumière de notre rencontre. Un élan infini me lie à toi. Des éclats de bonheur se déposent et paillettent sous mes paupières. Tes premiers mots toujours les mêmes : « Reste encore, reste. » Tel un enfant ce mot — encore — emplit ta bouche, se dépose sur mon cou. « Encore », me dis-tu et ton sexe se retire doucement, doucement reprenant sa place hors de moi.

> Quand chaque instant
> est gros d'éternité
> je vis trop vite.

... Pour les filles de la classe, Claudel restait inaccessible. Elle ne demandait rien, elle n'exigeait rien de nous. Elle obtenait tout. Comme si elle n'était pas concernée par notre désir de lui plaire. Nous n'entendions jamais une attaque contre elle. Elle était intouchable. Sa séduction entraînait les filles loin de nous. Elles se révélèrent aussi avec des rêves d'être. Je crois qu'elles découvrirent bien avant nous l'existence de l'autre. De celui qui habitait Claudel. Et pour chacune d'entre elles, il devint l'inconnu. Durant l'automne, elles attendirent sa venue comme un héros de légende. Il devait venir prendre Claudel par l'épaule à la porte du lycée, en donnant à chacune un regard, peut-être un sourire. Il serait grand et blond, il aurait une auto anglaise. Puis ce fut l'oubli de cette vision. L'idée de l'inconnu demeura, sa visite certaine, imprévisible mais imminente.

A cette époque, Pierre faisait de véritables crises d'introspection fumeuse et chaotique. « Je ne suis que pensées, tumulte de mots et d'images, qui me révèlent trop de facettes inconnues. Suis-je moi ? Depuis quelque temps, je ne reconnais plus du tout cet être qui partage mon existence, je ne l'admets pas. Il y a un passant dans mon esprit. Ce passager tyrannique, soudain, exige tout, soumet tout le reste. Pourquoi cette

conscience nouvelle, cette lucidité terrible, brûlante ?
Autour de moi, rien n'a changé, et tout est nouveau.
Mon regard modifie et transforme les apparences
faciles, il destructure les connaissances simples et rassu-
rantes qui furent les miennes autrefois. Suis-je déjà
devenu un homme, un étranger ! »

Comment expliquer, comment répondre à Pierre sur
cette connaissance trop nouvelle, sur cette révélation
de nous qui devenait le véritable fruit de notre existence. Volubile, violent, il poursuivait son monologue,
n'attendant pas de réponse à ses interrogations, lui le
plus silencieux de nous tous. « Même ici, chez Cordier, chez nous. Car nous sommes ici chez nous,
s'écriait-il, les bancs et les tables ne sont plus
les mêmes, leur signification a changé. Toi Jean,
où as-tu appris ces qualités d'attention et de silence
qui sont les tiennes maintenant quand je parle !
Comme si tu comprenais. Avant tu savais tout de moi.
C'était si peu. Tu ne sais rien de celui que je suis
aujourd'hui et pourtant tu en sais plus long que
quiconque, que moi-même. Je suis comme mon propre ancêtre, déjà tout vieux des années qui me restent
à vivre. »

En classe de philo, on est pensant, le tâcheron
scolaire de l'an passé a laissé la place au cogitus éthéré
et discursif. Le travail scolaire n'existe plus. Seule
domine la création. La famille végète doucement,
innocemment hors de nous. Nos relations avec elle sont
infimes, réduites à minima. Nos relations avec nous-
mêmes infinies, elles se résument ainsi : penser. Je ne
suis pas, je pense. C'est parce que je ne suis pas que je
pense. Qui a jamais dit notre jeunesse révoltée. Qui a
jamais dit nos rêves, notre dégoût, notre amertume.
Mensonges ou utopies du monde adulte. Notre jeunesse
est absorption. Nous absorbons tout : les adultes, le
milieu, les idées, le passé, l'avenir, surtout l'avenir.
Sans faim. Par osmose. Une osmose boulimique dans
laquelle l'ennui et l'attente sont confondus. Seul le

présent ne se laisse pas absorber, il reste inassimilable, actuel et surtout entier.

L'adolescence est le temps où les jours ont un goût d'infini dans les trois dimensions, longueur, largeur, profondeur.

Derrière chaque regard frémit un espace sauvage. Un espace où les grandes personnes sont interdites de séjour. A Loches et peut-être ailleurs, les enfants s'ennuient. Ils vont faire peur à l'archevêque. « Demain nous ferons sauter votre cathédrale, prison où l'on enferme la charité — demain le grand Christ de bronze apparaîtra à la lumière, déchiqueté, éventré. Tel qu'il doit être. » Ils ont seize ans tous les deux. Sur une feuille de copie à grands carreaux, avec de l'encre violette, ils ont écrit, chacun un mot, pour s'engager pleinement : « Demain nous ferons sauter la cathédrale et nous défendons qu'elle soit reconstruite. Le Christ doit être dans la rue et non dans ces forteresses où l'on prend soin d'enfermer la charité », répètent-ils pour mieux se faire comprendre.

L'archevêque de Tours a-t-il eu peur ? Les journaux se sont émus de cette menace, la police est venue secourir le Christ de bronze, veiller sur les saints de pierre, protéger la charité !

Des enfants s'ennuient et rêvent d'un apostolat nouveau.

Ils ne m'ont même pas demandé de les aider. Ils agissent seuls. Nous sommes si loin d'eux.

Trois enfants ont trouvé une île sur la rivière.

Ils croyaient être les seuls à la connaître. Les gendarmes qui les ramenèrent aux professeurs qui les punirent assassinèrent une île. Des professeurs, à l'école des élèves, échouent aux examens. Bien sûr, ils n'avaient pas de dictionnaires. Qui se fera académicien des rêves d'enfant ?

Une petite Nadia de cinquième est venue me voir : « J'ai besoin de vos conseils, que faut-il que je fasse avec Bruno ? » Qui est Bruno ? « Oh, je le connais depuis l'école primaire ; en CM2, il m'a écrit deux lettres, moi je lui écris presque chaque semaine, il ne répond jamais. Il fait même semblant de ne pas me voir dans la cour. Il a peur que je l'aime trop, je ne l'aime pas trop, je pense sans cesse à lui. Et le soir, dans mon lit, je lui parle ; il répond, mais je ne sais jamais si c'est vrai. J'en ai parlé à maman. Au début, elle paraissait contente, puis elle m'a dit : ça te passera. Je ne lui dis plus rien. »
J'ai écouté Nadia, je lui ai permis de mieux dire ses sentiments, de tenter de les clarifier comme on dit, mais que d'insuffisance. Il y a tant d'absolu en elle, comme si elle disait au petit Bruno : « Je t'aime, pourquoi es-tu si aveugle, prends tout, demande encore, j'ai de l'amour en abondance. » Elle ne sait pas encore que l'amour déçu, l'amour inemployé est une blessure en elle.
Je lui ai dit encore que son amour était très beau, comme un trésor et comme tous les trésors justement, il était nécessairement secret et inaccessible. J'ai quitté Nadia émerveillée et triste.

Nous avons chacun de nous des milliers d'années à rattraper. Tout le temps où nous nous sommes perdus. Sans nous rencontrer. Nous avons des milliers d'années à vivre et qui ne seront jamais faute de vies suffisantes. Ah ! je voudrais leur dire. Ne laissez jamais un amour mourir. Ne laissez jamais s'engloutir un sourire, se perdre un baiser, s'égarer une caresse, sous peine de créer une plaie, de faire un trou, un vide dans l'univers.

Des milliers d'années où nous nous perdons à nouveau si nous ne les saisissons à bras le corps.

Tous ces demains déjà sur un aujourd'hui d'amour qui meurt. Je le sens, au plus vif de moi, c'est bien plus qu'une seule existence qu'il faudrait vivre avec Gaël en quelques heures, en quelques jours. Notre amour n'est pas dans le temps mais dans un espace intérieur. Cet espace va-t-il se réduire, se dissoudre, ou va-t-il éclater ? Le trop-plein que j'ai de toi, Gaël, me tire, m'aspire vers le trop peu de toi. Je me désarticule à me rejoindre.

... « La cavale noire n'a pas voulu boire... »

Pour lui faire plaisir, nous traduisons dans un anglais médiocre Lorca qu'elle aimait.

« The black ware did not drink...

— La cavale noire n'a pas voulu boire. »

Jusqu'alors nous étions sans problème. L'enlisement dans un quotidien fait à notre mesure. Les héros sommeillaient dans nos livres. L'aventure d'un fait divers filmé ou raconté apaisait la violence de nos muscles. La fatigue de nos désirs épuisait celle de nos élans. Jusqu'alors c'était le sommeil bienfaisant de nos esprits. Le monde baignait en nous, nous étions sans problème. Jusqu'alors.

Cette année-là nous découvrîmes l'âge de l'impuissance. Cette vie liquide qui était la nôtre devint boue. Sa transparence devint épaisseur, solidité.

Un désir nouveau surgit de l'inconnu : désir d'être, d'exiger, de douter. — Debout les hommes ! Nous en étions à revendiquer la station debout. Nos jambes et nos pieds accédaient enfin à la conscience d'être en marche.

C'était la Révolution des tripes et des couilles sur le lait sûri de l'enfance. Claudel était devenue notre religion, notre parti. Nous montions à l'assaut de nous-mêmes avec son nom ouvert dans nos gorges et sa vitalité dans les yeux.

Je combats contre mes démons les plus anciens. Quelle entreprise de tenter de vivre sans toi ! Ecris-moi, s'il te plaît. Parle de toi. Revis pour moi les heures que tu crées. Je t'aime bien plus loin que mes appels. Tu restes doux et chaud aux creux de mes angoisses.

Ma chambre de Loches va enfin naître. Je la meuble, la vitalise, comme si tu allais venir ici, m'aider à vivre. Comme si toi aussi, tu allais dormir là, t'asseoir dans le fauteuil que je recouvre d'une couverture grecque, comme pour lui donner déjà de ta présence. Comme si tu allais t'agrandir jusqu'à Loches. Puis tout à coup j'ai envie d'abandonner, de laisser les objets mourir, de laisser l'odeur du désespoir m'envahir. Tu ne viendras pas, alors à quoi bon !

La lecture d'un livre que tu aimes me soutient. Je me persuade que de ma chambre, je pourrais prendre un élan pour mieux te rejoindre. Il faut bien vouloir le croire n'est-ce pas ! Et puis même si tu ne viens pas physiquement, je te sais présent. C'est toi qui donnes à mes élèves ce que je leur apporte. Tu me protèges aussi. Les autres professeurs le sentent. Ils m'interrogent, me taquinent : « Tu es protégée par une auréole d'amour, c'est pire qu'une auréole de vierge ! Nous en sommes jaloux. »

Sans arrêt je dialogue dans ma tête, alternant mes envols et mes peurs. Je fortifie les uns, abats les autres.

Je livre bataille sur bataille, ne laissant que des ruines
sur mes espoirs et mes craintes. Et dans mes moments
de plus grand courage, je déblaie gravats et poussières,
dégage un coin de terre et le nez au sol de mes désirs, je
guette la graine miraculée, le germe timide, la pousse
fragile d'une seule certitude.

Ce soir dans ma tête, une chanson lancinante.

On pourrait s'aimer beaucoup plus.
On pourrait s'aimer beaucoup plus,
on pourrait s'aimer beaucoup plus, on pourrait s'aimer
beaucoup plus,
beaucoup plus s'aimer.

Une chanson appelée la Déprimante.

Ce matin un vilain paquet est arrivé, mal ficelé dans
un papier d'emballage froissé. C'était toi, un grand froid
m'a envahi, un étau de pierre m'a broyé le corps. Je sais
maintenant ce qu'est la mort. Une déchirure irrémédiable et surtout infinie par sa profondeur. Quelque chose
s'est cassé, je le sens. La machine est repartie. J'ai fait
mon cours. J'ai parlé, j'ai vu, j'ai mangé, j'étais
vraisemblance. Je ne sais pas encore ce qui est cassé,
nous sommes si complexes. Dans le paquet, dessus, il y
avait mes lettres de Grèce, dessous mes premières
confidences, mes premiers appels vers toi, notre première année de vie. Que se passe-t-il ? Pourquoi m'as-tu
renvoyé ces lettres, avec ces seuls mots : « Ceci t'appartient, je le protège en le déposant chez toi. Garde-le
pour moi. »

Je ne sais pas, je ne peux croire à l'irrémédiable.
Paquet de mort qui est resté ouvert sur ma table comme
une plaie sale. Le vrai chagrin, ce sentiment trop seul,
n'est venu qu'après.

Au-delà de l'incompréhension, je pressens quelque

chose de mortifère. Il y a autour de toi, Gaël, une part
de non-vie qui te poursuit du plus loin de toi, une part
mêlée à ton histoire.

Une empreinte ancienne qui s'inscrit, jalonne tes
chemins, ne te laisse pas en repos. Sois prudent mon
doux. Reste vigilant aux menaces.

Je me suis endormie coulée dans ce chagrin de plomb,
grise, lourde et aveugle sous une chape de désolation,
engloutie dans une marée d'amertume.

Au mitan de la nuit, un cauchemar m'a réveillée,
baignée d'une sueur mauvaise.

Je t'ai vu dans mon rêve me rejetant de tout ton
corps, le regard dur et froid, la bouche exaspérée. Tes
mots, que j'ai oubliés, me transperçaient de leur implacable refus, ta sécheresse comme un couteau ouvrait
mon ventre que je retenais à deux mains.

Alors une vague de colère m'a submergée, d'abord
sournoise et insidieuse, puis fracassante, s'excitant à se
propager, ameutant un innombrable passé de revendications étouffées, d'exigences tues, de docilités enfouies
aux désirs des autres. Tous mes besoins niés pour entendre et protéger les tiens se bousculaient en vagues déferlantes, vociféraient pour t'anéantir, pour te dépouiller
du pouvoir destructeur que je t'ai donné sur moi.

Dans un grand feu d'artifice sauvage, je me suis
laissée aller aux accusations, rongeuses et rageuses, à la
révolte dont tu es la cible, au rejet pour te transpercer, à
l'ironie pour te tuer. Le désir de te tuer pour moins
souffrir.

Gaël, et moi, et moi ?

Es-tu si inconscient pour ne pas entendre que je ne
puis vivre de ce que tu me proposes ! Je suis une femme,
j'ai besoin de permanence, j'ai besoin de quotidien, de
viabilité. J'ai besoin de repères, de promesses, d'enga-
gements. Tu m'égares, tu joues même sans le savoir
avec ma vie et tu ne peux l'ignorer.

Tu veux saisir chaque parcelle de bonheur offert, chaque instant de vie déposée à ta portée. A n'importe quel prix tu veux vivre ta vie, mais le prix c'est moi qui le paie. Tu me mystifies, tu veux me faire croire que je peux être comme toi, collectionneur d'instants passionnés, de libertés sans fin. Tu veux me convaincre qu'à nous séparer je m'agrandirais, et moi je sais que ce n'est pas vrai, je suis différente.

Différente dans mes attentes, et mes réponses. Tu m'interdis le chagrin et la colère. Je me détruis à vouloir t'obéir, à te suivre, à adopter ta sensibilité, à épouser tes enthousiasmes.

Tu aimes surtout ce pouvoir immense sur moi. Tu te nourris de ma passion et de l'image de toi que je cultive. Tu ne dis rien de palpable, de concret sur toi, ta vie, tes relations, ton passé. Tu restes mystérieux, inaccessible pour mieux m'enfoncer dans la confusion. Tu refuses de te situer, tu fais tout pour me transformer en une attente permanente, à la merci de tes désirs soudains et imprévisibles. Toi aussi, tu es attiré par ce besoin de fusion que tu dis insupportable. Tu crées des situations où tu peux le vivre — ton besoin — à travers moi, par procuration, sans souffrance pour toi, nourri par l'incertitude que tu exiges, par l'imprévu que tu imposes.

Oui, je sais, j'utilise le tu, je parle sur toi, je te prête des intentions, je te juge. Oui, j'ai besoin de te voir mauvais, haïssable. J'ai besoin de te réduire.

Tout en toi me dit « viens » et « va-t'en ». Tu as sur moi le regard inquiet et avide de ceux qui espèrent en un ailleurs plus merveilleux, et cela me détruit. Ta quête d'absolu est si puissante qu'elle déborde, débusque, déjoue toutes mes volontés d'autonomie.

Je me détruis à vouloir te donner l'impossible d'une demande absurde, t'aimer sans m'attacher.

Oui, je sais que je suis injuste, mais j'ai besoin d'être injuste.

J'étouffe de ma croyance en toi. Tu m'as envahie,

habitée, colonisée. Je sais qu'à cause de toi, jamais je ne
pourrai aimer un autre homme, un homme qui m'offri-
rait une vie pleine et ronde, une vie à durée renouvelée,
avec des matins de certitudes et des soirs de confiance,
une vie de femme.

Je n'existe plus, tu m'as anéantie dans la fascination
de toi. Tu sais si bien t'introduire dans le cœur d'une
femme, ne vois-tu pas les dégâts de cette intrusion?

Tu refuses de m'aider à te comprendre, à te démystifier, tu entretiens ma folie, ce besoin que j'ai de toi, en
te montrant mythique, inaccessible et souverain.

Je m'épuise à te deviner. Tu es si habile à provoquer
mes émotions, si habile à susciter l'étonnement et les
interrogations sur toi et moi, et à ne pas répondre, à
m'interdire même les questions.

Je ne peux plus vivre ainsi totalement parasitée par ta
présence en moi. Je ne peux plus vivre le désespoir avec
espoir. Je dois m'amputer de toi, trancher dans mes
chairs, te rejeter et vomir le mauvais avec mes
entrailles. Evider mon cerveau, y creuser un trou,
m'arracher le cœur. Me laisser aller vers le désespoir
sans espoir. Après une longue traversée où s'estompe-
raient les images de toi, tes odeurs, tes gestes, ta
présence, peut-être, oui peut-être, renaîtraient de
timides pousses de vie qui seraient moi, retrouvée...

Si je le décide, moi.

Je vais taire la violence de ma haine, le mesquin de
mes reproches, la banalité de mes revendications, les
contradictions de mes conflits. Je ne crois pas moi-
même aux accusations de cette nuit. Je t'accable pour
survivre, pour me redonner consistance.

Je reste encore trop lucide, sur mon besoin de te
dénigrer pour pouvoir m'éloigner, pour protéger la
fragile décision si nécessaire à ma survie.

J'ai encore besoin de temps, de toi, de l'infime présence de tes yeux sur moi... Pour m'aider à te quitter.

Une feuille blanche, la dernière, je n'écrirai pas de date, ma main tremble... Gaël, je vais t'écrire un adieu. C'est nécessaire pour moi, pour toi peut-être aussi. J'ai besoin de la certitude que tu ne viendras plus, que tu ne téléphoneras plus, que nous ne nous rencontrerons plus. Je sais que tu existes, etc. Voilà mon brouillon maintes fois recomposé — raturé — complété — déchiré — mis au point.

Je bascule dans les larmes, puis dans un sommeil peuplé de démons.

Au petit matin je vois sur la table la page inachevée, les mots insolites, incroyables, chargés d'une colère inconnue, tous ces mots venus d'ailleurs. Les mots assassins, crispés sur un désir d'irrémédiable. Les mots du jamais plus, de toujours plus.

Les forces qui m'ont assaillie cette nuit sont-elles salvatrices ou destructrices ? Il m'a fait tant de mal, en me renvoyant mes lettres. Je voulais lui faire si mal.

Avec des gestes lents, pour mieux accepter le destin, j'allume une bougie et je regarde brûler les lignes hésitantes et pourtant si fortes de ma nuit. Je regarde devenir cendre douce et impalpable ma révolte trop tôt venue.

> Larmes qui disent
> le flux et le reflux
> du désir
> m'avaient laissé
> échouée
> sur la grève de la vie
> sans même
> l'énergie pour me relever.

Je suis partie en Grèce
sans toi,
pour toi.

Ah Rilke
écrivant
« la beauté n'est
que le premier degré
du terrible ».

LETTRES DE GRÈCE

Thessalonika

Je suis en Grèce depuis deux heures. Heureuse de
t'écrire, près de la mer, avec autour de moi un paysage
d'odeurs et de couleurs. Je croyais me souvenir de tout,
de tes voyages, de tes rêves, de tes projets ici. Mais je
l'ai su tout de suite, j'avais oublié cette paix et la
douceur qui m'étreint près du ventre. J'avais oublié la
chaleur, l'incroyable chaleur, les montagnes palpables à
l'horizon de la mer. Et la mer toujours lointaine,
embrumée de mauve, qui devient de plus en plus pâle
pour se prolonger dans le ciel.

J'ai retrouvé une multitude de détails, les images
mêmes de ton propre voyage il y a deux ans. Le visage
rasé des hommes, leur belle peau dure et leurs sourcils
épais. Les chapelets à grosses boules d'ambre orange ou
jaune que les hommes roulent inlassablement, cette
sensualité ouverte du toucher et du regard. Le grand
verre d'eau près de la tasse de café. Les enfants tondus
aux yeux affamés. Le bruit gourmand des soirs, et le
silence retenu des midis. La forme des tables et l'ombre
des arbres devant les maisons blanches. La poussière et
l'odeur de la lumière étincelante de midi. Les cris, les
bavardages incessants, les disputes, la violence et la
tendresse mêlées.

Depuis Paris, cinq jours de soleil. Je suis noire toute
ridée du trop de lumière ou de vitesse. Il me semble

soudain anormal de ne pas vivre dans les pays du soleil.
On y est plus beau, apaisé, vitalisé. Demain, nous
descendrons le long de la mer Egée. Je pense continuel-
lement à toi. De façons différentes suivant les moments.
Je t'associe à mes gestes. Je vois par tes regards. Je te
retrouve partout ici. Souviens-toi, quand je t'ai rencontré, tu revenais de Grèce, je vois tes yeux noirs brillants
de malice : « J'ai un regard bleu vacances. » Je te
retrouve partout comme un souffle qui m'est bon. Le
soir surtout je peux te parler. C'est ton visage qui
s'impose surgi de l'ombre. Ici tout est si clair. J'ai perdu
ma peur de ne pas te connaître. Je t'aime. Tout ce que
tu m'as apporté, tout ce qui est en moi vient mûrir,
grandir au plein de la lumière. Je suis révélée par toi. Je
voudrais te donner à l'instant tout ce que je suis. Je me
sens si belle, si pleine de toi.

Platamon
   Nous sommes chez ton ami Philo. Sa maison est
harmonie, plaisir de l'œil et des sens, accueillante, à
ma mesure. Aujourd'hui, je me sens nue de bien-être.
Allongée sur le sable, je laisse avancer le monde sans
moi. A l'horizon de mes yeux, c'est le dessin ombré des
montagnes, la tache neigeuse de l'Olympe. C'est la
danse des barques noires, contre la joue du ciel. Je
referme les yeux pour m'expliquer la trinité magique du
soleil, de la mer et du vent. Je pourrais choisir entre tous
les symboles qui m'enveloppent : liberté, chaleur,
amour, violence, voyage. Mais c'est toi que je choisis,
parce que rien n'existe sans toi. Je choisis de comparer
la mer et ton corps. A tout ce qu'il est quand tu es en
moi, quand tu me donnes de l'amour, quand je le reçois,
écartelée et enflammée sous ton ventre. Le soleil me
pénètre et c'est toi que je reçois à plein plaisir. Je t'ai
senti dur et chaud, jaillissement de feu et de fraîcheur.
Plus tard, apaisée, j'ai choisi ta bouche dans le vent. Le

soleil ressemble à tes yeux, la lumière à tes mains aussi quand elles me dansent dans leur mouvement.

Journée tout entière inondée de toi. Je suis au cœur des choses. Le monde est le miroir de nous, uni, indissoluble. Au matin, quand le clair de jour me tire du sommeil, je me sens disponible et répandue jusqu'à toi. Ici aussi je suis entourée d'amour et d'affection, on te connaît, on t'aime. J'en reçois les effluves. Je suis entourée de présences grandes : l'Olympe, l'Egée, le soleil, l'histoire récente et plus ancienne. Où pourrais-je mieux t'aimer ? Je me transforme, je sens mon corps très pur, objet de joie. Je regarde mes mains, jamais elles n'ont été plus belles du long désir que j'ai de toi, de te caresser. Mes doigts prennent de la force, ils savent les murmures et les silences de ta peau, ils gardent, mémoire vivante, l'appel de ton plaisir.

J'ai nagé loin ce matin. Loin du rivage, j'ai crié ton nom, le plus beau son qui puisse naître ici.

Je me laisse être émerveillée de tous mes sens. Je me laisse être ouverte. Tu entres et sors de moi sans différence aucune. Tu n'es pas souvenir ici, tu es vivance, c'est-à-dire élément essentiel à la vie, à la respiration, à la circulation de mon sang, à l'équilibre des choses. Je me fais servante de la paix pour mieux te recevoir. Nous échangeons avec un vieux Grec dont le fils vit en France. « Il y a une belle mer en France, il y a Paris, il y a la liberté... »

Pour lui la liberté est tangible, touchable, visible.

« Pourquoi venez-vous en Grèce ? me demande une vieille femme.

— Pour le soleil, et aussi les gens. » Elle n'entend que le premier mot. « Ah, il n'y a pas de soleil en France. Mais comment faites-vous, pour vivre dans un pays sans soleil ? » Tout l'essentiel est là.

Ighoumenitsa

Il faut que je t'écrive chaque jour en entier, chaque instant, pour tout te dire. Ce voyage ne ressemble à aucun autre. Il est en fait non pas de découvertes, mais de rencontres, d'échanges, de grands moments. Ce sont les gens d'ici, qui donnent un rythme plein à l'ensemble de la journée. Ighoumenitsa, un mot qui emplit toute ma bouche. Une femme m'invite, plusieurs fois par jour, à boire le café chez elle. Elle est cuivrée, sèche, craquelée d'une sensualité trop grande, dans son corsage noir. La cuisse nerveuse laisse s'échapper des appels d'amour. Très active, très drôle, dans sa façon d'inventer le temps, écrasée de travail, mais vivante de vie. Le mari est présent en parfaite santé, il a une vague cicatrice à la jambe qui l'empêche de travailler ! La guerre ! Laquelle ? Il y a longtemps... Le matin il est dans sa barque, il attend. L'après-midi, il est aussi dans sa barque : sieste. Le soir, il est sur la place, il surveille sa barque. Je connais la grand-mère, l'oncle, les cousines, des enfants surtout, qui viennent de partout regarder la « gallica ». Il y a Sophocle, Socrateus, Efronizi, Dyonisos, enfants divins qui portent en eux l'espoir de ce peuple assassiné par des dictatures stériles.

Kio

Chacun me montre ce qu'il sait faire. Efi parle français, l'oncle joue de la guitare et du bouzouki, il sait surtout raconter des histoires ; la grand-mère hoche la tête et esquisse des pas de danse. Elle a comme cela des pas et des rythmes pour toutes les situations en claquant des mains à partir d'un murmure de chant. Le père me parle de la France, « celle de 89 et du grand Camille Desmoulins ». Tout cela dans une pièce minuscule, avec la moitié du village qui est à la porte. Chacun est concerné et participe en posant des questions à Efi qui développe à sa façon les réponses. Il y a des rires et beaucoup de commentaires à chacune de ses traductions. Ils parlent, jouent, gesticulent, tout cela en même temps et ensemble. Chacun demeure unique en transmettant la part de lui-même qui me revient.

Ce matin la mère a voulu me mettre à l'aise, interrompant son travail à tout instant, tournant autour de moi : « Mettez-vous à l'aise — kala — kala — aureo, aureopoli, mettez-vous à l'aise, soyez heureuse, c'est beau, très beau. » Soudain je me suis mise à pleurer. Elle a chassé tout le monde. Elle a mis son grand châle noir sur mes épaules et m'a caressé la tête, sans rien dire. J'étais reconnaissante de son silence, de ses gestes, de sa respiration ample, qui me permettaient de pleurer, de m'apaiser dans ce désespoir soudain. Le temps s'était arrêté, j'étais là immobile, rétrécie, recueillant un peu de tendresse comme une assoiffée un peu de pluie au creux de sa main.

Quand je suis partie, elle tenait ses mains levées, les paumes tournées vers moi, de chaque côté de son visage, silencieuse, grave, accordée à mon départ. Puis elle a couru après moi, dans la rue, pour mettre dans ma main une grappe de raisins noirs.

En Epire, des forêts d'oliviers comme des cathédrales. La terre rouge et son odeur épicée. Je cherche à user contre ce pays ma soif de toi. Elle ne s'use pas. Elle suit son chemin, ruisselante, en moi. Te parvient-elle ? Elle a des formes joyeuses, des couleurs d'ambre, des rires de lumière, des transparences d'évidence, des coins ombres, des cris de jouissance brutale. Ce ruissellement vient de toi, de nous, de l'avenir que je veux faire, de toutes ces journées créées pour te les offrir. Ici il y a trop de lumière pour mes inquiétudes, pour mes peurs.

Je veux des jours de soie et de silence. Je cisèle les heures dans l'or du futur.

Athènes

Ville moite, étouffante de bruits, d'agitation, éclatante de laideur. Ville bourrasque où je ne fais que
passer. Je suis au Parthénon. Il est sept heures de
l'après-midi, on ne sent pas encore le soir, le soleil
éclaire l'intérieur des colonnes. Ocre très tendre, presque transparent. Les fûts cannelés un peu refermés sur
eux-mêmes sont secrètement chauds, pierres repues de
soleil et de regards d'amour. Oui je ressens les touristes
aimants, leurs yeux font vivre ces pierres, leurs émotions habillent leur silence. Dehors, je veux dire au loin,
les collines ardentes se colorent de mauve, de rose,
d'ivoire. Tout change doucement ordonné par le soleil.
Assise sur une embase de colonne, je reste chaude et
apaisée. Je t'associe au soir qui tombe sur l'Acropole.
Ce soir est de pleine lune, par tradition l'enceinte reste
ouverte jusqu'à onze heures, je peux rester ainsi plus
longtemps en ta compagnie. Les mots que j'écris sont un
chuchotement. Je vis de la vie des pierres, comme tout à
l'heure de la vie de la mer. Chaque minute belle,
reconnue, me donne l'impression de t'atteindre, de
communiquer intensément mon trop-plein de tendresse.
Tout est blanc maintenant — en arrêt dans le silence, le
soleil n'éclaire plus que l'arrière des collines. Je reste
avec toi plus près encore. Je sais que tu as aimé, admiré
ces pierres, que tu as vécu ce temps. Je t'entends : « Je
suis d'une culture de l'admiration, non de l'effroi ou de
la suspicion. J'ai besoin d'être étonné, enthousiasmé,
prolongé dans l'au-delà de la beauté. Je suis un émer-
veillé balbutiant... » Je te rejoins ici dans un passé où
nous n'étions pas encore ensemble et où cependant je
sens ma place. Ce sont les lieux du temps et des espaces
tissés par mon regard sur les pierres éparses, sur le
moindre caillou je trouve ta trace.

Eleusis

Le soir est comme un éveil. Après une journée de lumière à Eleusis devant la mer toute plate, le vent s'est levé. Un vent très fort, puissant, centré. Toute la côte en est ébouriffée, criarde de mouvements. La lumière en devient rose, la mer vert pâle. Un univers en demi-teintes, le repos des couleurs. Je suis dans ce vent. Ebouriffée moi aussi, gesticulante, peut-être. Des Français, un Turc, un Grec qui sont avec nous au camping d'Eleusis parlent, comme un bruit de feuille. Je suis bien là, entourée de gens nouveaux que je commence à connaître et que je vais quitter pour en rencontrer d'autres. Souvenir d'inconnus et d'oubliés d'un été. Nous sommes des voyageurs, avides de dire nos découvertes et nos joies comme des recettes de bonheur. Ce soir nous avons tous les yeux de la mer et la peau nacrée du jour. Nous nous donnons en plus la couleur des montagnes, l'odeur des cafés, l'amitié des rencontres, les heures sur l'Acropole, des rires de poussière et des sourires de vent. Nous nous donnons des jours heureux, des demains à foison. Les cartes du Péloponnèse ou de la Thessalie ont remplacé les journaux. Les raisins et les fruits ont remplacé les cigarettes, mes doigts inoccupés s'ennuient de ne pas t'écrire devant les autres. Je m'égare vers toi, avec des mouvements câlins, eux ignorent mon escapade. Je te redis hier au soir, au cap Sounion. Lieu magique où les événements, les êtres et les choses ont un centre, un lieu d'écoute où les signes dispersés se rejoignent et s'entendent. La foule était nombreuse, pour voir le soleil se coucher, beaucoup ne regardaient pas, « ils étaient venus voir » seulement. Au milieu d'eux j'étais rassemblée dans la joie d'être, absorbant des rayonnements multiples, célébrant le culte de l'harmonie.

Épidaure

Nous étions allées voir le petit d'Epidaure. Le
village est perdu, ignoré, derrière les collines qui
constituent le théâtre. Comme il faisait très chaud nous
nous assîmes à la terrasse d'un café. Un jeune Grec de
dix-huit ans environ vient prendre la commande et nous
servir. Il revient avec trois limonades, s'assied à notre
table, parle anglais avec nous. Ce bar lui appartient,
mais il ne s'en occupe que l'été, pour les touristes.
Pendant l'année il vit à Athènes où il étudie l'électroni-
que. Il veut devenir ingénieur. L'an prochain, il ira en
Allemagne pour se perfectionner, il y restera quatre
ans, après il reviendra s'installer à Athènes, il se mariera
à trente ans et vers quarante ans il partira en Amérique
pour gagner « beaucoup d'argent ». Tout ce programme
est très clair dans sa tête et cette certitude tranquille,
sans passion, m'impressionne beaucoup. Il sait où il va
et ne trouvera que ce qu'il connaît. Il ne veut pas nous
laisser payer les limonades, nous demande nos adresses.
Placement.

Ce soir nous avons été invitées à « visiter la mer » par
deux jeunes, très jeunes Grecs. Nous marchons longtemps vers le rivage proche, dans les champs de
citronniers. Bientôt nous avons les mains pleines de
fleurs, de fruits cueillis pour nous. Ils ont des gestes
furtifs pour frôler nos épaules, saisir nos mains pleines
de fleurs pour y déposer un fruit. La mer est-elle loin ?
Par là ! Etes-vous fatiguées, voulez-vous vous reposer
sur le sable ? On pourrait dormir. — Vous avez de jolis
yeux. — Il fait chaud. — Votre robe est courte. —
Avez-vous mal au pied ? Comment vos cheveux tien-
nent-ils ? Avez-vous votre maillot sur vous ? On pourrait
se baigner. — Ça ne fait rien, il n'y a personne. — Ici on
est libre. Que votre main est petite. Avez-vous un
amoureux en France ? Je me sens aussi inaccessible pour
eux que l'Himalaya. Et tout à coup je suis prise de fou
rire. Je les imagine tout nus, leur sexe entre les jambes
gonflé d'un désir qui ne vient pas de nous, mais d'eux.

Ils voudraient faire l'amour avec nous, mais non nous en donner. Savent-ils seulement que leur désir n'est qu'un cri de leur ventre ? S'imaginent-ils seulement que nous pouvons les accueillir, donner une vie à leur corps ? Que nous pouvons les recevoir, donner une forme à leurs membres tout neufs, que nous pouvons les multiplier et les embellir par nos caresses, que nous pouvons les embraser de milliers de baisers au point de les transformer en soleils. Depuis que je te connais, je sais combien il est important pour une femme de ne pas laisser croire à un homme qu'il sait pour elle. Tu m'as appris à mieux me dire, à mieux reconnaître ce qui est bon pour moi, à mieux guider tes gestes dans l'amour. Que savent-ils de notre désir à nous de recevoir de l'amour ?

Nous rentrons tristes — impuissantes à rejoindre nos rêves. Les jeunes ici étouffent. Ils se créent des personnages qu'ils viennent jouer devant les touristes, parfois une scène se joue, toujours la même, un garçon et une fille qui s'éloignent l'un de l'autre à la vitesse de la lumière, quand ils se pénètrent. Catherine, plus prosaïque, me dit : « De toute façon, je déteste le sable dans mon derrière. » Nous convenons que c'est une raison fondamentale pour faire l'amour dans un bon lit, à condition d'avoir au moins quatre heures devant soi. Nous plaisantons jusqu'à l'aurore froide de façon scabreuse, décrivant l'une et l'autre longuement ce qui fait jouir, le détail subtil, le geste imperceptible, attendu, recherché ou provoqué, l'invention des corps, l'audace dans le possible et l'impossible. Je ne dis pas à Catherine qu'il me faudrait plusieurs jours d'amour en continu pour apaiser le besoin que j'ai de toi, ce soir. J'ai le corps chargé de tendresses et d'abandons, tel un fruit trop mûr, prêt à éclater, à se fondre.

Catherine se caressera longtemps aux rives de son sommeil, nos lits voisins sont des îles.

Les ressacs de votre présence, la tienne et celle de son ami, marié au loin, se mêlent aux bruits douloureux de la nuit.

Epidaure

Le soir vient. La lumière, douceur miraculeuse, transfigure les objets. Je flotte en elle, pleine du désir de te faire partager ces heures. La mer est juste devant moi, comprise entre les deux creux de mes yeux. Elle jette contre mon front de longues vagues assoupies. L'eau a des reflets grenat, mauves, dorés, car la montagne est là, pierreuse et plantureuse du soleil qui en éclaire les sommets. Je sais derrière moi les champs de citronniers et d'orangers, leur odeur baigne ces pages, parfum qu'il ne faut pas effrayer. Quelques cyprès hissent le paysage vers le ciel. Je tourne la tête pour participer à son envol tout proche. Toute la terre livrée au fût fragile d'un arbre. Nous aimons Epidaure, Catherine et moi. La nuit nous apporte l'hommage des jeunes Grecs, nous ne sommes plus à conquérir, mais à honorer. Citron jeune avec ses feuilles pour Catherine, fleur de laurier-rose pour moi, la tentation d'un bonheur proche.

Tard dans la nuit je brosse mes cheveux pour toi. Ils sont devenus très blonds, presque blancs à leur extrémité. Ma peau ressemble à la tienne, sillonnée d'ocre et de brun. Dans ce moment je sais que tu vis en moi, je te sens être en creux. Je sais que ce n'est pas folie, ou imaginaire sec. Quand je suis reposée, détendue, je n'ai pas besoin de penser à toi, tu comprends. C'est une énergie chaude qui circule de moi vers toi.

Mycènes

Je suis restée longtemps aussi à Mycènes. Le drame de chacun s'est joué ici, est venu se clarifier là — se dessécher sur cette colline, retourner à la terre. Entre les pierres des géants, je sentais notre existence, grande roue porteuse dans les espaces ronds, aimantée du plus fugitif des sourires ou du plus fugitif désespoir.

J'aime le théâtre grec parce qu'il montre la vie comme

on voit une étoile. L'étoile est belle, quand elle laisse
deviner l'infini dont elle s'entoure. Le mystère du ciel
est dans la lumière imperceptible qui nous vient d'une
étoile.

A Epidaure, j'aimais rêver. La forme même du
théâtre, coquillage éclaté au creux de la colline, son
amplitude apaisée, les jeux du soleil sur les gradins
reflétaient mes pensées, amplifiaient mes réflexions.
Entourée de cette grande conque creusée dans la terre,
élargie vers l'espace, j'étais prise dans un mouvement
libre. Assise sur les gradins je participais au mouvement
de l'homme vers sa propre compréhension. Prise dans le
levain d'un mot j'atteins une vérité que je perds
aussitôt.

La vérité est fugace, fragile, éclair de certitude en des
abîmes de doutes. Ici des vérités chargées de sang sont
inscrites dans la pierre taillée, assemblée, refermée sur
un espace dénudé. Mycènes est une ville d'hommes en
lutte, une ville de violence sourde, jamais éteinte. Le
pas des touristes n'abolit rien, ne dérange rien, ils
restent d'ailleurs. L'odeur de la menthe et des lauriers-
roses trahit ma vision. A l'instant, je pense aux mobiles
de Calder, à leur force de vie, à l'invention renouvelée
de leur mouvement. Je garde toujours sur moi une
sculpture de Miguel Fernandez ton ami. Bois travaillé
jusqu'au secret du cœur. Au soir je comprends les
heures du jour. Je te dis bonsoir, en essayant de ne pas
avoir envie d'écouter la mer contre toi. Je caresse ton
visage longuement. Mon souffle devrait t'apporter tous
les bonheurs cueillis à ton intention.

Delphes
Catherine est partie pour Israël à la recherche de ses
sources. Je reste seule à Delphes. Ce n'est pas une ville
pour une jeune fille. Ni pour une femme pleine du désir
de te recevoir. Il y a trop de sensualité mêlée au désir

caché dans ce coin de terre. La montagne est présence, menaçante, elle se dresse raide dans mon dos. Au loin, au-delà d'un fleuve d'oliviers, j'aperçois un tout petit bout de mer bleue. Est-ce la mer, est-ce le ciel, est-ce l'un dans l'autre ? Je veux rester ici plus longtemps encore. Je sais que c'est une ville que tu aimes. Une ville ouverte à tes interrogations et à tes mystères. L'harmonie des lumières et des couleurs, des formes dans le paysage, dont tu parlais souvent, je l'ai trouvée ici. La lumière surtout, te souviens-tu comme elle est douce et ordonnée, accordée aux temples, à des semblances de mystères, à des souvenirs, des désespoirs, à des croyances ?

Les maisons blanches, les grandes marches de pierre, les temples secrets nichés dans des vallons, les pommes de pin noires, autant de signes que tu m'avais laissés, balises dans mon voyage. J'ai découvert pour toi le vert desséché d'un arbre dont je ne sais pas le nom, une poignée de terre, ce morceau de pierre, sur laquelle sont gravées trois lettres du nom d'un esclave affranchi et dont je tiens la liberté. Parcelle de liberté, du désir d'accéder à la dignité d'homme qui subsiste au temps et aux institutions.

J'ai rencontré l'âne-culotte. Même les ânes ici ont besoin d'affection. Il était sous un cyprès, attaché à la patte, inondé de lumière, attentif à l'arrivée de l'ombre réduite pour l'instant à néant. Il était gris, duveteux, avec de belles oreilles intelligentes. Sa crinière raide allait en s'amincissant jusqu'au milieu du dos. Le poil en était blanc où perlait la sueur. Sur ses flancs, de chaque côté, dessin parfait d'équilibre, une rayure noire. L'ensemble beau comme une tapisserie, et vrai comme une douleur.

Delphes l'étrange, prête à basculer dans le revers du ciel. Je me laisse porter par ce lieu, me fondant dans l'immobilité des pierres, acquiesçant à leur langage.

Delphes, tu es menace aveugle, je garde ma colère pour d'autres lieux.

Olympie

Je suis près d'Olympie, dans un tout petit village sans nom. Les enfants naissent de l'amitié répandue, acceptée. A Alexandra j'ai donné un œuf peint que m'avait donné Electre. Avec Electre j'ai dessiné des bateaux — elle ne connaît pas la mer, « Raconte-moi la mer ». Mon Dieu, qu'il est difficile de dire la mer, ma main a esquissé un bateau, j'ai mimé le vent et la houle sur les sillons de l'eau puis posé un horizon pour mieux baliser le ciel. Je suis revenue au réel. J'ai dessiné un olivier, un âne et une maison. La tienne. Je t'ai dessiné, homme noir et barbu. « Pourquoi est-il penché ?

— Parce qu'il marche toujours, tu comprends, il avance toujours penché vers l'avant.

— Est-ce qu'il va tomber ?

— Je ne crois pas (« Il chavire mais ne tombe jamais » — avais-tu noté au dos d'une reproduction de Giacometti).

— Tu l'aimes.

— Oui. »

Electre approuve mon amour. Cette approbation, à quelque mille cinq cents kilomètres de toi, devient certitude. Tout va bien. Jamais je n'ai été entourée de tant de soins nécessaires, de tant de joies simples. J'ai une chambre dans la maison d'Alexandra. J'y trouve toujours des pommes, des pêches, un verre d'eau fraîche. Les enfants courent annoncer mon retour. Je veux mettre ma voiture à l'ombre. Tout de suite quatre ou cinq personnes sont là, pour me guider, placer des pierres derrière les roues. On m'explique à grands signes de mains que la voiture peut reculer et se perdre, disparaître à jamais. Un cheval avait trouvé l'ombre avant moi — on l'a déplacé. Il est impossible de refuser. Quel plaisir d'être femme, d'être reconnue comme telle. On me remarque trop pourtant. Les femmes ne sortent pas seules en Grèce (tu le sais !). Je suis seule et en voiture. Double curiosité ! Le père d'Alexandra a dû chasser l'attroupement fait autour de nous pendant que

nous dînions dehors. Mais il retenait en même temps la
moitié du village pour leur parler de l'agneau qu'il avait
préparé spécialement pour la Gallica. Je regrette par
instants d'être une fille, je ne peux me mêler aux
hommes. Ils me regardent et quand j'essaie de parler, ils
reculent d'un pas. Un vieux monsieur à canotier comblé
par ma présence ne me quitte plus aux heures essentielles de l'avant-midi. Il joue l'interprète. Il y a très
longtemps, il a travaillé à New York — il connaît sept ou
huit langues. Les autres du village sont fascinés. Ils me
parlent alors par son intermédiaire : « Demande-lui si
elle a pris l'avion, demande-lui si elle a été à Paris. » —
« J'habite à Paris. » — Murmure respectueux. — « De
Gaulle, non je ne le connais pas. » — Désapprobation.
Le vieux monsieur a beaucoup voyagé, il est écouté et il
le sait. Il invente pour les autres ce que je suis d'après
ses propres expériences. Je suis devenue quelqu'un de
très important. Je suis plus qu'un professeur, je suis un
savant qui sait, qui a des connaissances sur les autres,
qui les apporte à ses semblables sans rien demander en
échange. Un saint du savoir. Murmures d'approbation
et de respect.

Je fais aussi provision de calme, de beauté tranquille,
de démesure équilibrée. J'en aurai besoin à mon retour.
Je pense à tout ce que je vais t'apporter. J'imagine nos
dialogues, tes questions, mes réponses. Je me prépare à
devenir un don merveilleux. Ce matin, dans la lumière
d'un jour reconnu par toi, je me recueille. Le paysage,
te souviens-tu comme il est doux, complet. L'infini
ciselé à notre mesure. Ici les extrêmes sont présents —
mais ordonnés. Peut-être trouverais-je ma place si
j'habitais ce village — et même si je ne la trouvais pas,
je serais accueillie dans la marche des jours.

Dans ce pays, je crois voir à la fois le labyrinthe et le
chemin droit où nous sommes cherchants. Chemin droit
et labyrinthe se confondent, se superposent dans nos
errances. Tu m'as donné un sens, je le comprends mieux
ici. Je te le dis doucement, comme un clin d'œil : je vis

de t'aimer. Tu donnes une valeur à ce que je suis. Je
partage avec ta présence les heures reçues ici. Je
t'envoie trois feuilles d'olivier — elles viennent de
Delphes. Bientôt je serai à Mystra. Ecris-moi, je t'en
prie à Athènes — mes souvenirs de toi ne me suffisent
pas. J'ai aussi besoin de ton accord. Mon Gaël, sens-moi
douce, éveillée, ouverte et baignée de désirs. Sens-moi
t'embrassant et caressant ton corps.

Mystra
   Un des sens profonds du sentiment amoureux est de
trouver la vie bonne et surtout d'être éveillé à l'extraordinaire.
   Je me suis éveillée déjà chargée d'un trop-plein de
joie à t'offrir. Dans une grande chambre blanchie à la
chaux, avec des murs épais et rugueux, durement
enracinés au sol. De grandes fenêtres, c'est rare, laissant
entrer le vent et le ciel. Il est encore tôt, c'est une des
bonnes heures de la journée — cinq heures. Avec la
chaleur je ne me sens bien que le matin et le soir, à
moins d'être dans la mer.
   Je dors dans un grand lit très bas, sans drap. Le
matelas sent l'oranger. Le jardin est tout proche, petit
mais profond. Oasis d'ombres, d'eau et de fleurs dans le
désert du ciel et de la ville morte. J'ai droit à une
fontaine où l'eau coule sans cesse, la lumière en est
baignée à toutes les heures du jour, le soleil s'y
humanise à tel point qu'il me reçoit nue. Aujourd'hui la
maison m'appartient. La dame propriétaire et son mari
sont partis à Sparte, en famille. Durant leur absence, je
t'offre mon corps. Sais-tu que ma poitrine diminue. Le
téton disparaît, l'aréole se referme, l'ensemble devient
plus secret, plus fragile. Ta main va s'étonner de n'être
plus remplie. Je ne sais pourquoi, je trouve mon ventre
et mes cuisses jeunes. J'avais cette sensation à seize ans.
A cette époque je ne savais pas donner. Je ne savais pas

qu'il fallait préparer mon corps à une révélation. Je ne savais pas combien le poids d'un homme peut libérer de forces et de joies. Je ne savais ni les tempêtes ni les ciels alanguis dans un corps offert. Je ne savais pas combien, avant de te connaître, j'étais inachevée. Aujourd'hui, je me sens si complète, si entière pour toi. J'aime mon corps avec beaucoup de complaisance. C'est la complaisance de tes yeux me parcourant, de tes mains me découvrant. Tu m'as appris la liberté d'aimer, sans honte, sans pudeur, sans limites. Je ne veux pas penser à tout ce que j'ai découvert de toi. Je suis trop seule pour y résister. Pourquoi n'es-tu pas là pour me recevoir. Pour m'agrandir et m'éclater.

La dame qui m'a loué la chambre a un bon sourire marqué d'expérience. Très discrète, elle sait la véritable hospitalité. Un verre d'eau fraîche, une orange, une feuille de papier et même cette fleur qu'elle a laissée pour toi près de ta photo sur le mur blanc. Sous l'auvent ouvrant sur le jardin, dans ce grand coin d'ombre claire que fait le mur blanchi au vif, j'ai vu son mari faire la sieste. Un grand lit de bois où il dort en travers, le bras replié sur les yeux. Sa ceinture de laine dénouée amuse le chat. A midi la blancheur des murs éclate et projette de grandes taches de chaleur sur les objets frappés de stupeur qui s'immobilisent alors pétrifiés jusqu'au soir.

Dehors sur la rue un autre auvent de vigne donne de l'ombre à la façade et protège ainsi la rue, ce sentier broussailleux qui descend jusqu'à la fontaine centrale. Ce sentier est le seul lien qui attache la maison au village déposé sur l'autre versant. Le métier à tisser est sous l'auvent de vigne. La femme y travaille l'après-midi. Elle travaille avec un geste sec, précis, trop rapide pour l'harmonie de l'ensemble. Le bruit de la navette est amorti par un morceau de peau. De temps en temps elle me sourit. Elle respecte mon occupation principale, être et t'écrire.

Kalu, Kalaé.

La montagne est intensément présente avec ses

ruines, à fleur de rocher. On dirait les squelettes de plusieurs cités, éventrées par le temps ou par la haine des hommes. Mystra qui autrefois avait cinquante mille habitants n'est même plus un village. Des pans de mur, lambeaux de maisons, tenaces comme un amour passé. Et les pierres livrées à un état nouveau vivent un autre cycle d'existence. Une ville qui se construit d'une autre ou la même qui brûle soudain, n'est-ce pas la même chose ! Un sourire qui naît et un autre qui se perd ?

Je me promène un peu endormie dans le squelette d'un quartier autrefois grouillant de vie. Je marche dans les pierres comme dans les mots d'une longue histoire. Il y a, seuls survivants, deux monastères de nonnes. Je les ai entrevues, ombres furtives, anonymes penchées sur des gestes lents. Elles cultivent des fleurs pour décorer l'église byzantine. Elles cultivent l'amour sous des voiles lourds. Elles cultivent leur vie en un don à venir, sans cesse renouvelé qui ne sera peut-être jamais donné.

Te souviens-tu des champs d'oliviers autour de Sparte ? J'ai vu le soleil se coucher sur la petite colline plantée d'eucalyptus, où tu avais trouvé une tortue centenaire ou millénaire peut-être, je ne sais plus. Demain, je vais chercher à nouveau la mer à Epidaure et tu m'accompagneras. Te souviens-tu du doux pays d'Olympie ? Je garde pour notre rencontre tout ce que j'ai vu au musée, émerveillement de tous mes sens. Je dois t'en parler de vive voix, j'en suis sûre. Je dois redonner vie aux statues qui t'avaient laissé rêveur.

Je songe à mon retour. J'ai hâte d'être près de toi pour tout te donner. T'apporter ce voyage. Je pense aux trois jours que nous allons passer ensemble. Es-tu sûr de pouvoir « nous » donner trois jours ? Je n'arrive pas, je n'ose pas penser en termes de nous, quand j'imagine ta présence réelle avec moi, après cette longue rencontre rêvée en Grèce. Ces trois jours seront tes vacances. Je m'occuperai de toi en tout. Je serai tout entière disponible, remplie de tous les possibles. Je t'aime.

Délos

Plages de lune, sable de silence déposé aux pieds du ciel. Île conservée, s'il y a des dieux ce doit être ici qu'ils reposent.

Le buste d'Apollon est là pour en témoigner.

Delos relié aux étoiles par les rires de la vie.

Mykonos

Pourquoi les maisons ont-elles ici des formes aussi rondes ? Pas d'angles, pas de contour définitif, juste un mouvement pour accompagner le vent et le relancer dans sa course infinie. Et les rues mêmes préfèrent tourner en rond plutôt que de céder à la raideur. Les pavés sont arrondis de l'intérieur par le pas des gens. Dessus, là où ils risqueraient d'être irréguliers, on les a bordés d'un gros trait de chaux qui les adoucit. Cette blancheur partout m'envoûte. Je suis sans poids, devenue lumière à mon tour. Je sens que je pourrais devenir chaux, reflet éclatant dans l'air qui vibre. Mais le vent souffle sans cesse sur l'île, déposant sur les murs toutes les formes du soleil. Ici la mer est intérieure, longue, lisse, plate, transparente, au-delà de chaque mur, elle est éclaboussée d'écume, de couleurs, de vagues multiples montant à l'assaut des toits. La mer est dans la rue, elle accompagne les maisons. Les moulins remplacent les cyprès. Delos est peut-être la conscience de cette île de plaisir et de joie qu'est devenue Mykonos.

Te souviens-tu du buste d'Apollon ? Ce n'est plus qu'une pierre aux contours si purs qu'ils restent suspendus, en attente. Le regard suit des lignes fines, incrustées à la terre puis il accroche des traits plus puissants attirés par le ciel, là où étaient les épaules, les yeux se perdent ensuite vers des élans invisibles au plus profond d'un songe. Les formes en sont suggérées, si bien qu'Apollon est à naître. Une statue qui redevient pierre, c'est comme un exil qui prend fin. Ce buste me paraît beau pour cela.

Trop de monde à Mykonos, les gens y sont trop agités, émerveillés de leur méconnaissance, bronzés et rouillés dans l'inertie de leurs vacances. Je reste dix jours ici à l'autre extrémité oubliée de l'île. Je travaille maintenant à la traduction qui paiera ce voyage (un grand retard à rattraper). Je me baigne — je reste de longues heures entre eau et soleil — je deviens sable, silice et parfois plus simplement sel.

J'attire des regards et je rends des silences pleins. Des hommes s'inquiètent de mon sort, m'apportent une glace, un café, une limonade. Je ne parle pas. Je n'échange pas. Je me laisse adorer pour mieux te réserver mes pensées. Ainsi sont les idoles consacrées à des dieux invisibles et personnels. Je me laisse adorer par des profanes.

Le matin je rencontre les artisans. Ils vendent de beaux tissages. Leurs métiers sont petits, les dents du peigne en bambou, les lisses en coton, pour ne pas abîmer la laine. Je rapporte des merveilles — je résiste à la tentation de te les dire pour mieux t'étonner.

Athènes

J'ai déjà quitté la Grèce en esprit. Tous mes gestes sont un rapprochement vers toi. Je ne vois plus rien. Je te vois m'écoutant. Je te parle. J'ai peur d'oublier mes souvenirs, tous les trésors de lumière et d'images rapportés en offrande. Il y a un perpétuel va-et-vient de départs. Il n'y a plus d'arrivées. Le temps de dire qu'avez-vous vu? Où allez-vous? Avez-vous vu ceci, cela, et on se sépare. Ma dernière nuit à Athènes, dans une maison remplie d'Américains et d'Allemands. Je t'écris en mangeant, car je suis seule à une table. Un Allemand est arrivé. Je fais de gros progrès en allemand, qu'on parle ici beaucoup plus que l'anglais. Il m'a offert le dîner, en échange de ta lettre, inachevée au bord de la table. J'ai accepté, attentive à te rapporter aussi ce dîner, cette conservation saine et vivante. Ma voiture est prête, débordante de trésors, chaque objet me rapproche, jette déjà un pont vers toi. Ils te seront offerts, chacun avec toute ma présence.

Qu'ont été ces vacances pour toi ? et pour tes enfants ? Quels projets formes-tu, toi qui jettes toujours des ponts vers l'avenir ? Je reviens vite, je compte faire le voyage en trois jours. Je n'ai envie de rien voir autour de moi. J'ai l'impression d'avoir fait « ma peine » et le sentiment d'être libérée. J'ai trop besoin de toi.

Je lance ma lettre comme une bouteille à la mer. Vers je ne sais quelle poste restante d'un été, certainement embouteillée de tous mes écrits. Qu'importe mes mots, c'est moi tout entière que je vais bientôt te donner. Entre les lignes, tu peux écouter mon cœur, entre les mots tu peux sentir mon souffle, entre les lettres c'est ma vie qui te parvient. As-tu découvert que je t'aimais ?

Je n'ai ni touché ni relu une seule de ces lettres, morceaux de moi réduits au silence.

Toutes ces pages et bien d'autres rangées dans ce carton marqué FRAGILE/HAUT/BAS. Tu avais pris, dès le début, l'habitude de les agrafer par liasse journalière. J'essaie de saisir ton regard dans les marges, en bas des feuilles.

Oui je me déversais beaucoup, où prenais-tu donc tout ce temps pour me lire ?

Tu m'as souvent dit : « J'ai eu quatre vies aussi distinctes, séparées, dissemblables que s'il se fut agi de quatre hommes différents, et si quelqu'un me parle d'une de ces vies j'ai le sentiment qu'il me confond avec un autre. Le seul fil conducteur, la seule chose inchangée me semble être cette sensibilité toujours avivée à la souffrance pour cause d'amour. Je me sens toujours vulnérable, au-delà de toute limite si mes sentiments sont bafoués, niés, ou méconnus. Il m'arrive d'être très maladroit pour le respect de mes sentiments. Moi qui ne viens de nulle part, ma seule noblesse est celle des sentiments. » Et ta violence parfois contre l'intrusion possible d'un tiers : « Je ne me sens pas trompé, ni blessé à l'idée d'une relation possible de ta part avec un autre homme, mais par l'infidélité à notre intimité si tu parlais de nous. Oui ma seule jalousie est celle du viol de l'intime. » Il y a chez toi une importance vitale à protéger la sève de ta vie.

N'avance pas d'un pas, mon aimée
N'avance pas même d'un pas, amour,
Car le jour où nous nous confondrions
Notre enchantement s'évanouirait.
                                    Joan Llongueras.

Je songe à tout cela aujourd'hui, sans retrouver tous
les liens, sans en comprendre tous les enjeux.

... Pierre était absent quand, ce matin-là, je la vis apparaître, et entrer dans la boutique de Cordier, comme une ombre d'elle-même. Quelque chose d'infime, un dérangement dans sa vêture, une imperceptible cassure du regard, l'abandon de son corps auraient dû m'avertir d'une situation inhabituelle. Elle resta un moment en haut des marches, silencieuse, le regard absent. Je me souviens de ce détail, le petit chat qui jouait à poursuivre sa queue s'arrêta et nous regarda avec un air d'indignation outragée.

Cordier s'avança de quelques pas précis, elle se jeta, plongea plutôt vers lui. Il la tint ainsi à plein corps, la porta comme une enfant fragile, abandonnée et la berça longuement. Elle pleura longtemps, longtemps, avec par instant des cris comme des aiguilles dans sa chair. Elle se débattait dans un désespoir infini, contre l'injustice, l'absurdité, la violence, les peurs et les déceptions sans fin. Un peu plus tard elle nous dit l'accident. La voiture retournée dans un champ. Le virage manqué. Le paysage en sanglots, la route désarticulée, le ciel inconnu renversé, le temps d'argile mouillée accroché au pare-brise.

La 2 CV froissée comme un vieux chiffon, abandonnée dans les taillis. Elle marcha vers le jour sur une route de coton, invisible aux autres automobilistes. Elle se perdit dans les faubourgs de Loches. Elle entra en ville comme dans une plaie ouverte.

Tous ces pleurs, tout ce vide. Puis elle se redressa avec un geste vif du buste, caressa sa joue : « Je n'ai pas voulu mourir, mais je ne voulais plus conduire aveuglément vers l'impossible. »

Quelque temps après elle eut une nouvelle voiture et les voyages recommencèrent.

Décembre

CERTAINS coups de tonnerre sont silencieux, surtout quand ils éclatent à l'intérieur. L'éclair vient de plus loin encore, du fin fond de l'enfance, des lointains silencieux de l'oubli — illuminant un instant les ténèbres apeurées du présent.

Le paquet de mes lettres est toujours là, paquet de vie sans respiration, paquet d'espoirs taris. Le sang n'en coule plus. Ce ne sont plus des lettres d'amour, mais un rêve écrasé, lambeaux de mots rassemblés pour la fosse commune. Au téléphone, tu m'as dit : « Ces lettres t'appartiennent je n'ai pas suffisamment d'espace pour les garder. » Cette froide évidence m'a laissée stupide, sans pensée pour l'impitoyable gâchis que ce paquet d'écrits pouvait signifier.

Et puis j'étais trop malheureuse pour consoler ta voix misérable. Les interrogations tenaces inondent ma tête. Que se passe-t-il chez toi ? Que se passe-t-il en toi ? Tu m'as dit au téléphone : « Je t'aime toujours. » Comme je pressens l'insuffisance de ce toujours !

Tu sembles t'accrocher à ce « Je t'aime toujours » comme à une bouée. Tu flottes ainsi au milieu de tes tempêtes personnelles, amarré à des culpabilités plus anciennes que moi. L'évidence en est si lourde que j'ai peine à accepter ma responsabilité. L'autre, les autres n'avaient pas d'existence pour moi. Si, une existence confondue avec la partie la plus profonde de ma peur.

Femmes, mes sœurs. Que va-t-il faire ? Que va-t-il
exiger de lui ? Que va-t-il exiger de moi ? Je suis partie
pour Paris, dans le cadavre d'un Paris, car ce n'était pas
moi la morte, mais cette ville qui était nous. J'ai trouvé
un mot dans la chambre « Rien n'est changé — pardonne-moi — je t'aime. » Qu'ai-je à pardonner, moi
dont l'existence est un pardon demandé à chaque baiser.
Un peu plus tard trois roses sont arrivées couleur de
culpabilité et porteuses de souffrance.

J'attends. Au petit jour, il a frappé, n'osant entrer
avec sa clef qu'il tenait à la main. Je l'ai réchauffé,
serrée sur lui. Attentive à ses peurs, à son absence.
Surtout ne pas poser de questions. Reconstruire des
gestes d'amour, me fondre en lui et rester entière. Il
s'est endormi comme cela, tout habillé. Je me suis lavée,
préparée. J'ai fait du café et grillé du pain. Je suis sortie.
Quand je suis rentrée une heure après, il était parti. Je
ne veux plus écrire, je ne veux plus penser. Attendre.

Il y a quelques mois au retour de Grèce, il souhaitait
que j'économise pour acheter une maison dans une île
là-bas : Skopelos, Skiatos. « Une maison avec une
source », ajoutait-il. Tu y viendras ce sera aussi ta
maison ! Il souriait, amusé — pourquoi pas. Il rêvait de
pouvoir rêver d'une maison en Grèce. Il m'en parlait
souvent. La source surtout avait pris une importance
essentielle. La maison devait être placée haut sur une
pente à même le ciel avec la source au-dessus. Un lit de
galets-choisis-sur-la-plage conduirait l'eau jusqu'à la
maison. La source traverserait la pièce du bas qui serait
la pièce d'accueil, pièce de jour. Dans une vasque
ouverte, il y aurait des tomates à fraîchir, et des melons.
Puis au sortir de la maison, la source irriguerait des
sapins et des cèdres. « Je viendrai planter les arbres. » Il
fabulait sur les sapins et les cèdres qu'il voyait se
répandre jusqu'à la mer. Il a planté tant d'arbres qu'il
n'a jamais vu grandir, déjà engagé ailleurs. Je reviens au

passé heureux, dernier souffle vivifiant. Le présent m'étant inaccessible, trop près de l'insupportable.

Je voudrais t'écrire une belle lettre apaisée, être libérée enfin de tout ce que j'ai à te dire. Mais je suis comme nouée — comme interdite d'expression.

Il me serait plus facile de parler à ton oreille, de te chuchoter tout ce qui traverses mes yeux. Les couleurs de l'automne vieillissant dorment dans la ville. Elles se font complices du vide et du silence. Le ciel a des relents de violence. J'ai traversé un grand parc privé, au bord de l'eau. Des arbres centenaires dont les branches en se rejoignant formaient un toit, cachaient le ciel, me ramenaient au réconfort des petites mesures. Des squelettes de feuilles tapissaient le sol, amollissaient les pas.

Tout était calme, lent, à peine secret.

Rien ne se passe. Tout y est.

Deux soutanes noires avançaient lentement, s'ennuyaient dans le ciel miroitant puis s'éloignaient aveugles, prisonnières de leur propre chemin.

Nostalgie d'une harmonie douce et chaude. Rassurance d'où je suis exclue. Bientôt j'irai voir la mer. Je sais pourquoi j'ai envie de démolir la paix. De donner des coups de pieds bruyants dans les feuilles mortes. De tirer la langue aux soutanes. Cette paix je l'envie et je la crains. Si je savais l'entendre, elle me mettrait seule face à moi-même. Et je ne résisterais pas. Elle me dévoilerait les illusions — le vide — la solitude — la tricherie des fausses certitudes. Le manque désespéré de regard vrai. Si seulement tu me parlais — mais je ne peux te deviner actuellement même dans tes silences.

J'imagine, pour toi, une caresse qui ne te dérange pas. Je t'embrasse sans bruit. Est-il possible que tu ne sentes pas l'importance, l'urgence de toi en moi ?

Brûlante boule rougeoyante du soleil sur un horizon de brouillard. J'aime.

Mon cri est pareil au vol des mouettes égarées dans l'hiver des terres. J'aime.

Les visages se font gouttes d'eau, gouttes d'or, contre tout désespoir et le plus fol espoir à l'envers de tes jours je sème et pleure la nuit ensoleillée de ton amour.

Montée à la plus haute cime de mes branches, je tomberai — et tu ne seras pas là. Je serai aussi fumée blanche sur le ciel embrumé. Je serai sans âge, enroulée dans la peur, comme sur un banc — ceux qu'on voit hiver ou été, hibernant pour vivre.

Au large de mes nuits, je retrouve sur ta peau recréée les traces infimes d'un bonheur plus ancien que nous. Et au matin, je m'accueille émerveillée pour recevoir la réalité comme un don resplendissant. Je te désire de plaisir.

Mes yeux contre le froid regardent la rivière. Elle est longue entre les pierres, silencieuse d'un destin tout tracé. Je vais m'ouvrir, courir, lever de soleil dans un espace de neige. Comme un rêve à la recherche d'une nuit pour se dire. Avec toi, me chauffer à la grande flamme du grand feu. Avec toi, avoir froid entre les plis arides du mur de mes peurs. Avec toi, faire rire l'hiver et dans son éclat me reconstruire un corps. Avec toi. Mais non, aimer n'est pas cela. Trembler très fort dans une grande nuit, dernière feuille d'or sur une branche noire. Serrer le poing sur un soupir moite. Chaque minute de peur contre une peur du temps. Chaque minute de néant sur un rêve qui fuit, peur de la joie, tant la joie est immense. La solitude est ombre de l'amour jusqu'à en devenir lumière, jours et nuits confondus.

Non aimer n'est pas cela encore. Avoir peur de tomber mais préférer le sommet au vertige. Vouloir être vent et se sentir rivière. Tenir dans ses deux paumes la joie et la douleur et jongler avec elles pour les garder en mouvement. Sur la place publique me faire montreur de marionnettes. Approchez, venez assister à une représentation sublime et inédite — Les Sentiments de l'Amour en Chair et en Os. Faire rire ou pleurer la foule et combler les cœurs les plus vides d'un trop-plein d'inutile.

L'amour est un cygne déchirant l'eau de son reflet sur un étang d'angoisse. Sa tête plonge, il boit sa peur.

Mon visage est la durée d'un jour. Je connais tous les artifices pour lui donner une apparence de jeunesse, de réponse à l'appétence dont je suis entourée. Quand tout le monde s'est retiré je tombe dans un temps où ton regard est ma seule conscience, ta main ma seule espérance.

Si le sujet ne m'inquiétait pas autant, s'il n'avait que la vérité d'un moment, j'écrirais l'histoire de l'enfer. Etre mort mais être obligé de porter devant les vivants le masque de la vie. Sentir les tentatives des vivants pour vous rejoindre, sans rien sentir grandir en nous. S'entendre dire des vérités concernant les autres, quand elles sont déjà perdues pour nous. Etre une anomalie, trop gonflée des forces vives de la vie sans un corps pour les redonner.

« Je m'empresse de rire de tout, de peur d'être obligé d'en pleurer », dit une voix à la radio.

Toutes ces forces qui s'acharnent à être présentes malgré moi. Comment m'en débarrasser ou m'enfuir.

Tronc mort où poussent follement des feuilles de rires, des fleurs de vivacité. Sève inconnue me rendant offerte, disponible aux yeux des autres. « Je vais bien merci. Avez-vous senti l'air ce matin ? — Vous êtes formidable, Françoise, toujours sereine, égale, vous savez écouter et entendre. » Je voudrais être méchante, imperméable à la gentillesse et porter le visage de ma violence. Avoir un objet de haine, un but à détruire, un combat à mesurer. Peut-être ne suis-je que folle, en dédoublement difficile, comme on le dirait d'un accouchement.

Programme.

Jeudi, je vais voir la mer. Elle n'est pas loin d'ici.
Mercredi, je viendrai à la chambre, mais pas avant neuf
heures. J'aurai ma voiture chargée d'élèves que je
déposerai en chemin. Peux-tu essayer de venir, mon
Gaël ? Lundi soir j'irai voir *Antigone* pour toi. Je puise
aux sources pour alimenter encore une idée de « nous »
et recréer les jours pour les ordonner vers ta présence.
Tentatives de repère pour mieux cerner l'angoisse.

Ta voix était douce et me réveillait. Le monde
surgissait venu de loin, histoire chuchotée au bord d'un
lit — rappel de mon enfance. Tu me faisais histoire du
monde. Au-delà de mon sommeil je cherche à retrouver
la merveille. Partout j'écoute, mais le monde retourne à
son silence. Ta voix est un mirage. Le monde redevient
clos et sans histoires, espace enfermé dans un temps
sans passé ni futur. Un temps que je suis seule à
connaître, car je l'ai peut-être inventé. D'autres entendent ta voix qui raconte tandis que je vais la cherchant.

Je me ferai histoire de son histoire, légende de lui, ai-
je crié au silence. Le mur est sans écho. Histoire d'un
rêve alors. Je peux lui donner une forme, raconter sa
trajectoire avant qu'elle n'éclate ou disparaisse. Hors
moi nul ne l'entendra. Je connais le bruit d'une feuille
dans le vent, suivie par son regard. Je connais aussi le pli
de ses yeux quand il ne me regarde pas. Et le souffle de
ses lèvres quand ce n'est pas moi qu'il embrasse. Et la
douceur de son ventre quand il est nu devant une autre.
Je sais le sanglot de son rire quand il amuse ses amis. Et
la chaleur de sa voix quand il parle aux enfants. Et le
silence tumultueux de son front, et le possible de ses
mains dès qu'il s'éloigne. Parfois j'ai le sentiment de ne
rien connaître du Gaël inconnu, inventé à chaque
instant pour combler mes attentes.

Alors j'écris.

Je vis et m'engloutis dans des mots. Je respire dans le cheminement du stylo sur les pages. J'écris comme en état de marche. J'avance têtue et chaque ligne est un pas vers toi. Je laisse mes lettres sur la table avant de partir. Je t'écris aussi de Loches à Paris (la concierge monte tout le courrier dans la chambre, elle sait ton nom). Ainsi je peux encore communiquer avec toi — ma chambre deviendra la poste restante de nos errances. Je rétablis un courant interrompu. Je lance vers toi des morceaux de présent pour que tu puisses en reconstituer au moins un soupir, une particule. Je vais tenter de me dire comment malgré moi, malgré toi, je suis heureuse ce soir. Il est important que tu le saches. Depuis plusieurs jours — ou une éternité — j'étais absente de toi. Ma faim éveillée à l'extrême me le criait par mille signes. J'aurais pu être annihilée, écrasée par la tristesse mais quelque chose m'en empêchait. Quelque chose que je comprenais mal, mais qui devient plus clair maintenant. Je t'aime malgré toi, je t'aime malgré moi.

J'ai passé plusieurs jours à ne pouvoir faire autre chose qu'essayer d'être spectateur de cette situation nouvelle, où soudain je prends de l'importance en étant niée. Ce fut difficile, car la peine d'avoir mal voulait avoir raison de moi. Une chose était certaine, ton indifférence nouvelle devait avoir une raison profonde, positive. Il n'était pas pensable que tu veuilles me détruire.

Rien n'est plus vain que de reprocher à quelqu'un de ne pas vous donner ce qu'on attend de lui. Peut-être ne pouvais-tu avoir pour l'instant l'attention, l'amour, la chaleur que tu avais jusqu'alors. Je cherchais aussi des raisons, des explications à me donner. Je commençais à douter de moi : j'ai si peu de chose à t'apporter. On a si vite fait le tour de mes richesses, qu'on ne s'y attarde pas pouvait être normal. Je me suis méprisée, diminuée à mes yeux, il devenait évident que je n'étais rien aux tiens. Deuxième stade : Je me trompe. Je ne suis pas rien à tes yeux. Mais je ne suis pas tout. Je suis seulement ce que je suis — ô vérité! Tu es reparti au-delà de moi-même et maintenant je dois voler de mes propres ailes. Tu me réconfortes par ton silence, tu veux certainement que je devienne plus forte hors de toi.

Et par ce cheminement tortueux, je réussis à survivre. Je projette sur toi le contraire de mes peurs, le trop-plein négatif de mon néant. Je t'aime de chercher toujours au-delà de l'acquis, assoiffé, vagabond de la connaissance, alchimiste des forces secrètes de l'amour. Je suis lente à épuiser les trésors d'un être multiple comme toi. J'ai pensé aux projets inventés ensemble, ce sont eux qui me remplacent. C'est à eux que tu donnes ton temps, j'ai pensé à ta famille, à tes enfants. C'est à eux que tu donnes le meilleur de ce que j'avais eu de toi. Je ne vis pas cela comme un partage, chacun de nous a la totalité de sa part, avec l'intensité la plus complète. C'est peut-être le goût qui est différent.

Je n'ose relire l'incohérence de ma lettre, peut-être comprendras-tu mieux que moi ce qui m'agite. Puis-je te dire que tu restes toute ma vie.

Dans notre rencontre d'aujourd'hui tu m'as prise très vite. J'ai senti ton plaisir violent ignorant le mien. Je suis restée en éveil pleine de ton désir inachevé et du mien. Puis tu as lu, allongé contre mon corps. Ta main inconsciente sur ma poitrine. Je n'osais l'éveiller à mon attente. Tu n'as pas senti la chaleur de mon ventre contre ta cuisse. Tu lisais mutique, tendu, accroché à ton livre, fuyant la menace des mondes extérieurs. Tu m'as dit : « J'ai des soucis. » Euphémisme pour ne pas dire j'ai des difficultés sérieuses. Tu n'as pas fait appel à mon écoute. Ainsi j'étais seulement un moment d'évasion : clin d'œil de paix volé à l'avidité du réel.

Je me ferai objet d'amour pour lui. Et comme je le suis déjà, je me ferai alors objet d'un objet. Depuis quelques jours nous avons perdu notre mutualité. Nous ne sommes plus réciprocité, pour un temps indéterminé... Je veillerai sur lui. Même un objet a une signification plus longue que le temps et les sentiments. J'ai protégé ton corps, plage changeante où viennent se perdre en vagues déferlantes les flots irisés de ma tendresse.

(Plus tard.)
Cela veut dire que le manque de toi, le froid continuel qui me traverse est moins fort que mon ouverture. Mon attente reste vigilante. Si je n'avais su cela, me préoccupant seulement des apparences, j'aurais débouché sur le négatif — l'amertume, le dégoût, l'abandon — la peur. Ayant pu écouter au-delà, c'est-à-dire t'accueillir malgré le manque d'espoir, de réponse, je t'ai rendu à ta qualité d'être vivant, et non d'ombre mourante. C'est dans la profondeur de mes sentiments pour toi que je puise tout cela. J'attends le jour où, à nouveau peut-être, je te serai présente, où je recevrai de toi pour moi. Je tisse des mots sécrétés, mots-fil avec mes fièvres, avec mes tourments, encoconnement velu des phrases qui me portent, m'emportent, m'immobilisent. Chenille mangeuse insatiable d'attentes, j'avance.

A l'exposition mexicaine au Grand-Palais j'étais loin de moi-même, quand la statue d'un dieu endormi m'a arrêtée. De ses mains calmement avancées il m'a offert son secret. Au fond du tourbillon j'essaie d'être terriblement attentive, infiniment désireuse d'entendre, mais la voix vient de si loin. Je t'en offre le silence. Devant ces statues mexicaines, j'avais conscience d'un savoir infini.

Là tout près de moi — une force enfin enjambe l'espace pour le lier et le délier au rythme des désirs. Sur le visage des dieux, se reflète la communication parfaite. D'une planète à l'autre, plus de nuit. D'un jour à l'autre, plus d'abîme. Le mouvement du temps, l'écartèlement de l'espace demeurent pour se laisser contempler — saisir peut-être.

J'étais ancrée et portée au-delà de mes mesures sur la pierre même du serpent à plume. Dieu de la mort et de la vie — de la terre et du ciel. J'ai regardé le monde par les yeux du dieu endormi à la fois présent et absent. Présent à lui-même dans son sommeil — absent des hommes qui ne sont pas encore lui. Ces hommes pour lesquels il apporte la pluie féconde, pour lesquels il fait avancer le monde vers sa faim. Il donne la chance d'avancer vers tous les possibles. J'étais ce matin-là un rêve de moi-même, mise en présence de mon passé puisque je semblais reconnaître une similitude revenue d'un grand oubli. Mise en présence d'un avenir possible puisque j'étais toute ouverte et pas encore transformée. Partout dans cette exposition, dans les poteries, les bijoux, les instruments de musique, la présence de l'homme multiple, de l'homme relié au cosmos s'impose. Ses mains, son visage, son sexe présents dans toutes les formes. C'est l'homme qui leur donne la vie en même temps qu'elles le révèlent. Dans toutes ces sculptures beaucoup de femmes aussi parce qu'elles contiennent ce qui unit, la diversité. Parce qu'elles reçoivent pour agrandir et transmettre. Elles sont à la fois source et aboutissement. But et moyen sont un en elles.

Si nous avions perdu complètement conscience de notre propre grandeur, il suffirait d'aimer pour s'en souvenir et d'être aimé pour rester grand. Dans l'amour l'immensitude de nos corps réunis éclate en mille univers féconds de tendresse assoiffée.

Tu dois sourire en me lisant. Je te sens souvent sceptique, plein de gentillesse souriante, me lisant.

J'aime te donner ce qui est beau pour moi. Même si tu le connais déjà. Même si l'amour humain, comme tu le dis, évolue. Je sais qu'il est éternel parce que lui seul contient et réconcilie le multiple, parce qu'il peut réconcilier l'écartèlement des horizons, fondre la fuite des heures, combler la douleur des attentes. Donner et recevoir deviennent un même geste, nous le savons bien. A un niveau plus humble, je ne suis jamais plus ouverte au monde que lorsque je le regarde, pour te le donner. Quand on aime, une dette infinie se crée : je te dois ce que je vois, je te dois ce que j'éprouve. C'est une joie merveilleuse, presque insupportable. Te la communiquer, avec l'assurance d'être comprise, car tu sais tout cela par avance. Un jour tu m'écoutais avec un sourire heureux. Tu m'as dit : « Je t'écoute vivre. » J'ai senti là un moment de vraie communication. La vie que tu écoutais en moi venait de toi. Je te la rendais grandie de cette certitude. J'ai parfois la conviction que mes propres lettres viennent de toi. Qu'elles me disent ce que tu es, créant ainsi un temps de vie accordé dans le temps morcelé de nos rencontres.

J'ai laissé près du lit le catalogue de l'exposition mexicaine, il est très beau. Un peu mystérieux même dans ce qu'il propose. Tu peux l'emporter et rêver dessus, je suis un peu dedans. J'ai vu aussi beaucoup de bijoux chargés de violences, des bijoux pour toi. Comme je te ressens parfois d'une brutalité silencieuse, fulgurante. Il y a en toi la violence d'un désespoir ancien plus fort que toutes les certitudes acquises. A cette désespérance mon amour bute parfois et se blesse. Il y a aussi l'incommunicable dans la rencontre de deux vies.

Des heures si diverses nous séparent et nous prolongent.

Qui donc joue à la corde avec les moments, avec les instants ? Et la corde elle-même, où est-elle ? Des bonds accélérés d'étoiles et de soleils font la marche du temps.

Seule ma volonté retient des espaces pour les lier
ensemble en pas égaux et accessibles sur le sol. Un ami
s'éloigne, dos qui se noie dans les distances — une
lampe éteinte soudain et c'est la nuit.

Dans ma nuit je veux connaître l'étoile-guide de mon
temps de vie. Lentement je glisse maladroite hors de ma
peine. J'observe ce qu'elle est — comme une peau après
la mue. De sensation ma peine devient un fait pour vite
s'intégrer à un ensemble logique. Je ne suis plus isolée
en elle. L'ami qui s'éloigne, je peux le suivre encore des
yeux après sa disparition. Ainsi la nuit est moins nuit.

Puis vient la joie — je suis libre un moment d'avoir
accueilli un événement, de ne pas être tombée sous lui.
L'ami parti ne m'a pas quittée. Le réseau des moments
clignote, le retienne, comme lui me retient. Il cherche le
soleil sur un autre versant, moi je le cherche en lui. Nos
deux essoufflements quelque part se rejoignent. Chemi-
nements parallèles égarés dans plusieurs dimensions,
séparés, même à l'infini, car issus de mondes différents.

J'ai mal à nouveau, au plus loin de mes sens. L'étoile
s'est éteinte. Je retrouve la nuit — elle est froideur et
solitude.

Je ne sais pourquoi mon regard m'a quittée. Je dois
continuer bien sûr. Essayer de me mouvoir avec intelligence. Alternant les mirages et les déserts dans une
attente insensée. Une minute claire revient. Le monde
réapparaît. Je laisse mon ami, la nuit, le soleil à leurs
courses. Je deviens soleil. Je n'ai pas d'autres ressources. Puis à nouveau peine et nuit, étoile un instant.
Le cycle des faits m'emporte et je redeviens solitude.

Tu étais dans la chambre illuminée et fleurie, quand
je suis arrivée. Tu n'as rien expliqué, soudain rien
n'était changé. Tu souriais. « N'aie pas peur — je t'aime
— n'aie pas peur. » Est-ce toi, est-ce moi qui chuchotais
cela ? J'étais vivante sous tes baisers. Non je n'avais plus
peur. J'étais vivante. Ce soir-là tu m'as embrassée,

« Pour mille ans ». Ce n'était pas assez j'aurais voulu pour cent mille ans, mais tu riais. Tu me donnais les baisers aimés, les sourires attendus. En quelques secondes tu as recréé la passion, donné du goût au présent. Nous avons retrouvé les gestes inventés au début de notre connaissance. Au temps où nos caresses nous comblaient. Nous avons oublié de faire l'amour, étreints l'un dans l'autre. Tu es parti. Et ton absence à nouveau est plus forte que le temps de ta présence.

Je sais bien mon doux, que je peux te perdre, tu l'exprimais gravement à propos d'un livre que tu veux écrire, sur l'amour comme une préparation peut-être... En réalité je ne peux te perdre. Je te trouve sans cesse. Le merveilleux dans l'amour est cette source de force et de fragilité qu'il contient. Tu es un cadeau de vie dans ton recevoir, trop précieux pour l'enfermer sur seulement moi-même. Peu importe le chemin que tu prendras, il ne peut que te porter plus grand dans le partage de tes rencontres.

Tu es cette matrice aux fibres souples qui porte l'essentiel et je garde ma reconnaissance comme une certitude secrète nous portant vers l'avenir.

> Et l'espoir, ma fille
> Plus fort que la mer
> Plus fort que la source
> La vague et la danse.
>   Guillevic

... Nous vivions son rêve sans le savoir. Nous étions des ombres dans les reflets perdus de ses yeux. Nous étions les sons de paroles déjà dites à un autre. Notre existence en elle ne venait pas de nous. Elle était message d'un autre.

Nous avions cependant le besoin d'exister chacun en elle. Nous poursuivions notre ascension vers elle avec l'espoir d'être reconnus, entendus, glorifiés dans le meilleur de nos possibles.

Elle fut le professeur le plus extraordinaire que nous eûmes jamais et dont la trace reste un chemin en chacun de nous, les terminales de cette année-là.

Tu es revenu dans la nuit. Je ne sais par quel miracle tu étais là, nu près de moi. Tu m'as caressée. Déjà j'étais en toi. Cette nuit-là, j'ai conduit l'amour. Je t'ai donné mon rythme. Je t'ai guidé au plus profond de moi. La lumière allumée, nous avons inventé des réponses, des accords aux désirs les plus insensés. Au mitan de la nuit, épuisés, couverts de sueur, nous nous sommes douchés ensemble, puis redécouverts, accordés.

En ce moment encore, tu es tout contre moi. Je te serre fort pour te respirer. Tu es mon souffle et je ne sais plus où s'arrête ma douleur de t'aimer, où commence et où se continue ma joie de te savoir là. Tout est mêlé, ma soif infinie et la source profonde où me désaltérer. Je te bois, mes lèvres répandues sur ton corps. Mon œil attentif suit le chemin de la vie qui circule sous ta peau. Comme il est bon d'avoir soif de toi et que ton eau est fraîche.

Mon désir de toi est féroce et constant. Au-delà du plaisir, au tréfonds de ma féminitude comblée je me retrouve combattante et je t'en veux. En ta présence, tout retrouve sa place, l'accordement de l'évidence, le silence brisé, l'émotion-respiration. Après ton départ, reviennent les mots, les petites phrases, le sibyllin, l'inachevé.

Puis le monde s'est éveillé, il est entré en moi avec ses

bruits, ses visages, sa musique, ses pas et ses cris. Je
l'accueille comme si je pouvais participer à son élan.
Quelle violence me donnes-tu, mon amour ! Je
m'invente près de toi. Par tes caresses tu élargis
l'horizon du futur proche. Les murs de ma peur
s'écroulent avec tes baisers et débouchent sur l'espace le
plus grand, le plus riche en soleils, et malgré ma
surprise, le plus attendu.

Dimanche sans toi à Paris. Un dimanche entier, plein
comme savent l'être les dimanches. Tu es parti tôt, cette
nuit ou ce matin. Bientôt il sera sept heures. Je suis
amoureuse de toi. Mon cœur bat très fort, à la mesure
de l'événement qui porte ton nom. Je voudrais m'arrêter de respirer pour retenir en entier ce moment qui me
contient. Il est fait de calme, de certitude, d'infinie
douceur. Les problèmes n'y sont pas. Les questions, les
craintes, les efforts pour feindre, n'existent pas encore.
Je suis simplement Françoise, je t'aime et je veux te le
dire. Les mots sonnent comme un chuchotement tandis
que j'écris. Le monde tourne lentement, au ralenti. Les
pas des gens dans la rue glissent, dépouillés de pesanteur. L'univers est complice de ce moment et accepte
de se laisser guider au rythme discret de mon
présent.

Cet après-midi, je t'ai croisé au pont Marie. J'allais
retrouver les tours de Notre-Dame, en touriste du
passé, reconnaître tous les toits que nous avions aimés.
Tu conduisais vite, absorbé par ton but comme souvent.
Je t'ai vu une seconde, j'ai fait un signe en souriant,
paisible. Il me paraissait normal que tu passes et viennes
prendre place en mon regard qui avait déjà ta couleur.
Tu étais certainement chargé de nouveaux rêves, de
projets, de voyages. Tes enfants riaient sur le siège
arrière. Nos univers se croisaient, immobiles, séparés et
cependant entiers.

Je suis là devant les pages blanches, reconstruisant chaque instant du temps et de l'espace que tu habites, savante d'aimer, réconciliée comme par miracle avec moi-même. Je laisse porter mon corps et mes rêves en une danse évidente, couler un mouvement dont tu es la musique et le geste, dont tu es le lointain, le profond, le permanent créateur.

Je ne crains pas de te saturer par mes litanies, car je ne sais pas l'amour autrement. Te dire, me dire en toi

amour de colombe et de gazelle
amour de braise et de dentelle
amour excessif dans mes palais baroques
amour à vif au soufre des souvenirs,
amours d'or et de pleur, meurtris
amour tendre et secret aux allées solitaires
amour fuyant à pleins nuages de rêves et d'espoirs
amour cendre un peu triste des au revoir
amour puéril et maladroit
étouffé des mots tus
ligoté sous trop de non-dits
faussé par trop d'attente
amour blessé aux murailles des absences
amour perdu aux forêts, aux étangs
amour qui chante aux énigmes
amour en gerbes de silences.

Chez le boulanger du coin, j'ai entendu une femme dire : « Je suis déshorizontée depuis que j'ai perdu mon mari... »

Je voulais l'embrasser pour lui dire mon affection proche.

... Elle ne fut jamais si près de nous que ces jours-là. Toujours renouvelée, intensément présente, totale.

Sa trace était partout, une ardeur nouvelle nous inventait chaque matin, nous aspirait vers le lycée dans un tourbillon de possibles.

Entre Pierre et moi elle devint la force d'un lien qui subsista longtemps dans notre vie d'homme. Lorsqu'il décida de ne plus vivre quelque vingt ans plus tard, je reçus de lui un cahier qui pourrait être ce livre.

Sur la première page, il avait écrit :

> infiniment porté
> vers toi
> j'écris
> vers moi
> pour m'étonner...
> Juste un petit plus
> un petit rien
> dans un grand tout
> un petit rien
> disant beaucoup
> un petit tout
> de rien du tout
> un grand rien dans un grand tout
> un rien plein
> un rien doux

un rien riant
un rien caressant
Vaut mieux un petit rien
qu'un grand tout
sans rien dedans
du tout.

Me voilà ce matin devant une découverte inespérée, je suis devenue femme dans mon regard.

Nue devant la glace, je sais que je ne suis plus une jeune fille fragile. Mes épaules s'arrondissent, mes bras ont des forces insoupçonnées pour te serrer. Mes seins autrefois trop petits, inutiles, remplissent aujourd'hui tes mains, je le sais. J'admire mon corps pour mieux te l'offrir. Je ne me sens pas ridicule de mes regards, de mes pensées ou de mes gestes. Ils te sont destinés.

Gaël a des intuitions et il aime y croire. Immédiatement je les reçois. Elles seront pour moi des certitudes. Ce qu'il est devient profondément vrai pour moi. Non seulement vrai, mais essentiel. « Rien n'est irrémédiable, dit-il, même la bêtise. L'intelligence se stimule, se féconde. C'est notre ignorance qui crée les inégalités... c'est notre angoisse qui fait que nous ne sommes pas libres ! Ignorance et angoisse de nous-mêmes, voilà nos chaînes. » Toute la soirée, il tentera d'illustrer de mille faits sa pensée. Il ramène tout à cela. Il dramatise la moindre idée avec des résonances de tragédie. Il m'initie ainsi à moi-même.

Est-ce qu'un cours d'anglais peut éveiller l'intelligence ? Je veux être un signe pour mes élèves. « Il faut signifier par sa personne, dit-il souvent, réveiller chez les autres, l'écoute infinie de soi. » Il voit le passage sur terre comme une tentative de l'homme pour mieux se comprendre. Ce lent cheminement de l'homme vers sa propre découverte. « Le développement technique est accessoire. Le véritable développement est dans la connaissance que l'homme a de soi, sa tentative vers la liberté. C'est-à-dire la possibilité de plus en plus grande de vivre pleinement, de faire des choix. Jouir de ses désirs, avec toute l'intensité infinie qui est la seule vraie jouissance, sans limites, sans culpabilité aucune. En plein accord avec soi et avec le monde extérieur. »

Aller vers le plaisir, ne pas craindre de le rencontrer

Une primauté du plaisir sur tous les projets, une fidélité au bien-être, voilà son engagement le plus évident.

Il dit aussi : « Pour l'instant cette tentative n'est que douleur, errance, angoisse. Nous sommes encore trop pré-déterminés par une affectivité inachevée. Ce salaud de Freud n'a jeté qu'un œil dans tout ça (où avait-il l'autre, hein !), puis il nous a fait un signe de la main — allez-y — descendez — explorez — grattez — remontez. Nous rampons alors que nous pourrions voler ! »

Sa seule croyance est dans l'homme et tous ses doutes s'y rattachent.

Comment t'aimer sans te faire mal et me faire du mal ? Est-il donc impossible, en amour, de ne pas compter, mesurer, doser, donner un peu, pas trop. D'être exigeant, de réclamer sa part de satisfaction. Il me vient d'étranges désirs. Je réclame pour moi, j'aspire à l'existence. Je m'oublie trop dans mon besoin de te donner. Il est facile peut-être de se perdre en quelqu'un et d'appeler cela du beau nom d'amour. L'amour n'est pas un oreiller à rêverie. Entre l'abîme et le ciel il y a une tentative vers l'impossibilité d'être totalement pour l'autre. Etre totalement à toi signifierait me laisser mourir, au mieux me dissoudre dans un voyage, disparaître dans un inconnu, te laisser seulement sur les rives de moi.

Ne crains rien, j'essaierai de ne pas oublier de lutter pour ma survie. Mon amour je vais vivre à côté de toi. Je vais me faire deux pour éviter d'éclater. Tu hoches la tête sans doute à ces bonnes résolutions, logiques et trop sérieuses. Oui, mon cœur cogne aussi dans mes tempes, il irrigue toutes mes pensées. Un cœur est capable de marteler des résolutions impitoyables pour lui-même. De sonner la chamade, de crier en silence : « Les derniers mots d'amour devenus les premiers mots de haine. »

Si j'ai appris à douter de mes forces, je garde des certitudes sur mes possibles et mes limites. Je ne veux pas être pour toi une nouvelle difficulté, un poids qu'il faut traîner, pour ensuite l'éliminer. Je veux t'apporter du bon, du bien, de la paix, de la douceur, du courage, tout cela hors de moi par quelque procédé que j'ignore encore. J'ai cette foi en toi qui m'empêche de faire trop de fautes dans ma maladresse. Je croyais à une plaisanterie, tu disais : « Etre amoureux c'est risquer toutes les maladresses jusqu'aux pires, celles qui peuvent dissoudre l'être aimé par saturation. »

Rêve éveillé.

J'étais entourée de mer. Je l'ai vue soudain comme jamais encore. Elle était le grand rassemblement des morts, de toutes les âmes déposées par le trop-plein d'amour dans une étrange immobilité. Chaque goutte d'eau avait quitté son histoire de chair pour devenir la transparente mouvance de l'infini. A mi-chemin du lointain inaccessible, une bande de sable m'invitait par de grands signes de lumière à venir la rejoindre. Puis je plongeais vers l'immatériel à travers le palpable d'un oiseau blanc, à l'aplomb d'un abîme profond. J'avais le choix, me fondre, lâcher... un souffle, un appel m'a retenue.

L'eau nous conduit au bord de ce que nous serons. Aller vers elle, c'est faire un pas de géant dans notre futur et contempler notre sillage à venir. Dernier vestige de notre pèlerinage, la mort est là, et puis ailleurs certainement. Elle est une évidence de la connaissance la plus secrète en nous.

Savoir fait mal, quand l'expérience reste encore à vivre. Il faut être douloureusement averti, armé d'une longue patience pour relier l'improbable futur à l'imprévisible passé surgissant inopinément dans la spontanéité du présent. Des signes partout nous montrent le chemin.

Et toi, tu sais comme ils sont significatifs. « Ils sont les amers d'une existence, balises de connaissances. Quand on sait lire le sens des choses, on découvre leurs beautés. » Je suis sûre que le monde est un grand signe, dont il ne faudrait rien retrancher. Moi je suis bien obligée de ne pas forcer mon regard. Je choisis encore malgré moi mon écoute. Les couleurs me parlent, ainsi que la forme des pierres, ou le mouvement des arbres et la brillance de tes yeux accordés à la vie. Par toi, je vois et comprends la vie dansante. Elle te suit comme une note de musique en appelle une autre. J'aime le rythme qui te balance, cette énergie étincelante qui te lance en avant. Dans l'aimant universel, tu es de ceux qui entraînent le plus de vie derrière eux, de ceux qui éveillent leurs semblables, de ceux qui sont souffle et levain dans les cohortes humaines. Tu m'as dit un jour : « Il y a des gens dont l'énergie est le privilège. »

Tu me laisses ainsi te reconnaître. Tu me laisses te lire comme un livre à décrypter page à page et ce n'est pas facile surtout quand tu ajoutes : « Je suis d'une eau si transparente qu'on peut s'y noyer. » Je serai cette noyée, corps flottant d'errance en errance dans ton moi-océan. Tu apprends à ceux qui t'entourent à être des signes pour les autres. Bien sûr il y a ceux qui ne veulent pas voir. Mais on ne se montre pas en vain si l'on est animé. On ne peut qu'éveiller les autres. Il faut être assez dense pour éveiller les lumières endormies.

Je te vois agir, rayonner, créer, transformer la vie autour de toi. J'ai peur aujourd'hui de ces dons, de ces facilités avec lesquelles tu tourbillonnes, emportant les gens dans des élans qu'ils ignorent. Créer, voilà ton travail, donner et susciter de la vie. Il me vient bêtement à l'idée que la vie n'est pas seulement à naître, mais à vivre. Quelle meilleure défense pouvais-tu avoir, quel rempart imprenable que ton métier dont j'ignore encore la nature exacte. Réveiller les consciences doulou-reuses, les amener à la lumière, débloquer des énergies prisonnières, faire redécouvrir un potentiel endormi, créer un homme en avance sur lui-même, dénouer les conflits, apaiser, rassurer aussi... Je te crains maléfique pour toi-même, pouvant détruire en toi tout ce que tu apportes aux autres. Je te vois si fatigué, si fatigué parfois aux soirs de tant d'errances.

Jour merveilleux. Tu es venu, tu m'attendais déjà dans la chambre-folie de nos rencontres et nous nous sommes aimés. Nos mains se savaient dépositaires de tout le savoir de nos corps, et ce fut le déroulement chaotique de nos élans, de nos emportements et de nos abandons.

Tu m'éveilles très vite, je viens la première. Les vagues se bousculent, cascadent sur mes cuisses, mon ventre tempête et engloutit le tien. Je suis la barque et la mer. Mon voyage t'emporte, ton cri me rejoint étonnée, il s'amplifie écho dans ce oui qui te prolonge. Le plus beau des mots de la langue française le oui dans l'amour. Ce oui en même temps t'éloigne de moi car il t'emporte vers tes cimes à toi.

Puis tu reviens, les yeux clos, le corps en dérive, la mâchoire mobile cherchant ou mâchouillant un son oublié. Ton sourire éclate, dessinant ton visage d'enfant. Tu es là, chaque orgasme en toi est un voyage au plus loin de la vie. Je te regarde et je suis convaincue. Convaincue à nouveau que tu existes, que je t'aime, que tu es vrai, au-delà de tous mes espoirs. Tu parles et je suis séduite, enrôlée à nouveau dans l'ouverture du partage. Tout devient vrai, comme essentiel. Je t'entends d'une manière particulière où le jugement, la logique n'entrent pas. Car c'est ta voix première que je perçois. Ton image lointaine me hisse jusqu'à elle sans rien me demander. Je te reçois directement sans intermédiaire dans un silence intérieur où rien ne se perd.

Quand tu es là, j'ai un visage porté. Je sens la peau de mon visage devenir plus lisse, je sais mes paupières présentes, mes cils antennes, ma bouche dégagée de contraintes. Mes yeux sont clairs et unis. Je me ressens profondément heureuse d'être.

J'aime le moment des rencontres où l'on donne à l'autre les trésors amassés durant la séparation-absence. Toute la force, toute l'intensité des mots pour recréer le temps de l'absence, c'est le don complet de ma joie d'avoir été. Et parce que l'autre reçoit, écoute avec l'attention pleine de l'amour, les choses restent essentielles et aiguës comme elles doivent l'être. Elles deviennent enfin plénitude. Celui qui reçoit donne la vie au temps du partage et par là même à celui de l'absence en le recevant, comme un acte d'amour physique. Ainsi le temps se multiplie, s'amplifie. A la qualité du présent s'ajoute tout le temps espéré, attendu, donné et vécu par avance.

J'aime son visage.

Gaël a un visage d'homme grave et juvénile à la fois. Dur aux angles et doux dans les coins. J'aime sa peau livrée à ma main. La ligne de son nez et sa rencontre avec les sourcils. Il a un visage neuf et secret pour chacune de nos rencontres. Il se laisse observer, étudier, décrire par moi, avec un plaisir naïf. « Je renais à chacun de tes regards », dit-il. Il amplifie ma propre jouissance. Au début de nos rencontres, il me fallait plusieurs heures pour le reconnaître, retrouver quelques lignes immuables, un chemin certain sur son visage.

L'inquiétude m'habitait de le perdre, de ne plus savoir justement le chemin pour monter jusqu'à lui. Aujourd'hui, je joue, je m'amuse à me faire peur dans ses yeux. Ma main fait semblant de ne pas le connaître. Elle caresse hésitante ses cheveux, son cou, son front, sa bouche, ses pommettes, puis soudain elle suit une veine, un muscle, un repli invisible et se perd en lui. Autre plaisir, je poursuis du doigt la trace de son sourire, contourne la bouche, effleure la narine vivante, rejoins l'œil par en dessous, gratte les plis ombrés des tempes et lisse le front d'un même geste ou d'un même regard. J'aime mettre un doigt dans sa bouche, abandon de fillette dans l'homme-ogre-rassasié.

Avec Gaël, aujourd'hui, je ne connais pas assez la douceur du présent, seulement celle des demains. J'ai comme une fringale permanente d'exister pour lui, d'être en avance à sa rencontre. Ainsi le présent vécu par anticipation est-il toujours en retard sur mon attente. Au lycée, face au tableau noir, la classe dans mon dos, je suis aussi en route vers lui. Les sourires de silence qui éclateront au-dessus des mots, ou des seules lettres, seront mon triomphe et ma peine. Ici, dans ma chambre, solitaire, barricadée de solitude, je ne communique avec moi-même que par lui. J'ai besoin de sa médiation pour me rencontrer.

Mais lointaine, très lointaine est son image aujourd'hui, aussi suis-je égarée dans l'attente, abandonnique en perdition.

Je comprends aujourd'hui mon retour vers l'opéra, mon goût éperdu pour Verdi, Puccini, Bizet, Gounod et Wagner surtout.

L'opéra a pour moi un goût de jouissance absolue qui m'a longtemps fait peur. La pureté des voix de femme surtout pour chanter l'horreur et l'affliction de la mort, le vide de la détresse, la violence des passions humaines détournées de leur destin. J'ai abandonné l'opéra en commençant à vivre, en perdant un peu de mon désir d'absolu pour « entrer en réalité » comme l'enfant qui grandit abandonne ses contes. L'opéra avait été la révélation de l'érotisme dans mon adolescence. Quelle émotion infinie, renouvelée avec les *Pêcheurs de Perles*, l'amour sacrifié pour la vie de l'être aimé ! Musique charnelle !

L'opéra fut, dès l'âge de quinze ans, le chemin de la sensualité, des interdits levés, du plaisir dans l'abondance, la rencontre amoureuse des sens. Je me faisais l'amour avec le don miraculeux d'une note posée à la limite du ciel.

... Pierre poursuivait sa propre auscultation, il inter-
rogeait avec acharnement ses interrogations. Il se
demandait s'il aimait Françoise. « Est-ce cela le vrai
amour ? » J'étais le confident le plus sourd qu'il puisse
trouver. « Est-ce l'amour qui me rend si lucide, si
clairvoyant pour tout ce qui est d'elle ? Je peux la
dépouiller de tout ce qui manque aux autres femmes et
cependant elle reste entière. Elle reste merveilleuse
d'imprévu, de sensibilité, de douceur. »

Il me démontrait longuement en quoi il était lucide, il
énonçait les signes irréfutables de sa clairvoyance. « Je
suis le seul qui puisse la comprendre, les autres l'aiment,
mais en aveugles, globalement, tu comprends ! Parfois,
j'ai l'impression de la bâtir de mon propre désir, avec
mon propre rêve. Mais c'est un rêve vrai, puisque je le
vis. Il me fait peur aussi. »

Durant cette période, Pierre oscillait entre le plaisir
de poursuivre sa douleur et la crainte de sa révolte.
Entre le désir de forcer la conscience de Françoise, de
l'atteindre, de se faire reconnaître par elle, et le besoin
de sommeiller encore un peu dans son reflet, d'être
bercé seulement avec les images de son miroir intérieur.

Il parcourait ainsi des distances infinies. Reliant les
confins noyés de l'enfance aux horizons multiples et
fuyants de l'âge d'homme.

Entre nous, en classe, nous avions cette indifférence

hautaine et outrée destinée à masquer nos sentiments et nos idées, pour mieux les révéler. Nous voulions jeter au monde comme une bombe de vérités nos contradictions trop mêlées. Nous étions comme des livres de parade jamais lus, sur les rayons flamboyants d'une bibliothèque, avec tout au fond le désir d'être feuilletés.

Les jours de pluie, nous voyions les élèves de quatrième ou de cinquième, les petits sans pudeur, avec un parapluie. Ils guettaient son arrivée au portail. Ils allaient la chercher à travers toute la cour, pour l'accompagner, abritée, jusqu'à la salle des professeurs. Nous étions impuissants et douloureux de ce geste de seigneur, auquel nous ne pouvions nous abaisser.

Les autres jours, quand elle traversait la cour, nous marchions au-devant d'elle, indifférents et secrets, mais plus sensibles à nos émotions que nous ne l'avions jamais été. Seuls quelques-uns de nos mots l'atteignaient au passage, mais ils ne disaient rien sur elle, rien de nous. Banalités destinées à la reconnaître, comme les ondes du radar projetées vers l'objet de sa recherche, et qui reviennent en écho pour en confirmer l'existence.

Pour Pierre, Claudel restait unique. Avec elle tous les possibles étaient proches. Sa gentillesse nous transportait. Sa gravité, comme un feu intérieur, nous brûlait. Par moments, la source de ses paroles, de ses actions, de son impatience lui échappait. Elle devenait alors cristal de l'événement. Les forces vives du monde venaient à elle. Au club de poésie, nos dialogues devenaient symboles.

« Le monde est rond parce qu'il est docile au mouvement. (Je suis pleine et riche et ouverte parce que je suis docile à mon amour.)

— Et le galet est-il docile à la mer qui le roule et le modèle ? »

Il y avait comme un cri dans la voix de Pierre.

« Je ne crois pas qu'il soit docile. C'est ce qui fait son charme, et parfois sa beauté. Il résiste, quelquefois s'échappe, s'envase pour réapparaître plus lisse, plus

reposé. On le trouve oublié sur une plage, on le
ramasse. Il n'est plus à la mer. Il est parfois aimé par un
garçon ou une fille qui le garde précieusement. Le
risque pour un galet, c'est de devenir un objet, une
breloque, un caillou.

— Le destin d'un galet est-il d'être perdu, même
aimé, dans la poche d'un homme au lieu d'être roulé par
la mer ?

— Je ne sais, chacun a un destin unique, de galet,
d'arbre ou d'humain. »

C'était pour des moments comme celui-là que nous
vivions.

Chez Cordier, le graveur, nous étions des chevaliers
loyaux et fiers. Nous étions les héros issus de notre
enfance, modèles fidèles à tous nos rêves. La boutique
était basse et large, aspirant la rue et rayonnant sur
toutes les maisons avoisinantes. Elle était la caverne aux
trésors de tous nos désirs, découverte voilà bientôt trois
ans. L'intérieur en était immense et séculaire, bâti de
zones d'ombres et de repos, traversé d'aiguilles de
lumière. Meublé de tables et de bancs d'une époque
endormie. La boutique de Cordier nous rassemblait. Le
graveur était notre ami. Nous étions chez nous dans son
atelier, enfermés dans la bulle irisée de nos pensées.
C'est nous qui avions inventé l'enseigne au-dessus de la
large fenêtre donnant directement dans la ruelle. Le
vieux Cordier qui nous aimait l'avait acceptée et défendue contre la ville criant à la provocation. Il y avait
dessus en belles lettres gothiques : Graveur — Travail
d'art — Réparations d'Illusions. Ce fut chez Cordier, un
matin, juste avant le cours, que Pierre me parla ainsi
d'elle. « Au cours d'anglais, je suis comme un voleur,
un parasite. Je vole sa présence. Je vole ce qu'elle nous
donne, je vole ce que je lui prends. Mais depuis qu'elle
est là, je sais que je vis. »

Cordier, à nous entendre, connaissait tout de la vie
d'un adolescent : les derniers airs des Beatles ou les

élucubrations de Bergson, *West Side Story* et les équations exponentielles. Il était le plus fragile de notre savoir. Il savait tout recueillir. Il accueillait avec respect ce que nous laissions échapper de nous : notre gaspillage, notre trop-plein, nos délires et nos peines. Ce matin-là il accepta Claudel et lui fit une place dans notre univers.

L'hiver est si long qu'il retourne sans cesse à sa source. Je voudrais t'expliquer en quelques mots pourquoi, bien que t'aimant et te sentant avec moi, je suis capable d'être assez triste pour t'écrire des lettres comme celles que tu reçois de moi. Notre relation, ni l'un ni l'autre ne pouvons la faire vivre au-delà de l'espérance. Elle est cependant profonde en nous. Elle contient un amour trop grand. Un amour qui n'a pas de porte pour entrer dans la vie, pas de visage pour se montrer, pas de corps pour se survivre ou de parole pour s'imposer. A chaque instant, je le sens, que ce soit à Paris ou à Loches, il n'est pas reconnu, n'a pas d'existence. Près de toi, je lui prête une vie, alors il m'habite, et m'anime. Mais, dès que je suis seule, je le retrouve à son état de rêve, sans présent de désir, sans projet, je le retrouve avec ses manques.

Car c'est le projet qui concrétise la faim et la satisfaction. Sinon je me sens comme une tricheuse, avec l'impression de me mentir à chaque heure, à chaque minute, de me duper. Je bascule, vacille ou chemine de la réalité du rêve à la réalité de la vie sans me poser, m'inscrire en l'une d'elles. J'agis comme si le rêve était réalisé. Comprends-tu cela ? Et je ne peux faire autrement. Je ne peux pas être comme si tu n'existais pas.

Si je ne portais pas un masque d'enthousiasme devant les autres, je serais triste et sinistre. Je ne veux pas être vue triste. Car même dans la tristesse, je me sens fausse.

Je t'explique une fois de plus, laborieusement tout cela car parfois, tu dois te demander ce qui m'empêche d'être heureuse, épanouie. Je reçois tellement de toi. Tu es un soleil, à la fois lointain et proche. Tu es une lumière disposant de la clarté et de l'ombre. Je n'existe qu'éclairée par toi. Tu viens, je suis. Tu n'es pas là, je meurs. Tu apportes l'hiver et puis l'été bousculant les saisons, mêlant tous les signes, dénonçant tous les repères. Tu es plus que je n'en peux décrire.

Longtemps après l'amour, dans tes bras, ce fut l'apaisement. Tu dormais. Le calme immobile de l'instant que je connaissais petite fille, en sécurité dans mon lit, s'étendait sur nous. Je me suis endormie heureuse. La pluie m'a réveillée. Une longue pluie fine enrobait la nuit de ses filaments, le grand arbre la recevait comme on tend un visage. Mes yeux ouverts me paraissaient immenses tant je voyais la nuit sur ta joue, sur tes épaules découvertes. Tes bras m'entouraient, j'étais dans la paume de ton corps, et je nous sentais beaux, chauds, reposés de partages. La table de travail, longue et brune devant la fenêtre, luisait doucement de la cire d'abeille dont tu l'enduis. Un livre ouvert et des feuillets blancs éparpillés à son côté, comme une clef de connaissances. J'étais ouverte, infiniment présente à l'émotion d'être contre toi. Tout près de la tendresse d'une nuit, entière. Cette chambre est la tienne, et je suis de passage. Rêve éveillé posé dans tes bras, simple moment volé à l'usure du temps.

Le lit est comme un bateau, il avance dans le sommeil du monde. Ta chambre elle-même est une nef étrange. Dans cette pièce immense comme un appartement, tu as réuni tes multiples vies. Peu de meubles, des livres par centaines, des objets polis d'amour, réceptifs à la vie, comme tu les aimes. Dans ta chambre se trouvent le gouvernail, les voiles et le vent de mon voyage. Et de toi

endormi naissent les directions, se continuent les
espaces.

J'imagine tes amis, des inconnus, passagers en partance vers un prolongement de toi. Ta chambre, cette
nuit, ouvre sur des rêves et se prolonge aussi sur un
monde insoupçonné, d'obligations et de contraintes. Un
monde que ne protègent pas les murs. Un monde vert de
pluie, luisant de toutes les attentes autres.

Ta chambre, je ne veux pas la perdre. Ta chambre
comme ta main sur mon front. Une caresse, une
possession complète donnée et reçue, reçue et rendue,
une étreinte sans fin qui vogue, balancée dans l'équilibre des grands souffles. Le dernier baiser de toi, c'est le
premier rayon de soleil effleurant mes yeux. S'éveille
par ton éveil un monde où nous ne sommes plus seuls
tous les deux.

Je suis comme une mer battue par ses flux et reflux. Il
suffit d'un coup de cafard, d'une fatigue attardée, ou le
geste de ces deux enfants enlacés pour que tout craque
et s'effrite. J'ai si froid de cet hiver qui vient écraser la
lumière et la durée des jours. J'étais si heureuse de ma
visite, je ne voulais pas voir combien elle était prudente
et hâtive. Je voulais cacher ma peur et ma désespérance,
en la recouvrant d'espoir. Puis j'ai voulu t'atteindre, te
retenir, nier cette certitude de mort que provoque
chacun de tes départs. Quand je suis revenue vers toi
dans l'escalier, j'attendais par mes pleurs le miracle, la
reprise du voyage. La poursuite du cheminement vers
ma tendresse à reconstruire. Quand ton regard me fuit,
quand ta mâchoire se serre, je sens trop l'inéluctable
pour insister. Je fuis honteuse et coupable, violente et
blessée.

Quand je te respire, c'est cela mon voyage, je suis
dans le plus à vivre. J'ai voulu te retenir un instant pour
puiser la force de te laisser. Pour garder la certitude
d'apprendre cette vieille leçon chuchotée un soir :

« Apprendre à vivre l'un en dehors de l'autre. » Te retenir un instant pour redevenir lumineuse et enjouée. T'embrasser pour te confirmer que le voyage se poursuivra sur des routes parallèles, en d'autres dimensions. Te caresser pour te dire que je ne veux pas être une gêne. Pour te crier que je t'aime sans condition. Pour ne pas te dire que je peux en mourir.

Chaque nuit, chaque matin je te cherche, avant même d'ouvrir les yeux. Je lance mes antennes pour guider ma journée.

La faim et la soif de l'été durent toujours et déjà c'est l'hiver. Mon corps, désaccordé aux saisons du toujours, se terre et se ferme à mes propres caresses.

... L'hiver de plus en plus vorace nous engloutissait. Nous étions semblables, Pierre et moi, à des miraculés, ressuscités à jamais pour une vie nouvelle.

La parole en est le signe
elle afflue vapeur bleue
embuant nos esprits.

Pierre de plus en plus s'égarait en des mondes contradictoires. Il devenait irritable, imprévisible. A la limite du réveil, un pied déjà dans la nuit et un désir de repos l'attirait vers son enfance. « Mais comment l'atteindre ? Comment aller vers elle, en elle ? Je n'apporte que moi-même, la pauvreté de mes dix-sept ans, le néant de toutes ces années perdues hors d'elle. Ma tête éclate à force de vouloir être pour elle. J'ai besoin de réponse pour vivre. Ne sent-elle rien de mes appels ? »

Certains matins un fol enthousiasme le secouait. L'espoir de la révélation proche le tenaillait. Au soir, trop vite arrivé, de sombres abattements se mêlaient à sa joie écrasée par une journée sans signe. Pour lui tout devenait morbide. La tristesse immobilisait l'air de la rue, l'odeur du temps, et la boutique même de Cordier. « L'hiver, sommeil des êtres qui se perdent à se chercher. »

« Nous sommes un couple de soleil, souviens-toi »,
aimais-tu dire. Sans cesse tu guettes les nuages, sup-
putes la direction du vent, évalues la fuite et l'imprévi-
sion du temps. Enfant, tu croyais que les nuages
apportaient en hiver des morceaux de ciel bleu. Le froid
t'agresse et freine tes projets.

L'hiver est là, c'est maintenant certain. L'hiver irrémédiable s'est installé sur nos vies. Tout est gris,
silencieux, voilé, pesant. Le ciel est écrasé d'immobilité.
Le monde est arrêté, il est seul, sans écho de futur.
L'hiver angoissant, saison d'abîme réveillant mes peurs.
Les sons et les voix, les images et les projets qu'on ne
fait pas semblent se vivre dans un monde parallèle. A
peine le temps de l'attente nous aide-t-il à survivre.

Mieux je suis armée, plus je suis fragile. Je descends
parfois à plus de cent mille lieues sous la terre. Coupée
de tout. Dans le noir absolu. Je ne peux remonter à la
surface — le monde cesse d'être pesant. Il n'y a plus de
stimulation, plus de froid, plus de chaleur, plus de
rythme. La beauté, la laideur sont parties ailleurs. Les
apparences ne sont plus qu'un vêtement vide, abandonné, on ne sait pourquoi. Cela est difficile à expli-

quer. Ici parfois je perds pied. Rien ne m'accroche, rien ne me retient. Je ne sens plus, ne comprends plus. Tout effort, toute tentative meurent avant d'être essayés. Je ne sais plus le pourquoi de moi-même. Le contact avec l'entourage est coupé. Les échanges vitaux s'atténuent, disparaissent, se diluent dans le futile. Il n'y a plus de choix, la survie s'organise sans projet. Puis le contact revient, brutal et exigeant. Je lutte à nouveau pour m'adapter. Les résultats sont si petits qu'ils révèlent l'épuisement, le vide succédant à l'effort. L'absence de toute certitude, de tout élan, de toute confiance laisse flotter un désir d'anéantissement très séduisant. Se laisser couler, descendre, s'abandonner dans un rien.

Je regarde par la fenêtre, dans la nuit de la rue, la lumière de la grande maison d'en face me donne de la certitude, et la honte, que le bonheur existe. Alors, je reprends mes notes. C'est un moyen de rentrer dans le courant, de me laisser porter. Je remonte peu à peu à la surface de mes souvenirs, ébranlée, blessée dans ma consistance. Je pense alors à toi avec tous mes possibles, puisant dans ton image le courage d'affronter la solitude.

Dans l'exil de Loches, un seul point me semble positif — le détachement et le calme qui peuvent surgir de l'isolement. Ou la possibilité de comprendre avec des yeux nouveaux.

Comme si on comprenait avec les yeux ! Comme si de la prison pouvait surgir la paix et la bonté.

La solitude c'est une respiration cassée.

En fait je suis aussi occupée, éparpillée que l'an passé. Le travail est plus important, plus sérieux peut-être. Et puis il y a tous ces moments passés en compagnie des autres. Ces moments de « tue-le-temps » bien trop nombreux, mais si utiles à vaincre le désespoir. Je n'ai pas le temps de penser ce que je fais, pas le temps de comprendre ce que je vois. Quelque chose me dit que ce n'est pas par hasard! Je voudrais quelques jours tout blancs, où je serais seule. Je voudrais écrire, plus longuement, plus profondément, me retrouver. Te re-donner plus pleinement les moments vécus et surtout écouter ce grand espace qui m'entoure et me ressemble. Je voudrais être loin de moi, dans un lieu et un temps où je serais claire et grande c'est-à-dire raisonnablement forte et lucide.

Je découvre que ma vie à Loches m'atteint très peu, me marque à peine. Que je glisse fluide vers je ne sais quelle mer, quel rivage. Un avenir c'est toujours un rivage à défricher. Je voudrais le découvrir, me poser enfin. Le vendredi est le jour où je commence à m'élever au-dessus du flot des instants. Le vendredi tu approches, tu es entier. Le vendredi où je t'appelle Gaël-de-tous-les-possibles. Le reste de la semaine j'assimile les jours sans les assimiler. Je les reçois comme un fleuve atteint la mer, en s'y perdant.

Quand tu surgis à l'improviste par le miracle du téléphone, c'est l'instant merveilleux. Sais-tu que la Bell-Téléphone a mis au point le téléphone-télévision! Quel bonheur et quelle douleur pour les amoureux. Se voir, se parler, se donner à travers un écran de verre sans pouvoir se saisir, sans pouvoir s'étreindre. C'est beaucoup mieux que l'impuissance me saisissant en te parlant, en t'écoutant lointain, dans le noir appareil.

Quand tu m'appelles, je reçois ta voix comme un message unique recelant toutes les promesses. Elle contient une libération nouvelle d'espérances. Je voudrais que tu le sentes car elle est plus vraie que ces stupides kilomètres entre nous. Je la porte encore sur mon visage quand tu viens et que je te souris. Peut-être est-ce un peu bête de sourire ainsi quand il reste tant d'obscurité. Je suis heureuse de t'aimer en me sentant toute rassemblée. Je suis au-delà des doutes. Seulement au-delà.

Ma joie est réellement un soleil qui éclaire, elle donne vie à tout ce qui n'en avait pas. Je me sens les mains

pleines d'instants lumineux comme ceux-là. Ils se perdent trop vite à ma mémoire faute de ta présence pour
les recevoir.

« Trouve beau tout ce que tu peux », conseillait
Vincent Van Gogh à son frère Théo. — Oui, j'essaie.

Le bonheur le plus parfait, tu viens me voir, je te
souris. Tu accueilles mon sourire et me donnes le tien.
Ce sourire devient une porte grande ouverte sur le
passé, le présent et l'avenir mêlés en un seul temps,
celui où tu es, où je suis. Il se double d'un autre espace
et atteint l'illimité. Une croyance fugace plus forte que
l'espérance.

Dans notre petit groupe de professeurs, nous avons
une guitare. Tout change en quelques notes, par quelques sanglots s'échappant des longs doigts de Marie-
Jeanne. Elle est professeur d'espagnol, nous fait rêver
du Brésil où elle a vécu deux ans. Sa guitare est son seul
compagnon, son amant peut-être. Je croyais la guitare
féminine sur le ventre des hommes et je la vois comme
un sexe vibrant en elle. Elle chante des chansons
populaires, qui racontent la vie quotidienne, chaude et
poussiéreuse. Elle nous emmène au Brésil dont elle
parle tendre parce qu'elle aime ce pays. Parfois je dis la
Grèce, les Etats-Unis et je m'autorise aussi à parler de
toi. Tu es venu t'installer dans nos conversations,
personnage important et énigmatique.

Michel, le professeur de philo, m'effraie un peu,
comme un personnage de Kafka. Il plonge sans cesse
dans l'absurde. Il rit beaucoup et fait rire avec un tel
degré de désespérance que la souffrance affleure souvent à nos yeux. Le quatrième personnage de nos
réunions est une femme de quarante ans, professeur de
français. Toujours révoltée, elle tire parfois la langue
aux gens de Loches, curieuse de voir leur réaction et
s'étonnant de leurs réflexions. Naïve mais très fine,
portée par les événements et se laissant emporter par

eux. Elle écrit des vers et entretient une correspondance suivie avec Albert Cohen qui habite à Genève. Ensemble, chacun pénètre dans le monde de l'autre par les chemins de ses amours, par éclair et incision délicate.

Aujourd'hui, j'ai parlé des tziganes aux élèves à propos d'un poème anglais sur eux. J'ai tenté de raconter leur légende, d'expliquer comment ils communiquent entre eux, dessinent leurs signes au bord des routes. J'avais amené ton livre en classe. Ils ont lu ta dédicace : « En pèlerinage vers ton amour, j'ai laissé mes peurs et mes peines, en pèlerinage vers notre amour je suis allé vers le meilleur de moi. » Un silence pudique s'est fait.

Ils auront le livre dans la bibliothèque du lycée, ainsi en a décidé le conseil de classe. Je sème ainsi des odeurs de voyages et de vies différentes. Demain, nous raconterons New York. Je t'ai parlé de New York, je m'en souviens, la première fois que nous nous sommes vus. Ils vont découvrir cette ville ma voix te parlant. Ils découvriront aussi Luronne dans *Le Fou d'Amérique*[1] et l'Amérique du sang et des espaces ouverts, l'Amérique indienne dans ce livre merveilleux où nous nous sommes reconnus.

C'est moi qui te racontais l'Amérique lors de nos premières rencontres.

La semaine prochaine nous jouerons « en anglais » une scène de *Roméo et Juliette*. Je garde la conviction qu'il doit bien rester une phrase, une image, une idée de temps en temps. Je les connais mal. Ils sont nombreux et chaque classe n'a que trois heures d'anglais par semaine. Je connais mieux les huit garçons du « club poésie » qui fonctionne régulièrement. En classe, je leur parle de ce que je connais et je leur offre cela au hasard de mes désirs de te retrouver. Toutes mes qualités de professeur, toute ma pédagogie se résument en cela. Voilà ma

1. Yves Berger, Grasset.

vie quotidienne, une partie de moi faisant semblant de professer, révélant une partie qui ne fait pas semblant.

Je patauge encore dans mes zones d'ombre et je ne sais les éclairer, même pour toi. Laisser les mots se taire, se réduire, rejoindre la trame du silence pour tisser l'indicible.

Dehors, dedans, ici, là-bas, voilà mon espace. Dehors le ciel est blême. Dedans la lampe est allumée sur mon bureau. Je n'ose bouger tant il y a de calme dans cet univers arrêté. C'est l'hiver durable, j'en suis bien convaincue. J'ai voulu rester seule aujourd'hui pour voir.

Pour voir quoi ? Je ne sais pas.

Tout se dilue. Les élèves, les professeurs, les copies. L'apparence fiche le camp et refuse de se laisser séduire. Je suis dans une chambre qui pourrait être n'importe où sur la planète sauf ici. Je ne retrouve plus le goût du temps où à Paris j'aimais être seule pour t'écrire, te parler, avoir la certitude de t'aimer. Je ne peux ni lire ni travailler. Le silence me demande des comptes. Il prend la forme de ton souvenir, la forme de ton visage, car c'est à toi que je veux parler.

Le silence est bon pour préparer demain, pour l'oublier aussi. Depuis mon arrivée à Loches, je vis dans l'instant. Demain n'existe pas. Je ne le sens pas. Pourtant je sais le temps, c'est celui de t'espérer, d'aller vers toi. Voilà mon temps. Je me cherche au jour le jour. Je me crée à chaque instant pour toi. Je ne m'appuie sur rien de stable si ce n'est sur la puissance de mon élan vers toi. Je suis entraînée, portée, lévitant au-dessus du réel.

J'ai froid, j'ai chaud, je m'ennuie, je m'amuse, je suis indifférente, passionnée, silencieuse, autant de moments où je crois vivre et qui disparaissent dès que je suis seule avec moi. Ces moments-là n'ont pas d'odeur, pas de trace, pas de racine, ils ne sont rien. Une illusion d'aliment pour vivre. Je ne suis à l'aise que devant mes élèves. Je ne me demande plus si je vis ou si je fais semblant, devant eux.

Quand tu es présent tout bascule. Une révolution naît, un large mouvement se met en marche. Ton présent suscite toujours l'avenir. J'aime marcher avec toi, écouter, parler, sourire, rire, ne rien faire, simplement être. Tu me fais être vraie. Mais ces moments restent exceptionnels. Pouvoir les vivre est une chance immense, un état de grâce. Les états de grâce ne durent jamais longtemps. Ils sont communion, réconciliation éphémère.

Comment ne pas avoir envie de partager avec toi le calme grave du silence? Comment ne pas souhaiter entendre avec toi les mouettes venues aujourd'hui aux nouvelles? Si l'on ne craignait pas le silence, c'est que la vie n'aurait pas d'importance. Il faut toujours une réponse au silence. L'angoisse gluante qui me noie est parfois une réponse. Je fais alors appel aux souvenirs communs. Te souviens-tu de cette librairie rue Saint-Séverin? A notre entrée, enlacés, la dame nous a souri. Nous avons su depuis que c'était la librairie de Marcel Bealu. Il était « Absent pour cause d'amour ». La boutique était basse, et ronde. Bulle tapissée de livres et d'obscures odeurs. La libraire travaillait à sa table. Elle nous a invités d'un geste à rester. Je me suis assise dans un fauteuil, toi sur l'accoudoir. Nous avons feuilleté en silence un livre sur Picasso. Nos doigts disaient notre compréhension. Nous respirions de la beauté, nos yeux s'émerveillaient de ce miracle. Il y avait une bouilloire sur le poêle. Nos yeux s'étaient rencontrés pour la regarder. En sortant nous nous sommes embrassés, heureux de ce moment qui nous était offert. La dame avait respecté notre présence. As-tu remarqué comme souvent les amants suscitent chez les gens des sentiments de tendresse, de respect, des élans inattendus? Ma chambre aujourd'hui ressemble à cette librairie, elle en a l'odeur, l'atmosphère, la lumière de ce moment créé pour nous. Je pourrais être aussi la vieille dame t'offrant le thé.

Assise à ma table, je tape une page de Mallarmé, et cela me permet encore de penser à toi. La machine fait trop de bruit. Je me suis délivrée de ce moment « arrêté » en t'écrivant. Maintenant je me souviens avoir voulu te dire simplement que je suis d'autant plus présente au silence qu'il n'est plus un refuge. Les autres par leur gentillesse, leur présence, montrent combien je suis aimée, plus que je ne peux le sentir. Le silence de l'hiver me renvoie là où je puise mon élan, ma mécanique. Mécanique assimilatrice de l'extérieur, avidité qu'il faut nourrir de moments crus. Le cri des mouettes venues de la mer perce l'air gris pour en faire surgir le silence. Mon attentivité à tout ce qui n'est pas toi m'empêche de dormir.

Ce matin la terre est belle d'une dureté glaciale, j'allais écrire d'une durée glaciale. Le temps des fêtes approche. En ce temps de Noël les chaleurs de l'été abritées dans quelques souvenirs sont espérance de vie. Espérances vivaces, dévergondées, nourries de nostalgies vaporeuses. Avide de jouissances impitoyables, le brouillard de l'hiver vient pour envelopper et dévorer les paysages. Il transpire des branches et aussi de la terre, il monte droit et raide rejoindre ce qui peut-être est le ciel. C'est le souffle amer d'un corps qui se dépouille enfin.

Le grand froid arrive avec l'oubli des visages amis. J'ai le cœur embrumé, partie visible d'un iceberg d'attente. Autrefois, il y a deux mois, c'était l'automne, avec l'épuisement des espérances lassées d'être folles. Aujourd'hui le jour est de verre, sans les halos brouillés des jours précédents. Boules de cristal nées des peurs de la nuit. L'hiver est la moisson des grands arbres de froid. Le grand froid est le regard d'en haut qui rassemble et unit.

A nouveau je suis allée vers la mer, au plus près des nuages. Sur la plage de neige, la mer regarde la ligne mouillée de ses vagues d'algues. Souvenirs, racines, oublis, tout le refoulé de la vie vient se perdre et renaître ici.

Sur le miroir aveugle d'un sable de glace, se pétrifient les tendresses de l'été.

Il y avait au lycée un professeur de mathématiques assez jeune, que nous appelions en riant messager de l'enfer. Il était tout petit, étriqué, peu loquace. Nous le disions complexé, malheureux, malchanceux. Il déjeunait parfois avec nous. Je m'aperçois maintenant que jamais nous ne nous sommes adressés directement à lui. Nous racontions nos histoires à la ronde. Il restait au bord de la ronde, juste en dehors. Il s'est suicidé ce matin, au lycée, en salle de lecture, en se tirant un coup de fusil de chasse dans la bouche. « C'est invraisemblable, a dit le principal, c'est invraisemblable, et personne ne l'a vu amener un fusil de chasse au lycée ! » Sa fiancée (il avait une fiancée — autre mystère) était morte brusquement quelques jours auparavant. Sans doute était-il désespéré. Mais toutes les raisons que je me donne pour comprendre n'atténuent pas le sentiment de culpabilité qui m'a giflée quand j'ai appris cela. Ainsi nous sommes tous irresponsables des autres dans notre solitude.

Le soir de ce matin, le professeur de philo est venu bavarder. Il me raconte sa vie d'adolescent. Pendant deux heures, il n'a cessé de parler, de raconter ses aventures de chef de bande. Le rôle dur qu'il jouait, la haine qu'il avait eue pour ses professeurs, pour les adultes, ses révoltes. Les épisodes se sont succédé sans suite logique par associations libres. Il oubliait, je crois, qui j'étais en me parlant. Je sentais qu'il essayait de retrouver quelque chose d'essentiel, de comprendre quelque chose d'important en lui. Il cherchait un écho ancien de lui-même. Ai-je résonné, ai-je été la surface réfléchissante dont il avait besoin ? Puis il est remonté à la surface des mots. Il s'est senti gêné quand il a cessé de parler. Il est parti brusquement.

J'ai vécu aujourd'hui plusieurs de mes vies liées ensemble à l'idée de mort. Je voudrais que le monde sache qu'on ne vit pas par lâcheté, par peur de la mort, mais par désir de porter la vie. Comme un bébé alimenté, aimé, porté, insufflé, et dont la naissance sera un peu de notre mort. « Je suis résolument immortel », m'as-tu lancé un jour en partant, vite comme chaque fois, déjà vers ailleurs.

La vie nourricière, jaillissante te ressemble. Si je pouvais te dire, je pourrais la dire.

Je suis pleine de résolutions — fausses résolutions, résolutions mythiques ! Eh bien non, je ne suis ni desséchée, ni amère, ni sceptique. Tu n'es pas pour moi un faux problème, ni un vrai. Soyons précise. D'une part il y a toi et la partie de moi que tu fais vivre. D'autre part il y a moi toute seule. Un nœud d'insuffisances multiples où l'amour n'a pas de place, qu'il ne peut démêler. Le partage en zones multiples de mon corps et de mes sens s'est fait au clivage de notre rencontre. Je me sens plus forte devant moi-même, devant notre amour, depuis que j'ai entendu des hommes crier après lui, l'appeler sans le connaître. Tu n'entres pas dans ma tristesse — tu es celui qui me fait sourire malgré elle. Tu n'entres pas dans les profondeurs sous-marines. Tu es celui que je vois en transparence au-dessus de l'eau. Quand je lève la tête tu es dans la lumière bien au-delà des algues froides de mon marécage, signe certain d'un avenir fluide. Tu es l'île et non la terre que je cherche à atteindre. Tu n'es pas moi — mais le temps et la chaleur qu'il faut à mon pays. Mon pays, c'est ma peau, ma tête et mon cœur, et leurs ramifications infinies, les sens et les pensées, les désirs et les peurs, les souvenirs et les projets. Voilà le pays que je suis. Evident et brouillé comme dans le *Mentir-Vrai* d'Aragon. Mon amour est tout ce que je peux regarder en face sans que les mots se perdent, ou que les sentiments se brouillent. Tu m'as dit comme un refus (et c'était un cadeau) : « Seul le poète peut tout dévoiler sans le dire. »

T'aimer, c'est te donner les couleurs qui entrent en moi ce matin. Il est huit heures. Il y a du vent et du soleil. Je jette tous mes regards au-dehors, avide de saisir l'étonnement pour te le donner. Le bois des arbres a la couleur du sol en dégel, brun-jaune, couleur mouvante, durcie jusqu'à être noire. Je sors pour toi. Pénétrant la terre d'abord dure et craquelante, puis humide au-dessous, je deviens comme elle. Ensuite je suis mouvance dans le vent qui me fend. Ma tête est ce paysage respirant. J'entre aussi dans le courant de la rivière qui est mon éveil. Si j'étais seule, si je ne te connaissais pas, je resterais extérieure au matin, au vent, à la rivière. Je serais innocente et curieuse, issue seulement du froid matinal. Mais tu m'introduis dans une participation mystérieuse, dans un échange cosmique. Je vis en ce matin chacun des éléments de l'hiver.

Si tu étais près de moi en ce moment, je n'aurais pas besoin de t'expliquer tout cela. Je te regarderais comme il ne m'est plus possible de te regarder devant les autres. La respiration de mes couleurs serait agrandie de la tienne, tout à côté de moi.

Je voudrais un jour reconnaître les multiples visages de la mer, et les voir avec toi. Dans un temps oublié j'ai dû être eau, ou alors, j'en suis certaine, je le deviendrai. Je la sens partout autour et au fond de moi. Elle est mon commencement et ma fin. Je veux dire qu'elle est source, nuage et océan en même temps. Je prends conscience, reconscience que nous n'avons jamais vu la mer ensemble. Encore une joie à prendre, encore un moment réservé, un temps à créer pour mieux nous aimer.

En rentrant de ce matin, ou en sortant de lui, je me sens pleine d'une douceur infinie, celle de tes mains inventant des caresses et me jetant dans ton plaisir. Je me sens au cœur de tout ce qui existe, attentive aux bruits du jour et du ciel, à la forme des pierres, aux ombres des arbres, aux significations multiples d'un cri.

Et toujours la présence de l'eau en moi. Présence sourde, maligne et joyeuse à la fois.

Je suis unie à la tendresse immense de l'eau et à la certitude de vie qu'elle représente. Au cœur des gouttes et au-dehors, je suis. Une transformation latente, devenue claire, s'opère sous l'apparente fixité des substances. Pardonne-moi de me répéter dans toutes ces redites, je t'aime ainsi dans ma répétition. Par ma rumination, je me donne un goût d'existence. Je n'userai jamais les mots à te les offrir.

Ce que je suis — égarement et violence fauve — dans mes peurs, quand les contrôles sur mon cœur s'évanouissent.

Ma tête est un lieu étranger où des espaces glissent, reliés par des temps introuvés. Ma tête est un grand parc sombre et sonore qui dort. Des allées se devinent à une pâleur bleue qui traîne en ligne fatiguée, usée par la nuit sans blancheur. Parfois vole une feuille morte, ou s'envole l'ombre d'une feuille. Frissonnement d'oiseau — un souvenir sans doute essayant de respirer. Des pas se glissent en silhouettes sur le vent noir — souvenirs tombés doucement d'un ciel qu'on ne voit pas, et disparus avant même d'atteindre la nuit du sol.

Ma tête est un grand jardin sombre que je voudrais hanter.

Nul autre ne l'a vu. Pas même toi qui me l'as donné.

Pourtant ton corps y est, je crois. Ton corps ancien, celui qui nous avait portés sur les eaux du soleil. Pourquoi est-il là, dans les tourbillons de ma tête ? Qui l'a mis là ?

La barque ancienne de nos bras peut-être. Je te

demande parfois de prendre ma tête dans tes mains et mon plaisir explose entre mes cuisses serrées. Je dis oui et non à la fois, je te dis encore et c'est trop. Tu es mon abondance au torrent de mes sens.

Les jours passés s'éteignent dans mon corps. Et je ne sais qu'en faire. Echoués dans ma chair, ils s'allongent sagement, ombres repues du temps. Mon visage, au-dehors, veut courir au-devant des clartés. Il appelle la mer et lui demande d'être là. Il essaie de se tendre vers toi. Ma tête se nie de contenir un souvenir. Non, c'est mon cœur nié, et un souvenir aussi. Un souvenir qui commençait à avoir une forme, une histoire, un passé et un présent. Ah, il lui manque un avenir ! Qu'importe ! « Ne t'en fais pas, ça s'arrangera — ça s'adoucira. » Peut-il y avoir des paroles aussi pauvres ? C'est bon le sourire et l'écoute d'un ami mais que peut-il dire de plus : « Ne t'en fais pas, ça s'arrangera. » Veut-il dire que ça pourrira ?

La rue est là, seule à nous accueillir. Ça ne s'arrange pas. Ça, quoi ça ? Quelle confusion des sentiments et des idées ! Que les mots sont trompeurs ! Ils égarent une vérité vivace dont la sève circule en d'autres signes.

Froid dans le dos. Froid dans la tête habitée de squelettes de feuilles qui ne sont pas feuilles, mais idée de feuilles mortes. Froid hurlant dans la bouche, cette faim grise qui ne veut pas se taire. Le petit jour pluvieux en des yeux égarés. Toujours pluvieux, le petit jour, toujours jour, même en plein midi, en plein minuit. Dehors, des rues, des pavés, des gens, porteurs d'un peu d'amour mais ne le donnant pas. Ma tête est un grand jardin sombre qui dort sous un ciel de cris. Ça s'arrangera... Un jour je n'aurai plus froid. Un jour j'oublierai ma faim de la chaleur de tes mains, et la soif aussi de donner ma chaleur à tes mains. Un jour le jardin froid de ma tête sera mort, englouti par des tempêtes de vies, emporté par d'autres espérances. Mais je ne veux pas de cet arrangement-là. Je préfère aujourd'hui encore ma faim de toi à l'oubli de toi. Je préfère le froid des villes grises à l'oubli d'un soleil possible. Je t'attends.

Non, ça ne s'arrangera pas. Je suis exilée d'un pays aimé. J'attends le jour de mon retour, jour de délivrance. Je vais dodelinant du réel à l'irréel. Et aussi pour l'instant de l'irréel au réel. Parfois ce n'est plus un réel, seulement le dérisoire. Je ne sais plus ce que je rejoins. Une fatigue immense m'habite, une fatigue sans lassitude, se recréant à l'arc tendu de ma désespérance. Je m'habitue à la tentation du néant.

Je suis obsédée par le froid. Le froid humide persiste. J'ai oublié ma force ensoleillée de l'autre jour. J'attends dans une gare de courants d'air, gare immense sans départ ni arrivée. Tout lieu où je suis — devient gare, partance — attente.

Je voudrais être l'image de ta profondeur, celle que tu écoutes en moi. Puisqu'on ne te laisse pas le temps de descendre en toi. Je serais ainsi miroir de toi. Ecrire me réchauffe un peu. J'ai besoin de te voir un jour entier. Un seul jour dans la pleine lumière de mes yeux, pour te redonner la douceur que tu as fait naître en moi, il y a des années. Douceur retenue par le barrage fragile de l'espérance. Douceur cernée de mes contradictions. Douceur tissée de la douleur d'être. Douceur à vif du manque.

Rêve.
J'entends une musique faite à la mesure de mes pas. Je veux me lever pour danser — mais je suis ligotée sur ma chaise. Les sons emplissent le rêve — je ne veux pas

qu'ils s'arrêtent — la musique se tait dans un sanglot et son appel veut me libérer. Je ne peux le suivre. Sur ma chaise j'essaie de composer une danse qui n'a pas besoin de pas, tout le corps me fait mal — je doute de réussir. La musique revient, c'est elle qui a raison de mes craintes. Immobile, je danse clouée à ma chaise — je ne me suis pas réveillée, dans ce rêve. Car j'ai la faculté, quand un rêve devient trop oppressant ou trop mena-çant, de m'éveiller, j'ai le pouvoir de le quitter, d'enjamber les images, de crier « assez » et de me retrouver au petit jour, neuve de peurs. Pour quelques instants.

> Reviens souvent et prends-moi, sensation bien-aimée, reviens et prends-moi quand la mémoire du corps se réveille, quand un ancien désir passe à travers le sang, quand les lèvres et la peau se souviennent, et quand les mains croient toucher à nouveau...
> Reviens souvent et prends-moi la nuit, à l'heure où les lèvres et la peau se souviennent.

Tu m'avais offert ce poème de Cavafy au retour de Grèce. Je le garde contre ma joue les nuits de non-révolte.

Tu as des désirs d'infini, ainsi tu peux aimer de multiples visages.

Je traduis aujourd'hui « On peut aimer plusieurs femmes à la fois ». Chacun de ces visages portant une semblance (j'aime inventer des mots qui s'accordent avec toi), une semblance de tes possibles. Ceux et celles qui t'aiment doivent être nombreux, je le sais. Ils cristallisent en ta personne toutes leurs attentes de vie. Tu es si entier dans ton accueil qu'il semble facile d'être en toi, de s'y sentir unique. Et puis tu aimes tellement être aimé. Tu aimes redonner, multiplier ce que tu as reçu. Le plus beau des cadeaux que tu fais c'est recevoir. Mon amour pour toi n'est pas seulement une image chatoyante, le reflet de mes propres émotions ou le plaisir que j'ai à inventer un idéal de toi. C'est la quête désespérée d'une source de chaleur, le mouvement vers une confiance neuve. La certitude que la vie avec toi est une grande récompense. La croyance que le but premier de ma vie est en toi. Mon amour est cheminement vers ces certitudes. Avec aussi, bien sûr, la maladresse de mes doutes, l'injustice et le merveilleux de mes errances.

Il y a le bonheur de te donner. A toi qui aimes accueillir tant de visages j'offre cette certitude vivante. Désir qui attend, attente qui écoute, souffle qui se débat ou se perd, tout cela pour toi.

Il y a surtout l'envie folle de te défendre contre tout ce qui pourrait te faire obstacle, te faire mal. Te défendre aussi contre toi-même !

Je sens que je pourrais haïr à la mesure de ma force d'aimer. Et me haïr moi-même serait possible. Je ne peux aimer qu'un seul homme, je le sais maintenant. Je ne peux aimer aussi totalement qu'une seule fois. Contre toutes les apparences, contre toutes les preuves, contre toutes les affirmations données, je sais cela. C'est la seule chose que je sais au monde et que je vis. Je suis femme, réfractaire à l'existence de femme sans toi. A faire hurler, à désespérer tous les mouvements féministes, et paradoxalement je me sens aussi porteuse des espoirs de libération de mes compagnes. Si je partageais ces lignes avec une femme, peut-être se sentirait-elle blessée et refuserait-elle de s'identifier ainsi à une qui ne sait se libérer d'un amour trop inégal. « Il y a de l'injustice dans tout amour et même des souffrances vaines et inévitables... » Cependant quelque part, je le sais avec une évidence proche, c'est toi que je dis. Tu es entier dans ces lignes sous le masque de mes propres sentiments, sous le voile de mes contradictions, sous la peur de te perdre. Tu es mon semblable, mon prince fragile. Je ne me sens pas asservie de lutter pour exister telle que je suis. Ma lucidité tâtonnante, au-delà du masochisme des apparences, trace ma route vers le meilleur de moi.

Samedi soir.
« Seulement un peu de tendresse, un peu de chaleur entre nous », tes paroles dès que je t'ai connu. Il faisait nuit. Tu as posé ta main sur la mienne. Dans nos mains aboutissaient notre recherche et notre rencontre. Tu m'as dit bien plus tard combien tu avais été ému quand j'ai embrassé ta main, joué avec tes doigts. Ce jour-là j'ai laissé danser mon regard sur ton corps, j'ai osé mes désirs.

Plus tard, des poèmes de Yeats, de Rimbaud, de Supervielle, de Char, d'Eluard, tout un réseau de signaux pour m'avertir à chaque instant et me mettre en garde... Des petits mots de toi. « Même l'amour un jour meurt en souvenir — et le souvenir lui aussi finit par disparaître pour devenir un oubli. » Cela aussi j'aime le savoir, et ne pas le craindre. Me sentir assez forte pour me vouloir plus grande que l'évidence, plus présente que le moment. Ce moment disparaîtra peut-être, mais j'entraînerai avec moi la marque qu'il aura laissée. Je lui aurai donné la forme qu'il m'aura donnée. Nous nous nourrissons de traces et d'événements. Ils sont les jalons de notre éternité. Chacune de mes pensées vers toi est un événement privilégié — une marque dans le temps. Un point fixé dans l'espace. Nous sommes deux à devenir l'un par l'autre, l'un pour l'autre. C'est la seule aide possible peut-être — être un signe et si possible un étonnement pour l'autre. Si dans un temps dissous je ne suis plus qu'un souvenir, je serai toujours Françoise qui t'aime. Tu fais partie de moi, même si mon histoire veut que je te perde, même si des forces obscures poussent à mon oubli.

L'éternité, nous la créerons dans chaque baiser, dans

chaque caresse, dans chaque pensée, dans chaque élan
de tendresse, dans chaque rencontre devenue don.

Il ne suffit pas d'être semblable à la mer ou au soleil,
de connaître le froid et la prison de la peur, de tracer
une route et de ne pas la parcourir. La vraie mort, celle
qui fait mal parce qu'elle n'est jamais définitive, c'est de
passer à côté de l'événement, l'événement de ton
sourire, de ta main sur mon cou, d'un regard posé
ensemble... Il arrive parfois à un arbre trop jeune de
crever par manque d'eau et de soleil — je n'ai plus à
redouter cela. J'ai des racines en toi.

> J'aurais fait à tes épaules
> Des ports bruissants
> De caresses et de baisers
> Des ports d'arrivée heureuse
> Et de départ serein...

Je lis Olympia Alberti et j'aime cette femme de savoir
dire l'essentiel.

Tu es le réceptacle de mon trop-plein de vie. Mais j'ai
trop faim de toi. Ton absence en ce temps de Noël
recrée un passé d'amertume. Même mes appels vers toi
se dissipent dans la brume, s'englacent dans l'humidité.
Les rêves frileux s'immobilisent à la surface des jours.
Tu deviens plus loin. Autre silhouette dans une autre
brume. Plus grand silence dans ton silence. Temps de
Noël, vous me volez mon amour, je vous hais. Tu es si
loin, chaleur d'un autre hiver, que nous avions vécu
ensemble.

Tous ces soirs meurtris dans un silence criant mon
amour. Tous ces instants arrachés à l'usure du temps,
autant de vies perdues pour nous. La douceur gardée à
offrir sans partage, livrée au vide du soir, à la longueur
insoutenable des nuits.

L'image dessinée pour toi d'un monde riche qui nous

attend se brouille et redevient horizon incertain, couleur
de peur. Le monde de ces soirs vécus sans toi glisse
entre mes doigts, tombe dans la nuit, s'étend et grelotte
sur un rivage où n'affleurent pas les vagues. Les mondes
de ces soirs, univers oubliés fuyant vers le néant.

Ne pas pouvoir te dire. Ne pouvoir recevoir tes
regards, c'est chaque fois tuer du bonheur. Vague de
fond venue à l'improviste pour noyer mes croyances.
Les pleurs taraudent mon visage. Mais seulement mon
visage. Ils sont le trop-plein des amertumes liquides. Je
suis noyée de l'intérieur. Comme des centaines de fois,
ne pas trop réveiller ce soir ce besoin de toi. Ne pas
t'épuiser de tous mes appels, t'embrasser de toutes mes
mains immobiles sur la table. Ne pas nouer les mots
ensemble pour en faire une toile. Je me suis rassemblée
pour t'écrire des lignes de silence.

Un jour dans l'amour, ta main-caresse à mon sexe, tu
m'as proposé de la garder en moi : « Oui, je te laisserai
toute ma main vivante, mes doigts au plus secret, une
écoute aux sources de ton plaisir. Je t'imaginerai
marchant dans la rue, les gens surpris mais aveugles se
disant : cette femme-là n'est pas comme les autres...
Elle a quelque chose en plus. » Et je riais à cette image
insensée. Mes fantasmes accompagnaient les tiens,
guirlande tressée des rêves partagés.
Aujourd'hui je défais cette guirlande de folie avec des
larmes aux yeux. J'aimerais tant rire à ce souvenir, en
faire une gerbe, un feu de joie, mais je ne peux, non pas
aujourd'hui.

Long tunnel de l'hiver, long tunnel de mes peurs,
peur d'être mouillée, peur d'être rugueuse, peur d'avoir
froid, peur de mal aimer, et de trop aimer, peur de trop

parler, peur de me taire, peur d'être nue, peur d'oublier les étoiles, peur d'être enchaînée, peur d'être seule hors de toi, oubliée. Sans toi encore, peur d'ignorer les arbres, peur de trop regarder, peur de manquer de mots, peur d'être accusée d'aimer, peur des labyrinthes, peur du chemin droit trop vide, peur de partir et de te retrouver sans moi. Peur des rivages et des quais où l'on attend, des bancs où l'on s'assoit sans attente, peur d'être et de ne pas être longue, légère, lointaine, assoiffée, chaude, happée, dure, nouée, accrochée, illimitée, liquide, docile, muette, recroquevillée, perdue, claire, douce, folle, dansante, orange, sucrée, brûlée, mauve, parfumée, dormante, électrique, spirale, vent, herbe, rocher, écume, terre, rêve, bois, eau, marais bleu, jonc, sable, safran, écorce. Peur d'un jour où il n'y ait plus de sourires. Peur des peaux mal rasées, peur des visages vagues, peur des regards poussiéreux, peur du gris surtout, du jaunâtre, du verdâtre, peur de la distance des étoiles, de l'été trop loin, de la lumière, du silence, peur des choses qui appellent, peur de l'évidence de l'amour.

Mais je t'aime, c'est vrai je suis la première eau, le premier feu, le premier pas, la première paupière éclose. Demain, hier n'existent pas au creux de toi. Je nais ce matin de la première nuit. Je prends dans mes mains le vent et la pluie, ton visage est déjà le souvenir d'un destin. Je ne te veux pas en souvenir.

Tu es sur mes mains un sanglot silencieux, tu es mon premier pas.

Je ne vais pas vers toi, je ne t'accompagne pas, je te prive de mes émotions et me prive des tiennes, tu seras le temps où je ne te reçois pas.

Non.

Je serai seule contre toi quand tu seras ailleurs puis je mourrai dans ta tête, pour naître encore un dernier matin vieille et neuve. Si tu reviens je ne te reconnaîtrai pas, amnésique de trop de manques.

Le temps des vacances est impitoyablement long, programmé par des aveugles ou des fous aux calendriers des séparations.

Je t'aime plus que moi.

Ce soir tu m'as appelée, te voir chez toi est si rare. Chez toi comme une fête. Entre le moment de ton appel et ma venue, le temps ne t'appartenait plus. Quand je suis arrivée tu étais seul, blotti dans le coin de la bibliothèque. Malheureux de silence, et déjà j'étais impuissante, vaincue devant ta peine. Malade de douceur, je n'osais un geste. J'ai tenté de t'apporter le monde, celui de dehors, venu sur mes pas. Ma voix devenue murmure laissait une place au présent. Puis soudain tu m'as dit : « Tu ne pourras rester, j'ai un imprévu » — « C'est difficile pour toi. Je comprends. » — Je donne mon approbation à ce mal qui remonte. Je n'existe donc pas sans prévision, sans le prévisible d'un projet, dans l'imprévu de mon seul désir. C'est vrai je n'existe pas dans mon propre désir face au tien. Ce n'est pas notre amour qui est malade, c'est notre relation. Tu m'offres un amour extraordinaire dans une relation invivable. Tout cela, bien sûr, je me le récite en voiture, dans ma tête. Ce mal revenu, d'être une partie. De ne pas être un tout. Je suis pour toi une impossibilité. Je ne peux t'atteindre au grand jour. Si je suis c'est par mon inexistante présence. De temps en temps, tu m'embrassais, longs baisers inquiets, baisers maladroits qui me faisaient mal. Je buvais à tes lèvres l'évidence des jours qui nous cachent, l'épaisseur des espaces qui nous séparent. Nous ne pouvions rien nous dire. Qu'aurais-je dit, moi qui ne suis qu'un sentiment,

une émotion sortie de toi, et pour cet instant fragile, un
corps apeuré dans ta chambre. Pour un instant seulement, car ensuite je suis dissipée pour regagner la
substance immatérielle d'un éclat au plus profond de tes
yeux, un éclair de rêverie au milieu de ton agitation.

Une bouffée de chaleur est venue, tu m'as dit : « J'ai
tant besoin de toi. » Je me suis voulue tout de suite plus
vivante, oublieuse de ma propre demande. Invisible aux
autres, je leur suis révélée parfois dans un sourire de toi,
une brillance plus lumineuse dans l'œil, un geste plus
offert. Partir, au matin, à nouveau s'éteindre, se resser-
rer autour de toutes les émotions et sensations reçues et
données, poursuivre l'attente. Cette nuit j'ai rêvé que tu
mettais une main sur ma bouche. Puis je n'ai plus eu de
bouche pour crier. Pour dire l'essentiel et l'inachevé de
nos rencontres. Un grand vide au bas du visage, un
grand trou au bas du corps. Mon ventre se déroulait vers
le bas, dans un infini d'appel.

Gaël, ton nom chuchoté cristallise tous mes cris.

Je te recrée avec ma solitude. Par des interrogations,
par des appels muets, par des gestes d'immobilité. Je te
révèle pour moi seule. Mon Gaël des jours anciens, dans
la magie fragile des illusions, te voilà. Tu regardes tout.
Tu guettes, emportes et mutiles peut-être à jamais en
laissant après toi un goût d'inespéré.

Il reste longtemps devant les objets, les êtres rencontrés. Il entre dans les rêves et les pensées. Il modifie les
destins et oriente les croyances. Je le crois capable de
tout.

Quelle vie aura-t-il quand il sera saturé de lui-même,
et surtout des autres ! Je le crois aussi insatiable de lui
que je le suis moi-même de sa présence. Sa quête de
savoir, de lectures est immense. « Je ne survis que dans
l'odeur des livres. Leur présence empilée contre les

murs me rassure contre la mort. L'ivrogne des livres —
mon sang est un alcool de mots, mon foie a la cirrhose
des rêves et mon délire amuse les rats de mes désirs.
Tout cela indique clairement un délirium livresque des
plus avancés. Cliniquement, je suis foutu depuis longtemps, a-t-il énoncé doctoralement, en me regardant, et
toi aussi. » L'ivrogne, c'est connu, n'aime pas boire
seul, et ses conversions à Bacchus sont nombreuses.
Combien en as-tu aimé, converti à la drogue de tes
rêves, de tes lectures, de tes élans. Si je me drogue
aussi, si je bois au vin de tes mots, de tes livres, c'est
pour mieux t'approcher, pour mieux t'aimer. Comme
tous ceux qui m'ont précédée et me suivront. Tu te veux
révélant aux gens ce qu'ils perçoivent mal. Révéler ce
que leurs yeux ne savent pas voir, lire, assembler, lier
ensemble. Ce qui t'inquiète par exemple c'est d'expliquer la mer à la femme kabyle qui ne l'a jamais vue. Ce
qui te désespère, c'est l'impuissance de Marco Polo,
revenu de voyage, à donner aux Génois sa vision.

« Il ne s'agit pas de décrire la mer, il faut la dire et
l'apporter à la femme kabyle. Pour cela, avant tout aller
la chercher, la recevoir en soi. Après, on peut la dire. Et
malgré cela, on ne pourra jamais lui faire connaître la
mer, simplement la faire rêver, lui donner des images,
pas de sensations.

Oui, faire rêver, ouvrir des horizons, faire grandir,
donner un peu de réalité aux utopies et aller plus loin
ainsi sur les chemins de l'inaccessible. »

Il saute du particulier au général, sans vouloir le
général réalisable.

Il accueille avec passion, la vie quotidienne surtout,
celle de la rue, celle des maisons aux fenêtres éclairées,
les visages rencontrés, il invente des scènes. Trois notes
de piano perdues sur le trottoir le transportent au
concert, il en dirige l'orchestre. « Partout guettent, et
volent les spirales de la vie. »

Nostalgie de toi, du soir au matin, du matin au midi, après la lumière te réduit jusqu'au crépuscule.

Je vis l'exil et cependant je n'ai jamais été aussi riche de toi, Gaël. De mots en mots, d'images en images, je poursuis en toi une autre dimension, un autre espace. Je n'arrive pas à rejoindre tes caresses, à respirer ton souffle, à être dans ton regard. Je me hisse vers un monde où je suis plus que l'essentiel de moi-même.

Le vent s'est mêlé au vert mouillé des tuiles de pierre. Je peux dire les branches sans feuilles, le ruissellement de l'eau des murs. Pourquoi ce vent de pierre ? Pourquoi cette nuit de pierre ?

> Tu vois, je suis pour toi cette bouche, cette fatigue et cette faim d'amour qui demandent à lécher sur tes paumes les traces des caresses que tu sais donner à d'autres tout le jour. Je suis cette mendiante incrustée dans l'ombre d'un banian, cette mendiante debout dans son aube nue.

Encore O. Alberti qui me rejoint et me dit mieux que moi-même.

Dans le baiser des paysages mouillés, dans le pleur des feuilles, dans les yeux des nuages il y a de grosses gouttes de ciel. La route crevée de flaques d'or reflète tous les visages. Contre mon corps j'attends tes mains, terre chaude criant le désir. Le vent enveloppe les ailes d'une mouette et le ciel s'endort dans une main de branches. La nuit renaît de la rougeur des toits luisants. Les rêves ne sont plus. La terre enfin respire une danse. L'herbe a rejoint ses racines. C'est à toi que je pense dans le labyrinthe des paysages.

... Pierre s'engageait dans l'amour avec le délire de tous ses sens. « Parce que je l'aime, je suis à son image. Elle est ma semblable. Quand je lui souris, sans qu'elle puisse me voir, je communique avec son bonheur. Quand je la regarde, l'isolant dans la classe, j'élève une muraille au-delà de vos regards. Vous êtes des silhouettes, je suis la plus claire preuve de sa réalité, parce que je l'aime. Tout mon être porté vers elle. »

Il entrait lui aussi dans une relation trop fusionnelle pour lui permettre d'exister et de croître.

Plus tard cela devait le conduire à une nostalgie incurable.

Sa quête d'absolu le jeta dans la recherche de la perfection. Il s'éprit de désert et d'océan. Après ses études, je ne le revis que trois fois sans en apprendre plus de lui.

Gaël a téléphoné au lycée. Il me propose de venir ce soir à Paris. « Il a du temps. » — « Bien sûr. Je viens. » Je croyais avoir assimilé l'impossibilité de toute issue. Je croyais avoir étouffé la joie même de me retrouver avec lui. Toujours la tentation du bonheur, voler du temps et des espaces, espérer un impossible différent. Thésauriser l'éphémère, retenir l'impalpable. Pour ces quelques heures je navigue, meurtrie et joyeuse, sur les routes voraces de l'impatience. Dans ces instants je songe à ses baisers. Il ensemence mon corps avec ses lèvres, boit à mon sexe et surtout, surtout m'accueille dans son regard. Il ralentit le temps, l'étire jusqu'à l'extrême d'une rupture avec l'infini. Au retour je serai habitée.

Noël, encore Noël.
Tout au fond de moi, je deviens plus seule. Quand je sens le regret et le besoin d'être aimée de Gaël, d'être connue de lui, je m'évite. Quelque chose me rejette. Un signal sonne. Alarme sensible, un refus ayant raison dans ma raison. Un refus qui, cependant, ne me libère pas. Quand je serai moins vulnérable, je pourrai sans doute accueillir à nouveau ma tendresse pour lui. Actuellement, je suis en transition douloureuse. Trop

ambiguë, trop ambivalente de trop le désirer, trop meurtrie de frustrations. Noël nous sépare. « Ce n'est pas une fête pour moi, dit-il, petit bonheur payé de trop de souffrance. »

Janvier

LE temps me dure et me durcit. L'absence devient cri. Je t'en supplie, dans ton emploi de vie, trouve-moi une place. Je serai à Paris, mercredi soir et jeudi, jour de vacances qui rompt la semaine. Je te promets de tout faire pour rester belle.

« C'est seulement quand je suis seul que je suis entier. » Tu ne sembles pas en effet avoir le manque de moi. Je ne te sens en exil de personne, sinon parfois de tes enfants.

Une amie me disait : « Les hommes au matin changent de visage — ils ont cet autre visage qui force le jour à venir et se défait du souvenir même de la nuit. » Très tôt tu as le visage en partance, il ne reste rien sur ton corps de notre rencontre. Je cherche avec passion des lambeaux de ma présence, des bribes de notre rencontre ou des signes de notre étonnement, et ne trouve que ce mouvement qui te pousse loin, plus loin. Déjà hors de moi.

La déchirure se fait bien avant ton réveil, au moment où ton corps aborde les rives du jour. Tu pars ainsi, chaque fois, avec un visage incomplet. Je tente de le reconstituer pour te garder encore un peu, t'accompagner plus vite que ton absence. Je cours après l'émouvance de toi.

... Au retour des vacances de Noël, elle possédait toujours cette luminosité, cette chaleur que nous associions aux êtres libres. Nous la retrouvions chacun, identique à notre souvenir, fidèle à notre désir. Pierre ne savait pas encore que l'amour n'est pas la flamme ou la chaleur d'un feu. Il ne savait pas qu'aimer, ce n'est pas brûler, se consumer, mais entretenir le feu, le nourrir parfois au prix de ses propres besoins. Il mettra longtemps à découvrir qu'aimer, c'est être foyer, le réceptacle et la source de tout le bien, le mieux que l'on veut à l'autre.

Il associait encore amour et possession et s'évertuait à capter des parcelles d'elle. Il engrangeait ainsi gestes, paroles, regards. Il moissonnait les mouvements infimes du corps, inventait ses états d'âme et meurtrissait son corps par la violence de ses désirs.

Tu as renvoyé mes lettres et depuis je t'écris difficilement. Mais je ne peux pas ne pas t'écrire. A Paris je laisse des mots sur la table, dans la bibliothèque, sur les murs, dans la casserole du café ou dans la douche, comme une partie de moi qui t'attend. En rentrant, je suis inquiète de savoir si tu m'as vue à travers eux, si tu m'as rejointe entre les lignes. Il faut beaucoup de doigté pour apprivoiser ce moment où je t'écris chaque jour. Ces pages sont une retraite. Une sorte d'alcôve secrète où je te rencontre.

Le balancier de mes peurs et de mes espoirs s'est remis en mouvement. Il n'a jamais cessé d'osciller ; au plus profond.

Tu as écrit : « En amour, la mort est obligatoire. Un amour naît, vit et meurt bien plus vite que la vie et la mort d'un homme. »

Tu me pousses doucement hors de toi, et je te suis docile. Je tente de chasser mon élan, de limiter mon désir, de nier mon regret de toi.

Quand je n'y parviens pas, je pleure, insatisfaite de mes efforts. Quand j'y parviens soutenue par l'évidence, je fais des projets pour être sans toi. Pleine de bonne volonté, je rassemble les morceaux d'un puzzle de réalité. Une réalité inventée pour les besoins de la cause, la tienne, celle que doucement, inexorablement tu m'imposes. Puis tout craque quand je vois un morceau d'avenir dans un monde sans toi.

Au lycée je suis dans une espèce de brouillard, condensation ou résidu d'une réalité parallèle. Je vis dans la brume du regard des autres. L'image qu'ils se sont faite de moi est un songe qui épouse toutes les formes de leurs rêves. Je dois leur paraître suffisamment floue pour favoriser toutes les projections. Comprendre les autres maintenant, c'est tenter de déceler la présence insidieuse de la mort, de la solitude, de l'avortement des tentatives de vie.

A certains moments je flaire l'odeur de la non-vie. Alors je respire le moins possible. Aimer, c'est pouvoir accepter de jouer avec les mille heures moribondes qui font la vie d'un homme. C'est tuer les possibles de la mort et s'en nourrir. Parfois je vois toutes les relations comme un grand charnier. Que puis-je promettre aux garçons et aux filles de cette classe, si je suis dans un tel état d'esprit ! Je suis là devant eux, sans rien affirmer, si ce n'est la puissance de la désespérance.

Oui, notre histoire doit rester suspendue entre deux vies, la tienne et la mienne. Vivre nue au milieu d'aveugles. Notre amour se voulait (déjà ce passé !) une partie de nous (lui et moi), inattaquée, secrète, totale. Il s'effrite maintenant devant trop de peurs et d'obstacles.

Résolutions ! Comme but immédiat, tenter d'oublier Gaël. Oui l'oublier ! Comme présent, une solitude totale, peut-être le silence, me reconstruire en désaimant, apprendre l'indifférence. Retenir les moments pleins, mais ne pas les offrir. Car il ne s'agit plus de créer des liens, de les faire vivre, mais d'en défaire. Rester seule avec des mots non dits, avec des sentiments en hibernation. Apprendre à désaimer pas à pas, respiration par respiration, regard sans regard. Créer le déchirement, être à la fois son propre chirurgien et son

propre mal. Préparer la séparation comme une libération. Se libérer d'un amour imparfaitement vécu. Vivre
la séparation comme un moment d'éveil intense. Je me
débats sans conviction. Inutile de le nier, il voyage
encore en moi, il navigue au plus essentiel. Gaël reste
encore ma meilleure façon d'être et de voir, de me
trouver et de chercher. Il est ma couleur. Il est le filtre
de mes sens, de mes pensées. Il est ma conscience.
Comment pourrait-il devenir un souvenir? Comment
deviendra-t-il un oubli?

« On vous demande au téléphone, de Paris, dépê-
chez-vous », est-ce toi, est-ce ta voix? Des reliquats de
prière montent à mes lèvres — mon Dieu faites que ce
soit lui — mon Dieu, je vous en prie. Que ce couloir est
long! Ta voix vient crever le flou de ma tête, rend
éblouissante ma certitude d'être. Tu as simplement dit :
« Je voulais t'entendre respirer. » Le préposé au téléphone s'est mépris sur notre silence, il n'a pas entendu
nos souffles, il a coupé la ligne au bout de quelques
longues secondes. L'objet noir devient attente. Je
voudrais rester avec toi, toute une grande nuit. Une nuit
avec un matin qui débouche sur un après-midi de liberté
et une nuit encore a écouter ton corps, à recueillir tes
mouvements, tes murmures. Une nuit de plus pour
habiter toutes celles où tu ne seras pas contre moi. Alors
dans le téléphone muet, je t'envoie un rire doux comme
un rayon de lune, comme une étoile en sommeil, un rire
si menu qu'il faudra plisser les yeux pour le voir.

Pour ce désir qui n'en finit pas d'être plaisir
Pour les saisons du cœur fertiles et pleines
Pour les gerbes des jours aux moissons de tendresse.

... Pour Pierre le songe se poursuivait. « J'aime penser à elle. Je me sens tissé, imprégné du moindre de ses mouvements. Françoise, Françoise, j'emprisonne dans ce nom toutes mes pensées, ma respiration, mes raisons de vivre. Des raisons de vivre heureux et de savoir pourquoi. Une immense reconnaissance m'habite, je ne sais envers qui, de savoir son existence, de la connaître, de la voir, de l'entendre, de marcher sur ses pas dans la classe vide. Après son départ, je m'assois quelques instants à son bureau. Je recueille chaque particule de sa présence, les souffles déposés de son corps. Avec ma main, je dessine les contours de ses mots. Puis je cours à la fenêtre pour chercher sa chevelure parmi toutes les têtes. Elle est un moment de grâce, que je ne peux partager avec personne. Je me blottis en elle. »

Pierre me confiait ainsi ses errances. Pour ma part, je voulais me tenir éloignée de cette obsession, de cet espèce d'ensorcellement dans lequel nous étions pris les uns et les autres. Il aurait fallu aérer cette situation, disperser les rêves, rassembler le réel, introduire une violence, un éclat. Je commençais à me révolter contre un enlisement inévitable qui risquait de nous immobiliser à jamais.

Sortir de l'hiver comme on s'évade et se perdre dans la foule des saisons retrouvées.

Je puise toujours dans le passé pour combattre mon besoin d'avenir. Moins pour le combattre que pour l'éviter. C'est dans mon corps que j'ai appris combien tu peux être doux. Ton regard posé sur mon visage, tes doigts sur mon cou, la caresse de ton souffle sur mon front sont autant de certitudes que j'existe. Tes mains sur ma poitrine, ta tête sur mon ventre, ta joue sur mes cuisses, sont autant de signes et de repères sur le chemin conduisant vers toi. Je reçois ta chaleur, je bois ta respiration, j'échange ma peau. Je me mêle, participant ainsi à ton mystère. C'est toujours le même étonnement de sentir ta douceur, ton affection se répandre, s'épanouir, trouver sa place dans chaque fibre, chaque coin, chaque espace de mon corps. Et puis ce mélange de joyeuseté folle et de gravité sereine quand tu ouvres mes jambes. Ce regard affamé et rieur quand tu parcours mon ventre, cet étonnement à ta bouche pour annoncer l'émerveillement de tes découvertes. « Tu es belle et je ne me lasse pas de l'apprendre. » Puis tu plonges ta tête en moi, me buvant longtemps, dans la respiration assoupie de l'instant.

Je mêle tes cheveux à mon ventre, épuisant ma tendresse à te recevoir. Nos mains deviennent multiples, nos corps scintillent pour mieux se reconnaître. Je fonds et je coule. Tu aimes par-dessus tout ce ruissellement de vagues douces, inépuisables : « Oui, encore, encore. »

Et cette eau inouïe, rosée d'amour perlante à nos corps éperdus. « Ma ruisselante, ma source, mon bateau d'amour », murmures-tu. Le temps arrêté se laisse vivre. Après je ne sais plus. C'est toi plus tard qui me dis la fête sauvage. Mes yeux immenses à l'appel de toi, mon corps éclaté, mes mains accrochées à la trame du vide, mes jambes vivantes hors pesanteur et mon sexe volcan, jaillissant de ses sources. Je te donne ma vie pour ces instants de nous.

Avant de te connaître je fuyais le désir des yeux, aujourd'hui je me tends vers eux, heureuse. Dans la rue, partout, c'est mon corps montré, offert à tous puisqu'il est aussi le tien. Par toi il est devenu don.

Mon ventre a pris des dimensions nouvelles depuis que Gaël l'habite. Depuis longtemps, je sais que je serai stérile. Mot amer et définitif. Petite fille, je savais déjà que je ne pourrais être mère. « Tu as été très malade », disait mon père pour toute explication. Ma mère, silencieuse, n'affirmait rien et confirmait ainsi l'inéluctable. Je serais stérile. C'était un mot de mort qui voulait dire dans le jargon familial : « Tu ne pourras donner la vie. » Gaël ne semble pas étonné de ne pas me voir enceinte depuis deux ans. En avons-nous jamais parlé ? Il ne pose pas de questions. Il traverse ainsi une réalité qui n'existe pas. Je ne lui ai jamais dit quel miracle j'attends. Avoir un enfant de lui. Donner la vie pour avoir un lien ininterrompu à la vie.

Mois d'hiver, je vous hais. Vous me faites complice des espaces patinés, du temps immobilisé, du soleil morcelé.
L'angoisse aiguise l'attention, décuple la conscience. Elle permet de saisir le caché, mais nous interdit de voir

le flagrant. On ne devrait pas user de l'angoisse comme
d'un instrument. Pourtant c'est ce que fait Gaël sans le
savoir de notre amour. Je vis de fantasmes, qu'il
renouvelle par sa tendresse. Il a des possibilités infinies
de douceur à mon égard, il m'attache plus qu'avec
toutes les promesses qu'il pourrait me faire. Toute la
joie et l'angoisse du monde, je les connais simultané-
ment, elles sont les enfants de sa tendresse. Je vais à elle
comme à une drogue. Pour la chambre de Paris il a fait
une table. Un énorme plateau de bois roux, avec une
déchirure au milieu, une gerce dit-il. La table est belle,
basse, équilibrée. Solide d'immobilité. Elle se tient au
milieu de la pièce sur ses pieds de fer sombre. Ce grand
trou au milieu, la gerce, qui descend jusqu'au cœur du
bois et se ramifie sur toute la longueur. Ce trou m'attire.
J'écris au bord de l'abîme. Je peux soit y puiser, soit y
tomber. Les deux coudes posés fermement sur le bois,
je me laisse souvent emporter dans le veinage de la
faille. J'appuie mon menton contre le bois. Je plonge
mes yeux tout contre la déchirure, un gouffre sombre
m'apparaît, s'enfonce profond, m'absorbe. La table, la
bibliothèque et le lit du même bois sont les pôles de sa
présence dans cette chambre.

... Nous sûmes, bien longtemps après, les « voyages »
que faisait Claudel à cette époque. Elle parcourait cinq
cents kilomètres dans la même journée deux fois par
semaine pour simplement recevoir de lui un coup de
téléphone, pour trouver une trace de son passage chez
elle à Paris, pour lui acheter un livre, pour laisser une
orange ou une grappe de raisin. Pour se persuader que
la vie était possible, faite seulement de dons multiples.

Mille kilomètres d'élans, d'espoirs, d'attentes. Parfois
au bout des kilomètres, il était là. Souvent, il n'y avait
rien, aucun signe de son passage. Seul l'espoir qu'il
viendrait la nuit à l'improviste, disponible, entier. La
peur des impossibles, puis la peur de l'évidence.

Aujourd'hui, libéré des ans, je peux imaginer ce que
furent ces voyages, cette séparation. La frustration
destructrice, la haine voilée, la violence détournée. Je
peux mieux entendre aujourd'hui ce que fut cet amour
entier dans une relation morcelée qui ne lui appartenait
pas réellement. Je m'interroge sur cet homme. Quel
aveuglement vivait-il, de ne pouvoir choisir cette
femme, pour l'emmener au bout du monde, pour la
garder toujours.

« Nous sommes des ombres, n'aspirant plus à la
lumière. »

Dans cette chambre unique, sur le soir la fin de
l'attente. Le quai inexorablement vide où plus rien

n'était permis. Le dernier train vers Loches. Et déjà le front contre la vitre à détailler, le rêve du prochain voyage dans deux, trois jours. Le prochain voyage où il serait là... L'aller était toujours ensoleillé. Elle se sentait jeune. Au retour, très lasse, épuisée, mais la sève de la prochaine rencontre déjà en elle. « Car le jour qui doit venir sera pour moi toujours plus beau que le jour qui est venu. » Pierre, de plus en plus mélancolique, disait alors : « Mon âme s'effeuille à chacun de ses voyages. »

C'était lui qui avait repéré, comptabilisé, analysé la vie de Françoise vers l'inconnu de Loches.

Je voudrais savoir vivre de mon plein gré.

« Les sentiments ne durent pas, ils ont une vie et donc une fin. Ce sont les choses qui durent », tu m'as dit cela aussi, un jour de pluie, en guettant le soleil. Que faire alors des sentiments qui durent ?

Les choses ont leur fonction. Mais rien n'est moins fonctionnel qu'un sentiment. Comme je suis tout entière pétrie de sentiments, vais-je devenir une chose pour toi, pour durer plus longtemps que ton sentiment ?

De Gaël, je sais si peu de chose, de sa vie, de son enfance. Car certainement une partie de notre amour s'est jouée là. La part qu'il me donne a son origine dans la façon dont il a été aimé, comblé ou déçu. A-t-il tellement souffert pour nier ainsi la durée de notre amour ? Il a parlé un jour de la trahison. Celle des origines, celle des mères. « Les trahisons d'une mère sont les plus terribles, les plus injustes, les plus absurdes... les plus irréparables. » Trahison fondamentale comme un axe immuable planté en lui. Je sais depuis qu'il pensait à la mère de son père.

« Etre en avance sur soi. » Encore une phrase de toi. « Courir après la partie de soi-même en qui l'on croit.

Avancer, toujours avancer dans la connaissance, la recherche de soi. C'est peut-être le seul sens à notre vie. » Je recueillais chacune de tes paroles pour les redonner autour de moi, transformées en vérités. Aujourd'hui, elles viennent s'assembler dans ma tête, comme des pas incertains peuvent préluder à une danse. Tu as toujours la conviction que nous sommes responsables de nos sentiments, que nous sommes partie prenante dans tout ce qui nous arrive, que nous collaborons activement à nos joies, nos peines et nos souffrances.

« Les événements, les circonstances importent peu, c'est nous qui les faisons à la mesure de nos moyens. Souvent nous ne désirons pas vraiment en vivre d'autres, de plus grandes, de plus intenses, de plus riches... Ne pouvant les absorber, nous les réduisons... »

C'est toujours toi, magicien de mes pensées. Je pince mon cœur, c'est ta vie qui résonne, longuement, profondément.

« Agir, c'est faire confiance à l'inconnu, aux objets, aux matières, au bois, à la pierre, au fer, à l'homme. A celui qui te bouscule, à l'enfant qui ne sourit pas. Faire confiance aux multitudes. Faire confiance en des forces qu'ils ignorent, qui t'attendent peut-être... »

Au premier temps de notre connaissance, tu parlais comme si tu donnais un enseignement et cela m'irritait. Les découvertes faites en toi, tu voulais ainsi les répandre. C'était trop tôt. Je n'osais encore appréhender tout cela. Lumière trop vive pour des yeux encore aveugles.

« Vivre c'est rêver pour oser réaliser ses rêves. A trop trahir ses rêves, c'est la vie qu'on assassine. » Combien de fois ai-je entendu par ta bouche cette formule. « Agir c'est faire confiance à l'imprévisible. C'est aimer le soudain, c'est accueillir l'instant et oser demander plus au présent. » Te voilà résumé. Ceux qui te connaissent me parlent de toi comme d'un inconnu, et dans leur erreur je te reconnais cependant. « Oser demander l'impensable, l'incroyable, l'inouï, c'est ouvrir l'autre à toutes ses ressources. »

Ainsi, avec toi, je suis en état d'alerte permanent. Vibrante, réceptive et combien incertaine. Comme le bleu change le jaune en vert, un mot de toi modifie tout un monde de certitudes, de croyances. Par une mystérieuse alchimie, l'univers peut se transformer à partir d'un regard, d'un étonnement, d'une association. Avec un rien tu invites à la création.

Aujourd'hui je crée des riens pour mes élèves. Je bâtis en eux, pour l'éternité, des paysages imaginaires, des villes de certitudes, des croyances éphémères. Bercés de mots, transportés par la magie poétique d'une phrase, ils sont les chevaliers invincibles de mes châteaux. Ils ont entrevu le Graal, la vie leur est ouverte. La présence qu'ils me donnent, je l'agrandis avec eux. Ici je me sens entourée d'attention, d'amitiés, de désirs. Au milieu d'eux, quelques mots simples, un regard que je vois plus doux, une attention éveillée, bâtissent un présent acceptable.

Au début, Gaël m'appelait la jeune-fille-Françoise. Il rêvait et m'aimait sur ces mots. Et je me faisais jeune fille pour mieux lui rendre son amour.

Au repos, le visage de Gaël est plein de gravité, chargé d'une connaissance douloureuse, celle d'un devenir jamais atteint. Je l'imagine n'oubliant jamais dans les instants privilégiés de joie, de l'amour, que le temps est là, qui nous fauche au passage. Quand il sourit, il sait cela : nous sommes vaincus d'avance. Mes élans, mes triomphes éblouis quand je l'embrasse, quand je lui chuchote des mots de tendresse, sont un appel venu de loin. Un appel dont l'écho l'entraîne au-delà de lui... Quand je caresse sa main, je veux oublier le « déroulement irrémédiable des amours ». Je me veux ruisselante d'éternité, ma tête sur son ventre, infime et infinie, écoutant le murmure de sa fuite.

Le corail imprévu de la fureur d'attendre
Les forêts sont les cages et la rosée est bue
Rancune j'oublierai, j'aurai d'autres ivresses
Mais quelle vie les mains fermées sur une absence.
                                                    P. Eluard

Les périodes fluides de tes absences reviennent. Tu es
là, je t'aime, tu me reçois. Tu sembles heureux,
soucieux, préoccupé, absent, ou distrait. Tu souris pour
me rejoindre. Je m'accroche à ce sourire, pour en faire
un moment de confiance, d'enthousiasme où j'enroule
autour de moi les fils de ton amour. Moments de
vertiges, de tourbillons qu'il faut prolonger longtemps,
car au bout il y a l'immobilité. L'immobilité où tu es
hors d'atteinte, hors de pensée. Puis arrive un temps
d'agonie où je me sens mourir de ton oubli, plus que de
ton absence.
Absent, ton image coule dans ce que je suis, dans ce
que je fais. Elle envahit l'air, en modèle chaque
contour, s'infiltre dans chaque mot, soutient et prolonge
mon regard, inspire mon sourire, guide mon geste.
Absent, ta présence est lumière. Lumière en moi pour
éclairer les autres, leur donner un relief qui me permet
de les voir, de les approcher, de les aimer. Présent, tu es
plus que je ne peux dire et les autres s'effacent.
Comment ne pas penser à toi ? Tu es toujours mon seul
moyen de compréhension. Mais je cherche encore à te
deviner.

L'hiver. L'hiver, cercle immobile où se répètent les
jours. Contre un moment de chaleur tu me donnes des
éternités de froid.

... Pierre semblait vivre dans un cauchemar coton-neux. Il s'agitait, s'apaisait, se retrouvait, se fouillait, éclatait. Il découvrit tout le plaisir de se meurtrir à aimer. « Je suis séquestré. Séquestré dans l'espace de ses yeux. » Cordier lui-même se taisait devant tant de folie. Il s'éloignait de nous pour se plonger avec acharnement dans ses réparations subtiles, avec lenteur dans ses gravures, à mordre l'acier pour une trace dure. Pierre disait à ce moment-là : « Je suis comme un oiseau dans le ciel. Il ne faut pas croire que le ciel puisse être suffisant pour un oiseau. Je suis ivre de n'être que pour elle. »

Cordier avait une passion sans mesure pour Rilke. Par qui lui fut-elle inoculée ? Il n'en parla jamais. Ce jour-là, il nous offrit ce texte imprimé par ses soins :

> Nous nous touchons comment ?
> Par des coups d'aile,
> Par les distances mêmes
> nous nous effleurons.
>
> R. M. Rilke

Seule une femme aimante peut faire découvrir Rilke à un homme.

Ils sont là trente ou quarante, attendant de puiser à mes rêves. Tu es là, élève clandestin, pour lequel je bâtis mon cours. Je suis lasse aujourd'hui. Peut-être n'ai-je pas envie de poursuivre le jeu de la réalité. Peut-être n'ai-je plus envie de continuer à me heurter à l'attente.

Je suis fatiguée, fatiguée. Bientôt tout sera fini, clos, je le sens, je le sais. Le monde social et politique ne me concerne plus depuis que je te connais. Un an d'amour total crée la solitude la plus complète, le désert le plus aride. Je ne souffre plus de l'injustice depuis que je me donne, je l'ignore. L'injustice, mot dénué de sens. La guerre, la faim du monde, ce racisme, de Gaulle ou le Viêt-nam, je m'en fiche. Je n'ai pas renouvelé ma cotisation à Amnesty international.

Pour tout ce qui ne me concerne pas, les mondes lointains, je n'ai plus d'engagement. J'ai coupé les liens avec l'humanité, peut-être n'avait-elle jamais existé, qu'à travers des mots de peur et de culpabilité.

Au creux des jours je vois Gaël de moins en moins et je suis incapable de respirer avec ce besoin de lui aussi intense, je le sais.

Aujourd'hui il faut faire semblant encore de vivre, se donner l'apparence d'être, jouer le rôle de vivante.

Comme Gaël, il faudrait aimer plus la vie que les
personnes. Mais aime-t-il la vie! A la façon dont les
ogres aiment les petits enfants. Il la dévore, s'en nourrit.
Il n'est jamais apaisé de lui, jamais rassasié des autres.

Une femme passe sur le trottoir. Elle est belle,
blonde, soyeuse de bonheur. Ses yeux sont libres, la
pulpe de ses lèvres est joyeuse, il y a une certitude dans
le mouvement de ses hanches, dans la douceur de son
cou, un élan vers l'existence. Quelqu'un l'aime, et elle le
sait. Ce soir aussi je me ferai belle. Nous sortons entre
collègues, entre connaissances comme on dit. Personne
ne devinera combien, tout au fond, je suis laide, malade
en moi. Lui ne sera pas là, il ne me verra pas ce soir,
même avec les yeux d'un autre.

Hiroshima mon amour. Film-fétiche qui accompagne
beaucoup de mes choix, de mes références en matière
de cinéma.

Hiroshima est devenu pour moi un baiser qu'il m'a
donné dans une salle de cinéma. Il a pris ma main, l'a
ouverte doigt par doigt et a embrassé longuement,
tendrement l'intérieur. Hiroshima, ce mot comme
refrain. C'était le début d'un bouleversement, je pouvais aimer et être aimée. J'étais perméable à toi, comme
tu étais perméable au vent, aux mots, aux gens, au
soleil.

Je sentais mieux ce que je cherchais depuis toujours,
une participation à l'émotion des sens. Malgré ma
raideur, tu m'entraînais un peu dans le sillage de ta
transparence aux choses. Tu m'introduisais dans un
monde où meurent ceux qui restent opaques. « Parfois
l'eau avale les pierres pour les rendre à leur destin. » Tu
me faisais grandir en ta présence, comme peuvent
grandir ceux qui accueillent.

Je me reconnais aussi en Joë Bousquet écrivant : « Je
l'aimais pour le scandale de son abandon... » Oui, ton
abandon me recouvre et m'agrandit. Je reste émerveil-

lée chaque fois par la confiance de ton corps. Ton plaisir est large, renouvelé. Une totalité inouïe, un bouleversement effarant d'impudeur libre. Chaque parcelle de ton corps rayonne du plaisir reçu. Tu jouis de partout, avec ton dos, ta poitrine, ta respiration surtout. Je me surprends à rester spectatrice, à prolonger par le regard, par mon souffle et mes gestes ta fête soudaine.

... Parfois, nous avions de la haine à l'égard des autres professeurs, les « ombres du savoir » comme nous les appelions.

« N'as-tu pas remarqué combien ils sont inutiles ? Combien nos contacts, nos échanges, sont décalés. Savent-ils qu'ils ne s'adressent pas à nous, mais au masque ? Au masque qu'ils ont mis sur nous. Au masque qui les satisfait le mieux, qui les rassure, même s'ils le détestent. Ils s'adressent de préférence au masque qui leur renvoie la meilleure image d'eux-mêmes. La réponse donnée n'est jamais ma réponse mais celle du livre, du maître. Ma réponse à moi reste unique et perdue pour cela », s'insurgeait Pierre. Son visage avait l'éclat de toutes ses exigences. Il ressemblait parfois à un samouraï, implacable dans ses refus comme dans ses acceptations.

Voilà notre classe en cette fin d'hiver. Dialogue à sens unique, monologue avec les masques. Nous sommes las de nous subir réciproquement. Parfois c'est le scandale ou la crise dans un conflit ouvert, un masque tombe ou ne se renouvelle pas. Petit scandale vite ramolli, pour devenir rapidement douceâtre. Masque pour masque. Derrière le masque il est possible d'imaginer la violence, le rire ou le refus. Par le trou des yeux passe un regard inconnu. Le professeur ne peut l'admettre, il ne se reconnaît plus dans ce regard. Inacceptable — remettez-le-masque-tout-de-suite-s'il-vous-plaît ! L'inquiétude et la violence sont des deux côtés. Que de haine, que de peurs, de malentendus et d'angoisses dans une classe d'adolescents. Questions-réponses, attentes, oublis, élairs, découvertes, évasions, mauvaises notes, punitions, sermons, replis. Matinées brumeuses où il faut vite se perdre. D'errance en souffrance Pierre avait inventé un mot : souffrérrance. La vie continue se poursuit sans nous. Au fond on s'en fout déjà...

Cordier nous écoutait en silence ruminer la classe, revivre le temps perdu. Seul son marteau à frapper martelait plus lent, c'était son attention à lui. Lui seul restait fidèle à lui-même. Il ne s'était jamais trahi ou compromis. Sa vie fut un ancrage pour beaucoup d'entre nous. Plus tard lors de nos rares rencontres nous demandions en premier : « As-tu des nouvelles de Cordier ? »

Je reste marqué, au plus enfoui, par cette période. Un noyau de moi s'est formé là, inaccessible aux cicatrices, intouchable aux menaces, indéracinable aux tourments de ma vie à venir.

Je reste inscrit dans cette année de ma vie d'homme, à jamais.

Je suis venue, sans penser à notre rencontre. Je dois me ménager, me protéger du vent froid de la désillusion. Je suis allée à Paris les yeux fermés, en ne rêvant pas à l'avance la couleur des jours et le sens de ta présence. Tu étais là. Je me suis assise à côté de toi, et non contre toi. Le jour était gris et les vitres sales, nous avons parlé de Paul B., un ami revu récemment et que tu ne connais pas. Mon ami connaissait Eluard, Cendrars, Alberto Giacometti et son frère Diego. Mon ami aimait la fille de Cendrars. Un univers d'amitié qui m'a donné soudain un goût d'être. Je n'avais pas ma main dans la tienne. Mon ami est vieux, il a fait la guerre d'Espagne. Je venais de naître. Il aime toujours aussi férocement la fille de Cendrars, la fille de Blaise. Il n'ose la revoir, trente ans après. C'est un grand silencieux plein de violences blessées. Avec cette amitié je me lie au siècle, je m'inscris quelque part dans une continuité.

Nous avons longé la Seine comme toujours. Cette fois, discrètement, sans vouloir y attacher une quelconque importance. J'ai voulu te montrer la galerie, celle où j'ai vu un Picasso, une jeune femme bleue repassant. Une attitude d'amour plus belle qu'un baiser. « Si tu avais le temps, nous pourrions nous arrêter. » Tu avais un rendez-vous. « Après, peut-être. »

C'était bien quand même, notre rencontre s'allongeait. « Je vais avoir de l'argent, un rappel de droits. Nous allons dévaliser une librairie. Acheter ces nouvelles de Maupassant, dont nous rêvons, le tome deux surtout et puis cette belle édition des tragédies de Sophocle. » Nous sommes allés au « Café des Mirages ». Le propriétaire ressemble à Gide. Sur la boutique d'en face : « Reptiles en tout genre. » Un moment, tu as cru qu'on vendait des crocodiles, ce n'était que leur peau. J'aime ces signes multiples qui nous traversent.

Il s'arrête brusquement, bondit vers une boutique pour acheter un collier qu'il a vu là il y a trois ans. Tout d'abord la vendeuse ne le trouve pas. Elle ouvre des tiroirs, présente des écrins. Il est patient, charmeur, implacable, décrit le collier, montre la place où il était il y a trois ans. « Il est peut-être vendu, vous savez. » Il ne le croit pas, sa ténacité fige le temps, il a raison. Le collier était invendable, il m'attendait au fond d'une boîte à chaussures, avec quelques autres objets du même artisan. Le collier était à ma mesure, fait de vieil étain et de forme secrète. Sa lourdeur est agréable au cou. Gaël est heureux de sa certitude. Il se reconstruit parfois là, sous mes yeux par des assauts de volonté incroyable. « Je viens de nulle part... Non ce n'est pas vrai — je viens du pays des femmes, je leur dois tout. Ma dette est immense, surtout à la première. Celle qui, le vingt décembre mille neuf cent quinze, vint seule, fragile et volontaire en cachette, accoucher d'une fille dans une chambre de la rue Réclusane à Toulouse. Ma grand-mère inconnue qui donna la vie à Marie-Louise, ma mère — la vie et un nom, le mien. Ma dette et ma reconnaissance encore vivace pour celle qui me garda dans son ventre à dix-sept ans. Seule aussi, et me donna le monde en offrande pour le croquer à pleines dents. A vous, à chacune par qui j'ai appris la vie, par qui je suis devenu un homme. Je me sens porteur d'un amour immense... » Tu avais écrit cela sur la dernière page d'un livre curieux que je n'ai jamais retrouvé en

librairie[1]. Je ne t'ai jamais rendu ce livre, il me relie à
tes origines.

Dans la voiture qui nous emmène vers la librairie
« Les Yeux Fertiles », il tient ma main et il m'embrasse
souvent, ému de résonances inattendues.

« Tu en auras des signes plus tard. » Je souris, je lui
souris de toutes mes forces. Je sais ce collier comme une
blessure nouvelle, actuelle. Un objet qui sera toi quand
je ne te connaîtrai plus. Aujourd'hui, je ne veux pas
avoir mal et je laisse l'idée de notre amour se transformer en colifichet. Le sens de notre amour révélé en
objets me plaît. Plus tard j'essaie l'amorce d'un
reproche pour lui parler encore. « Tu ne remarques plus
ma chambre, tu es habitué aux livres, aux objets, aux
meubles qui y sont, tu ne sembles plus la voir. Les gens
qui viennent la trouvent belle. Ils se sentent comme
meilleurs, et moi aussi. » Il me regarde et ses yeux sont
chauds de cette tranquillité un peu menaçante que je lui
connais. « Je la trouve très belle. Eux le disent, et moi je
ne le dis pas. Il me suffit de vivre ta chambre. » Je peux
enfin le regarder. Notre conversation vraie vient de
commencer, celle où nous nous livrons au-delà des
mots. Il continue : « Il y a ceux qui comprennent et
disent, et ceux qui comprennent et ne disent pas.

— Pourquoi ne faut-il pas dire ? »

J'ai cet acharnement à ce qu'il dise plus de lui, avoir
ainsi l'impression de mieux le posséder, de l'inscrire plus
fort en moi. Je voudrais le forcer à parler, à se révéler
sans cesse. Et je l'use parfois à mes demandes vaines.
C'est un être de silence, je le sais.

« Souvent le silence des mots est mieux, je te dis
tellement de choses autrement. »

Le silence est sa meilleure arme, sa meilleure armure,
son moyen de déplacement le plus rapide. Il me quitte
ou me rejoint par le silence. Mais puis-je savoir où il
est ?

---

1. *Les Heures et les Siècles,* P. de Mendelssohn, Ed. Charlot.

Puis-je vivre de silence ?

« Moi je dis trop, n'est-ce pas ! » Il rit.

« Je n'ai pas dit qu'il était mieux de se taire que de dire.

— Mais pour nous il faudrait le silence (je ris), je ne suis pas bavarde, tu sais, seulement impatiente de toi. »

Il éclate de rire et prend ma tête dans ses mains, me regarde. Il aime me perdre, me replacer devant mes questions, auxquelles il ne répond pas. « L'important est de se poser des questions ou plutôt de s'interroger, s'interpeller. Les réponses n'ont pas d'importance. Elles sont souvent dans les questions suivantes. » Il me lie à nouveau par des mots. Il cherche à comprendre au-delà de nous. Et moi j'en suis à me chercher en lui. Lui se cache ou se cherche. Quand il se montre et s'avance un peu, ce n'est jamais là où je l'attends. Il devient insaisissable et me rend incompréhensible. Il dit des choses importantes sans les expliquer et me regarde les comprendre ou pas, me débattre avec, déjà plus loin entraîné par d'autres interrogations.

Je cherche avec lui des mots. Clefs qui permettraient d'ouvrir le futur, des mots aussi pour libérer le passé.

Deux écoliers passent, les bras autour du cou, l'un parle avidement, la bouche près de l'oreille de l'autre. « C'est cela être copains. Puis en grandissant, l'amitié deviendra plus pudique et l'amour un peu moins. Que c'est beau à cet âge ! » Il n'en dira pas davantage. Gaël me semble toujours en lutte avec une partie de lui-même. Quand je vois son corps nu, debout par exemple, cette perception est évidente, il porte ce combat dans son ossature, dans ses gestes, dans sa posture légèrement décentrée, tirée en avant. Un buste long, plein de ressources, des jambes courtes, plus fragiles, en suspension d'élan.

... Comment Pierre devina-t-il les rencontres de Claudel et de l'Autre ? L'Autre, cet inconnu, n'existait que par elle. Elle le portait dans son corps. Tout l'hiver elle prit sa 2 CV pour prendre le train à Tours. Pierre attendait la voiture au bord de la route, accroupi dans le fossé. Et durant le temps de son attente, il se sentait plus fort que l'Autre. Immobile dans le froid, il attendait la voiture de Claudel pour mieux se persuader qu'il l'aimait davantage que l'Autre. Combien de voitures traversèrent ainsi ses yeux ! Combien de silhouettes minces aux cheveux dorés. Combien d'espérances et de craintes mêlées qu'elle ne passerait pas ce soir-là ! Combien d'angoisses noires et de soulagement aussi, quand la 2 CV, c'était bien elle, traversait son regard, disparaissait sur la route. Transi, il soupirait d'avoir eu raison d'attendre. Claudel partait vers l'Autre, attentive seulement à être belle, à ne pas manquer le train. A s'imaginer aimée, reçue, aimante, comblée.

Pierre se sentait meilleur, agrandi, porté par son désir de la laisser ainsi passer librement et partir vers un autre.

C'était sa façon de lui donner du bonheur.

Gaël, ta solitude, je l'avais vue sans que tu me la dises. Je l'ai rencontrée bien souvent dans ton regard où elle apparaît parfois sans masque. Je l'ai reconnue dans ton rire qui sonne comme un cri. Dans les lignes de ton visage gravé par la soif de l'illimité. La solitude me remplace en toi et colle à ta peau comme une nouvelle compagne. Comme je te sais, Gaël, j'ai très mal à nouveau. Un mal que tu ne peux imaginer sans le nier. Ma tendresse pour toi est obligatoirement douloureuse. Elle se veut courageuse aussi, lucide, porteuse d'aide, d'appui. Ta solitude me pénètre et je la porte même si je ne peux rien pour elle, si ce n'est l'accompagner. Tu dois comprendre que je redoute aussi les liens pour toi. Je connais leurs pièges, je ne cherche pas à te prendre, ni surtout à porter ta part de destin. Ecoute-moi bien, lis cela, attentivement, c'est tellement important. Je suis pour toi une silhouette fragile, de passage. Pour moi, tu es... je ne sais plus. Le point où nous nous mêlons est infiniment petit, très mince. Les distances sont partout, elles augmentent malgré nos baisers et nos caresses. Gaël, je ne peux, personne ne le peut, être plus proche de toi. Proche, c'est-à-dire aussi seule que toi — chargée de soifs et d'appels. La seule chose à partager vraiment c'est la conscience de sa solitude. La tienne est infinie, vivante de toutes tes rencontres. La mienne est révolte, violence pudique.

Pouvoir se réjouir de ce partage sans pleurer, sans hurler. Avoir le regard voyant sur toi, chaud et froid de vérité.

Entends-moi, Gaël, écoute encore ma présence... mes lettres sont des traînées de sang trop fraîches pour être piétinées.

... Avec l'hiver finissant, la boutique de Cordier restait sombre mais très chaude, avec l'immense poêle à « feux tous azimuts ». La buée sur les vitres nous isolait encore plus du monde extérieur. Maintenant Claudel nous accompagnait. Elle entrait avec nous, familière des lieux. Son ombre s'accrochait aux objets. Sa présence apaisait les murs. Cordier savait que nous allions parler d'elle, puisque nous ne respirions que par elle. C'était devenu un rite. Pierre monologuait sitôt installé sur le banc de pierre ceinturant la cheminée.

« ... Elle sait le comment de toutes choses. Jour après jour, elle dessine pour nous, en traits simples, le tracé des sourires et des joies. Elle prend la main du monde et la guide sur nos visages. Elle éclaire nos yeux, élève nos voix. Elle nous fait caresser la vie, dans le sens du plaisir. Elle ouvre nos idées sur nos désirs. C'est elle qui nous fit découvrir qu'il y avait un désir derrière chaque peur. » Les circonstances sont comme les chats, elles aiment qu'on les caresse. Alors elles se font douces et animales. Toucher et saisir une idée comme un objet pour en connaître la forme, l'usage, la beauté. « Elle touche l'insaisissable, l'approche d'elle, l'apprivoise et tout autour soudain, dans un espace privilégié, paraissent des êtres à penser, à parler. Elle sait le comment de toutes choses, en nous laissant le découvrir, chacun à notre rythme. C'est une funambule avec pour seul balancier la tension de son regard. »

Nous avions trouvé dans un catalogue une reproduction d'un bronze de Giacometti représentant une femme immobile inondant l'espace de sa présence. C'était elle, affichée sur un mur chez Cordier. Le visage tendu, la poitrine haute, les bras retenus pour un élan et toute la sève du corps tiré vers le haut à la recherche de soi.

Quelques mois plus tard, quand tout fut fini, Cordier offrit la reproduction à Pierre.

Si l'amour est un feu où sont mes flammes, où sont mes cendres? J'ai vu un moment de notre histoire comme un clin d'œil d'étoile. Un essai d'être, une tentative pour remonter à la source d'une lumière appartenant à une étoile disparue depuis des millions d'années. Notre histoire comme le combat jamais clos de l'espace et du temps. Une des réalités possibles dans le désordre originel. Un sourire naissant. Une larme diamant. Une main près d'une autre. L'étoile a disparu derrière une nuit, seule sa lumière est tentation. Une ultime proposition jetée dans l'espace, chaque jour rendue possible à mon seul regard.

Notre histoire, jeux de lumières, reflets d'ondes sur une eau déchirée. Le fil d'Ariane doit exister, pour porter, relier et faire naître les scintillements-appels, les clignotements-repères, et faire témoigner les espaces. Qui connaît ce fil, qui le tient aux deux bouts? Et puis qu'importe. La douceur élevée vers toi crée la forme de ma vie. Elle fait briller une étoile quelque part, elle l'explique, la rend plus claire à elle-même...

Quand tu n'es pas là, la déception passée ou cachée, ton absence se recrée sans fin pour devenir attente. Ne pas respirer trop vite, à bouche close, à corps fermé par tous ses pores, par toutes les fibrilles inquiètes de mon espoir. Pour survivre quand même, je pars à ta recherche dans ma tête, dans les replis incertains, dans les flous inexpliqués, dans les interrogations et puis aussi dans les cachettes de mon corps, dans les espaces étonnés traversés par une résonance de ta chair. Je parcours infatigable les chemins secrets de ton abandon. J'interroge aussi mes mains, dépositaires de ton odeur, de l'ardeur secrète des émois offerts. J'ai si souvent porté ton plaisir dans mes mains.

Si tu es là, je deviens désemparée, maladroite. Mais si heureuse, si lourde de toutes les caresses à te donner, de toute la tendresse de mes dons, si pleine du désir de toi. Comment résister aux cris de mon impatience ?

... Nous sortions de l'hiver, harassés et fourbus. Cordier murmurait, laconique : « C'est la Berezina, vous pourriez dire : J'en étais. » Ce qui nous sauva, ce fut la lecture, une boulimie sans fin.

Des textes fulgurants de Breton, de Reverdy et d'Aragon.

Des livres-offrandes de F. Xenakis, Tahar ben Jelloun, Nabokov, Brink, Bourbon-Busset, de Cohen.

Des livres-rêves, Durrell, Giono, Kazantzakis, Fitzgerald et Pasternak.

Des livres-révolutions, Freud, Jung, Lacan.

Des livres-sortilèges, ceux de Boris Vian, de Van Vogt, de Herbert...

Je me souviens de notre rencontre, de notre co-naissance devrais-je dire. Je venais voir une amie et je n'ai vu que lui. A cette époque il était sculpteur de bijoux, mais gagnait sa vie comme potier.

La tête penchée sur la pierre qu'il polissait, il a dû plonger soudain dans son passé, le voir multiple et lointain comme l'écho d'un caillou dans l'eau d'un puits profond. Il a raconté une histoire qui était peut-être la sienne. Sa voix grave pesait les mots, en détachait la puissance. Sa présence était solitude étonnée, douloureuse. Sa mobilité était mouvance de météore, morceau d'univers soudain tombé dans l'espace. Il portait en lui le poids de plusieurs vies. Je l'ai rencontré dans un atelier de poterie, où il enseignait à de vieilles filles les arcanes du tournage et du modelage. Dans les moments de détente il sortait de sa poche une bague, ou un collier, et le polissait, le limait, patiemment pour en faire un bijou. Il parlait peu, faisait parler et surtout écoutait. Il entendait bien au-delà des mots, cela se lisait sur son visage. Des liens se créaient. Les gens se révélaient plus qu'ils ne disaient. La poterie était un prétexte en plus. Il faisait des bijoux, et moi, maladroitement, des pas à sa rencontre. Il y avait des arbres éclatants et du soleil cet automne-là. A l'heure du déjeuner j'allais dans le parc. A force de lever la tête pour regarder les branches, ou guetter sa venue, on s'habitue à regarder haut.

Tu ne m'avais pas reconnue encore. Je te suivais déjà. Tu aimais lire dans le parc, un peu solitaire, à haute voix. Rêveur, enchanté des mots qui t'étonnaient. J'ai fait semblant de te laisser seul pour mieux être plus près de toi. Tu marchais dans les feuilles, longtemps, longuement, au plus épais des taillis. Je te suivais encore. Puis tu m'as invitée. Tu retenais les branches en souriant.

Cela dura tout un mois.

J'avais tant bouleversé de projets, reculé de décisions, empêtré toute ma famille dans des arrangements inimaginables, que tout s'était aplani, arrangé, déroulé dans le sens de mon désir. J'ai tout à coup appris à abolir les contraintes, à modeler les possibles. J'ai créé du temps là où il n'y en avait pas, pour plonger vers lui. Je me suis jetée dans son existence avant même qu'il sût la mienne. Ce fut la seule et unique fois où ma volonté prévalut sur la sienne. J'ai utilisé toutes mes ressources pour me donner à lui. Vinrent les vacances, temps de liberté et d'écoute. Notre découverte fut douce. Ta main me connaissait bien avant tes yeux, j'en suis sûre. Posée sur mon épaule, elle ruisselait multiforme sur ma poitrine, sur mon dos, berçait mon ventre et mes cuisses. J'avais l'impression d'être en toi depuis si longtemps. Peut-être le savais-tu !

Tu me disais : « Il y a place pour tout le monde dans le grand bateau de nos rêves. Regardons dans la dérive de nos yeux et non dans la trace de nos pas. »

J'étais jalouse de partager et furieuse contre tous ces gens qui t'entouraient, puis j'ai compris que le bateau de tes rêves et celui de ma vie étaient le même. Tu m'embarquais simplement avec toi.

Un jour tu as cessé de parler, tu étais loin, dans une distance que j'ai bien connue par la suite. Et moi toute chaude de la passion de tes mots, j'essayais de deviner ton monde, de pénétrer sur une terre inconnue, de poursuivre le chemin vers plus de toi.

C'est bien cela, soudain tu devenais lointain, inaccessible, comme le dernier des rivages. Je voulais approcher et tu semblais reculer. Tu étais séparé de moi par un abîme, l'abîme même des silences de ton histoire. Je pressentais déjà que je pourrais passer toute une vie à te chercher sans jamais te saisir. Pour la première fois, j'éprouvais ce dont je devais souffrir plus tard, la nostalgie infinie de toi. Toi inaccessible et pourtant si près, proche à mon souffle, accessible à mes yeux. Ton ventre en moi, ton front contre ma joue, ta respiration mêlée à la mienne, j'apprenais la distance invisible. Celle qui maintient dans un cercle éternel l'image de soi à jamais hors d'atteinte, celle qui donne soif et que l'amour révèle sans la livrer.

Tes paroles furent longtemps la musique de mes promenades. Absent, ton image coulait à travers le monde, envahissait chaque contour, s'infiltrait dans chaque recoin. Tu étais la pluie des mois passés, l'odeur des rencontres, le creux d'un chemin, le vent de la mer déposé en caresse. Tu tissais sans le savoir ma nouvelle enveloppe, tu éveillais mon cœur à battre le temps.

Puis sont venus les moments de vertiges, où les ponts ont disparu… Je n'étais plus reliée, seulement possédée. Tu étais la source où aboutissaient toutes les tentatives d'être, tous les ruisseaux souterrains du devenir.

Tu étais moi.

Je m'appelais déjà toi.

... Il y avait aussi le combat de toutes ces nuits inquiètes où elle partait vers Paris, vers l'Autre. Où elle fuyait notre existence, où elle se détruisait pour renaître le lundi, émerveillée, lumineuse, toute pleine d'amour à redonner. Le combat de ces nuits où elle partait retrouver une partie d'elle qui la fuyait, toujours en avance sur son désir. Nous nous interrogions. Pourquoi avait-elle accepté de venir à Loches ? Pourquoi avait-elle accepté de le quitter, lui ! Les adultes sont-ils prisonniers de forces occultes plus fortes que leur passion ? Pierre, je crois, devenait son confident, elle lui parlait à travers des silences. Il interprétait ses regards, la rejoignait bien au-delà de ses fuites, accompagnait sa détresse.

Ils se parlèrent, c'est-à-dire s'ouvrirent l'un à l'autre.

Elle trouva en lui un compagnon à toute épreuve. Disponible aux chemins de l'imaginaire, ouvert aux rêveries sans fin, enthousiaste pour les silences partagés, pudique dans son écoute.

Elle avait trouvé son jumeau, son frère en perdition.

Pierre s'éloigna un peu plus de nous, plus secret encore pour mieux s'offrir en entier.

Il me dira bien plus tard : « Durant quelques semaines j'ai entendu l'histoire de la vie. On nous apprenait l'histoire du monde, celle des hommes, et moi j'écoutais la vie vécue. »

Au réveil j'ai la bouche sèche, craquelée de trop de soifs, la langue collée aux racines du ventre, les mâchoires calcifiées sur un mot : « Viens. » Viens vite. Une angoisse incontrôlable ce matin. Tout bâtir à nouveau, à l'aide de fantasmes usés et amers. Tout à recréer sur ce vide : l'espoir et le désespoir mêlés. Me retrouver, m'entourer d'appuis inexistants et nécessaires. Parler, parler de ma peur, pour éviter qu'elle n'éclate. J'ai envie de partir, de me quitter, de me séparer même de la distance figée qu'il y a entre nous. On me propose une place d'hôtesse de l'air. Je voyagerai, je m'éparpillerai. Je le rejoindrai par tous les horizons, je lui rapporterai des morceaux du monde. Je sens qu'il sera d'accord. C'est fou de rechercher ainsi des éloignements toujours plus lointains pour l'atteindre encore un peu, pour l'approcher sans mal. Filer et tisser ainsi des distances aux chaînes de l'espace, à la trame du temps.

Loches, c'est la même route qui va de toi à la mer, un peu plus loin vers l'ouest. C'est ce déchirement du même rêve, imprévisible et pourtant connu.

Enfant, je faisais un rêve à répétition. Je me sentais effroyablement responsable de l'éclatement du globe terrestre. Par mon fait, par ma seule existence, la terre un jour se fendait, s'ouvrait, s'éparpillait en mille morceaux, dans un chaos sans fin. Les éléments se mélangeaient, se confondaient. Une poussière infernale s'infiltrait partout. Subsistait dans un angle, à gauche de cette vision d'apocalypse, un peu de mer ronde comme une île, seul repère stable dans le désarroi de mes sens. La culpabilité me réveillait, j'étais couverte de sueur, les yeux perdus, les bras tendus, tout mon corps en sanglots vers ma mère affolée et muette.

... Pierre l'accompagnait sans cesse, en esprit, pour éviter de la perdre. A chaque instant il avait la certitude qu'elle serait là, à nouveau présente, disponible pour lui. La certitude qu'elle aurait ce sourire de la pupille imperceptible, si fugace, que lui seul recevait. Alors le jour recommencerait, la vie se poursuivrait bien au-delà d'une année scolaire. Il était persuadé qu'elle revenait pour nous. Loches était le port de tous ses voyages.

Il me dit un jour : « Elle nous a fait découvrir quelque chose d'essentiel, l'écoute de l'autre et de soi. A moi elle m'a révélé le don que j'ai pour le bonheur. »

Oui, je le crois, Pierre resta tout au long de sa courte vie doué pour le bonheur. Il sut l'offrir à ceux, à celles qui partagèrent ses chemins.

Février

Je ne sais plus la différence entre liberté et prison. Suis-je en toi, suis-je hors de toi ? Je n'ai pas besoin de chercher des différences, d'ailleurs. Garde-moi longtemps, je ne sais plus être ailleurs qu'en toi. De toi me vient encore le sourire que j'ai pour eux, et la combativité dont j'ai besoin pour leur réussite. Si je pleurais ils ne comprendraient pas cette trahison.

Tu sais, Gaël, j'ai besoin de signes et de mots aussi, pour nommer ces moments de l'ailleurs où nos corps se cherchent, se trouvent et s'apprennent.

J'ai besoin que tu dises comment tu me reçois, comment tu vis mon existence dans ta vie. J'attends ainsi des repères, même si je sais combien tu as peur des mots, combien tu crains l'écrit qui lie, « qui sert de preuve ou d'enjeu ».

J'ai besoin de plus que le désir te conduisant de temps en temps vers moi. Je sais que tu écris des livres secrets et quand tu laisses sur une feuille : « Et moi je suis là... et tu le sais », je contemple longtemps ces quelques lettres, m'en imprégnant, les affinant, les savourant lentement.

... Le club de poésie se transformait en fumerie d'opium. L'opium d'une rêverie personnelle, cloisonnée par nos impuissances. Nous venions téter goulûment à un rêve personnel. Nous venions consumer des mots péniblement assemblés, déchargés sur une feuille blanche, que nous déchirions en sortant.

« Je voudrais dire mon amour si précisément, si attentivement que l'amour même serait présent, palpable dans mon poème. Ceux qui le liraient recevraient ainsi jouissance et tendresse. Chacun de nous doit posséder ce pouvoir », disait Pierre. Mais ce pouvoir ne traverse pas les espaces, il demeure incommunicable. Il y avait longtemps, depuis la fin des vacances de Noël, que nos minutes de poésie n'étaient plus universelles, mais solitaires. Aucun poème, aucun mot ne peut être un des rassemblements du monde, comme nous l'avait fait croire Claudel tout au début. « Est-ce le besoin que j'ai d'elle qui disperse cette vie nouvelle où je ne me reconnais plus ? Si cet éveil, cet apprentissage du regard débouchait sur l'impossible...

Cette croyance qu'elle m'a donnée ne peut se transformer en souffrance, non ce n'est pas possible. Cette voyance ne semble mener qu'à un seul rivage, la plage de l'évidence où vient refluer l'écume de la douleur universelle et permanente. »

Pierre se perdait ainsi dans la tentative de définir un avenir à son présent. Il préférait se noyer dans la volubilité d'un univers peuplé seulement de la multiplicité de Claudel.

Chaque baiser donné alourdit ma main d'un germe nouveau. Chaque sourire reçu est un soleil pour me faire lever.

Je voyais ma chambre verte et glauque comme l'eau d'une mer trop vieille, et je refusais la marée des rêves qui voulait m'y faire échouer. Partout le vide des cœurs laissés à l'abandon des corps. — Partout des murs égarés qui absorbent les rêves. J'avais peur des mirages qui attirent et prennent la vie fragile et incertaine des espoirs. — J'avais froid dans ma solitude. Je t'ai téléphoné plusieurs fois avant d'entendre ta voix, peuplée d'autres présences autour de toi. Tu ne pouvais savoir à l'avance ta disponibilité. J'étais un appel anachronique dans un événement où je n'existais pas. J'ai rejeté l'appareil en haïssant ma voix et la tienne. Le soir il y a eu les éternels amis — ceux qui ne peuvent plus l'être tant je n'ai plus de place en toi. Je les regardais rire. J'ai ri aussi, heureuse de participer à cette folie contagieuse, l'imitation de la vie. Tu avais raison, l'habit fait le moine. Puis il y a eu la nuit. Je croyais avoir très sommeil et pourtant dans mon lit ravagé, je suis restée longtemps éveillée. Ce fut comme une prière. J'écoutais quelque silence, au-dehors ou en moi. Je m'élevais au-dessus de mon corps, je sortais de ma peau. Mes sensations me quittaient pour prendre place dans la ville autour de moi. Je vibrais à l'unisson des toits et des façades silencieuses. Je me suis endormie sachant une vérité de plus : plus on aime, plus on est sensible à l'impossibilité d'être aimé. Il n'y a aucune réciprocité qui puisse résister au temps. J'ai pénétré d'autres univers.

Très tôt le matin, je suis sortie. Ma sensibilité avait atteint un point extrême, difficilement supportable car elle me devançait et je n'avais ni les mots ni l'énergie qui m'auraient aidée à la suivre.

J'allais dans un matin bleu de pierres. La ville attendait un signal pour devenir éveil. Le monde était laissé encore dans la liberté trompeuse du sommeil. Chaque pan de mur devenait la main dont je rêve, avec, dans la courbure d'un doigt, la vérité des amants. Je sentais les murs appelant la chaleur du jour à venir, craintifs d'un soleil encore caché. Contre la nuit en partance, ils ne s'opposaient pas à ma présence, ils ne se dressaient pas contre ma venue. Je venais à eux respirer la force d'être pour agir. Bientôt, avec le jour, la maison d'en face grignotera les pierres de la nuit. La rue avide absorbera à son tour la maison. Les portes se videront de visages affamés, oublieux, trop indifférents pour rêver le soleil. Puis le travail aveuglera la rue, flamme-centre tenace jusqu'au soir.

Tu n'es pas là pour m'aider à porter la peine d'écraser les heures comme on éteint une bougie. Si je ne sentais pas le manque de toi dans ma faim de pierres claires, j'irais moi aussi oublier l'orange des journées dans la confusion des rues démembrées.

Près de toi, loin de toi, je reste un désir de vivre, dont tu es le nœud central. La ligne de tes mains, leur douceur, leur veinage sont la pierre du pont sur laquelle je m'appuie. Je sais pourquoi tu es devenu unique. Parce que tu es correspondance avec la nature profonde de mon regard, avec celle de mes sens. Pour voir, pour sentir le lien qui me rassemble, les éléments dont je suis faite ont besoin de toi comme les étoiles de la nuit.

Je peins le tableau que tu m'as demandé. Il va te ressembler. Un pont traversant une rue, une rivière éventrant des toits. Une trace te restera, parlant à tes yeux, et peut-être à ton oublieuse mémoire. Sur la toile, il y a du bleu et de l'ocre, avec d'un seul élan un pont reliant le ciel à une rivière.

« ... Dans ce monde de gravats, l'eau n'a plus de couleurs, l'eau n'a plus de chemin, l'eau n'a plus de racine. Dans ce monde de gravats, l'eau n'existe plus qu'en bouteille. » Ce matin-là encore elle nous avait dit : « Nous savons que l'eau existe dans tous les corps, sans l'apercevoir, sans toujours la dissocier, la séparer, la reconnaître, l'isoler. Nous sommes dans la vie, comme cette eau. Nous attendons d'être reconnus, acceptés dans notre unicité. Nous attendons parfois longtemps d'être bus, d'apaiser une soif. »

Et Pierre, au fond de la classe, écrivait : « Quel chemin, quelles erreurs doivent parcourir deux eaux semblables pour se reconnaître, se mêler, former la même goutte... »

Les jours s'écoulent infiniment, je hais les salaires, à bas le travail. Les jours s'écoulent infiniment, des cailloux gris montent des cris de curés tristes. Les jours s'écoulent infiniment, la pluie est là, noyant l'espoir. Les jours s'écoulent infiniment, oiseaux bâtards dites bonsoir et reniez pour moi les hommes. Des jours s'écoulent infiniment, le lierre a peur du vent du nord. Des jours qui coulent infiniment, des jours qui coulent béatement, crachent la vie et mon tourment.

Que de départs n'avons-nous pas vécus en mal d'adieux et de partance, quais de gare voraces, trottoirs instables, cafés des non-dits, parking en voyages, sur tant et tant de registres, de thèmes toujours différents et pourtant si semblables.

C'est dans les départs que tu es inventif, tu noues le temps en des signes inattendus. Tous ces élans de toi, tes certitudes contradictoires : « Je reste et je suis déjà loin. » Et nos baisers étirés comme les filaments de la vie entre nos bouches si lointaines. Jusqu'au dernier instant, je cherche sur ton visage, dans tes mains le signe de ton impatience à me revoir. Je quête une ultime souffrance dans ton regard, un rien qui me dise : « J'ai mal de toi, j'ai besoin de toi, je voudrais tellement te revoir vite... » Non, rien, je ne vois rien de tout cela. Tu pars joyeux souvent. Les départs te relancent dans la vie.

... Pierre comprenait enfin qu'il eût été maladroit de s'imposer, d'être plus présent que l'Autre absent. Il savait aussi la vanité de ses efforts pour combattre l'Autre, pour tenter de détruire le mythe qui habitait Claudel.

« Je voulais être réel, me substituer au rêve. Mais ne suis-je pas moi-même un rêve d'elle que je suis seul à rêver ? Mes tentatives de communication ont échoué, ni regard, ni parole, ni geste qui puissent entrer en elle. Je suis un témoin d'elle, mais sur une autre planète. »

Je me suis éveillée à un je t'aime chuchoté par ta bouche — ce n'était que la mienne cherchant de l'air.

Rêve. Eclatée dans la nuit des sources, tu t'éloignais, me regardant, cherchant déjà une autre lumière.

Il y avait dans notre amour (il y avait !!!) une odeur d'eau. Non celle de la pluie ou de la mer, mais celle d'une eau épaisse, brassée de longs courants. Celle des abîmes marins qui surgissent parfois du fond de nos mémoires. Une odeur d'eau primaire, forte du plus loin de notre passé. T'ai-je aimé ? T'ai-je perdu ?

Renoncement.

Durant un an, j'ai été pour toi les Amériques et les îles grecques que nous n'avions jamais vues ensemble. J'étais les grands caïques chargés de citrons, ou de chèvres, les grands voiliers d'autrefois, le même appel, la même aventure.

J'étais le goût du voyage, « l'enchantement des partances » m'as-tu dit un soir. Le ciel bougeait dans ma tête. Aujourd'hui le vent manque à notre histoire. Le bateau de notre amour est immobile, la coque éclatée encore gonflée de trésors inventés ensemble. Nos voyages ont été innombrables, nos péripéties infinies, mais le vent s'est affaibli. Je ne l'entends pas souffler dans les rues de Loches, ni dans la chambre de Paris où

tu m'attends moins. Notre bateau ne vivait que de
départ et le voilà condamné à l'attente des voyages. Un
bateau doit courir sur l'eau sinon il s'alourdit de
coquillages et d'algues, se gonfle d'insectes et de vase, et
les voiles surtout, les voiles se défont, ayant perdu
l'habitude des vents. Je ferai sauter notre bateau au coin
de l'univers, afin que tu saches qu'il n'y aura plus de
voyage pour moi.

J'ai lu en classe ce texte de Colette : « J'appartiens à
ce pays que j'ai quitté... » Je me suis livrée tout entière
dans ces lignes. Nous avons décidé de le traduire.
Traduire Colette en anglais ! La traduction sera belle.
Nous avons trouvé des mots jamais employés jusqu'alors. Ils surgissaient, appelés pour notre désir
commun de travailler le texte et notre désir de l'habiller
de mots nouveaux. Ce pays porte ton nom, le jardin, les
montagnes bleues, les digitales pourpres sont l'image de
ton corps. Un élève a dit : « Vous êtes en forme
aujourd'hui. » Ce qui m'a fait pleurer bêtement devant
eux. Moment d'émotion où se figea leur respiration.

Peux-tu suivre lentement avec le doigt ces lignes, elles
ont le relief de mon corps. « J'appartiens à un pays que
j'ai quitté... Si tu passais, en juin, entre les prairies
fauchées à l'heure où la lune ruisselle sur les meules
rondes que sont les dunes de mon pays, tu sentirais à
leur parfum s'ouvrir ton cœur, et si tu arrivais, un jour
d'été, dans mon pays, au fond d'un jardin que je
connais, un jardin noir de verdure et sans fleur, si tu
regardais bleuir, au lointain, une montagne ronde où les
cailloux, les papillons et les chardons se teignent du
même azur mauve et poussiéreux, tu m'oublierais et tu
t'assoirais là, pour n'en plus bouger jusqu'au terme de ta
vie...

... Si tu suivais, dans mon pays, un petit chemin que je connais, jaune et bordé de digitales d'un rose brûlant, tu croirais gravir le sentier enchanté qui mène hors de la vie... Le chant bondissant des frelons fourrés de velours t'y entraîne... Jusqu'à la forêt, là-haut, où finit le monde... C'est une forêt ancienne, oubliée des hommes, et toute pareille au paradis. Que t'ai-je dit ?... Je t'ai parlé sans doute d'un pays merveilleux où la saveur de l'air enivre... Ne le crois pas, n'y va pas, tu le chercherais en vain. Tu ne verrais qu'une campagne un peu triste, qu'assombrissent les forêts, un village paisible et pauvre, une vallée humide, une montagne bleuâtre et nue qui ne nourrit pas même les chèvres. » Colette. J'aime cette femme sensible et donnante. Elle sait te dire tout le pays de ma présence.

L'odeur rouge des derniers soirs d'hiver illumine les crevasses du ciel — l'horizon est béance.

Le printemps nous fait des clins d'œil. Quelle douceur j'ai trouvé dans l'air ce matin ! Je veux mes cours reflétant l'annonce de ce printemps. Au club de poésie, mercredi, nous lirons Rimbaud. Celui des *Aubes*, de l'été et du *Bateau ivre*. Les élèves attendent ce mercredi et dans la cour, durant les interclasses, j'ai vu Prévert, Apollinaire, Nazim Hikmet se promenant dans leurs

mains. Nous les avions rencontrés ensemble mercredi
dernier. J'espère jeter ma fatigue avec les derniers
restes de l'hiver. Pouvoir rester éveillée tard le soir,
retrouver la signification des choses, rétablir des affi-
nités avec ma pensée. Peut-être vivre plus pleinement.

« ... J'appartiens à un pays que j'ai quitté... » Nous étions à sonder les mots, à rechercher le sens d'une hésitation, la valeur d'un enchaînement, le poids d'un étonnement. Bien sûr tout cela se faisait après le cours, en dehors d'elle, des autres. A notre programme de Civilisation américaine, elle nous lisait Colette qu'elle aimait et nous la faisait traduire. Certains ironisaient de ces procédés pour ne pas révéler leur émotion. Vibrer oui, le dire non. Elle seule ose tout pour nous. Elle dit ce que nous ressentons comme venant d'elle. Tout passe par un langage intérieur, c'est une initiation, un rite. Attendre tout mais ne rien demander, voilà la règle tacite de la classe.

Elle projetait au cours d'anglais un univers d'idées sous des formes multiples. Avec l'humour noir ou tendre de Boris Vian, avec l'anticipation de l'homme vers la science et le progrès de Koestler. Avec P. Emmanuel, les chimères et les rêves des poètes nous rejoignaient. L'absurde et l'espoir des philosophies agrandissaient Bachelard jusqu'à nous.

Elle nous apprit ce que nous savions déjà sans jamais avoir pu l'accepter. Tout comme nous, elle fuyait les manuels. Elle disait le matin en arrivant : « J'ai trouvé un beau texte... », et de nous le lire en anglais. Elle nous révélait ainsi à travers les mots inconnus, les constructions complexes des espaces de temps et de vie qui se transformaient par la magie de sa voix en images, en idées, en désirs.

Parfois, j'avais l'impression que ces mots roulaient en nous depuis toujours et qu'ils s'arrêtaient enfin au bord de ses lèvres pour naître révélation.

Pierre m'envoya un jour, dans son âge adulte, ces quelques lignes, que je rattache aujourd'hui à toute cette période :

> J'ai commis l'irrémédiable
> j'ai reçu son regard
> blessant à jamais
> ma solitude —
> Etreindre l'inachevé
> c'est porter à jamais ouverte
> la blessure.

Mais au club de poésie, il nous lut ces quatre lignes d'Eluard.

A l'horizon de mes forces ma mémoire
De tout son poids brille sur l'herbe de l'enfance
Herbe verte, herbe d'azur sous un pas d'homme
Où les jours moins les jours n'ont pas laissé de nuit.

Cafard, inappétence, morosité, le sordide des jours m'enferme. J'ai ce matin le sentiment que le printemps s'est perdu, qu'il ne viendra pas cette année. J'ai oublié de l'attendre. Autrefois je pouvais attirer l'été, feindre de l'inventer et le recevoir, pour qu'il soit là. Aujourd'hui il ne s'agit plus de feindre ni de désirer. L'été dernier, celui dont je me souviens toujours dans les moments d'hiver, c'est un sourire que nous échangions. Je te donnais un regard que tu recevais. C'était hier. Ta main caressait mon dos sous la robe légère. Je me sentais belle de recevoir ta présence. Tu me persuadais, il fallait aller au-devant des saisons, ne pas les attendre, mais les provoquer. Devenir soleil, écarter le rideau des regrets et de la grisaille, jouir du froid et du vent, effeuiller la pluie des nuages, devenir élément de la nature. Ce fut le moment où de lac je devins rivière. Eau à me parcourir. Je ne savais pas qu'on pouvait se blesser à de nouveaux rivages et parfois regretter la forme lisse et ronde habitée dans un temps plus ancien. Je sais aussi que les lacs trop tranquilles peuvent devenir des étangs morts ou des marécages perdus. Non, je ne regrette pas d'être devenue mouvement, courant vivace, mais je cherche ma source et l'embouchure où me fondre à un plus vaste espace.

Légère et sans futur. Les mains ouvertes, libre, j'ai
fait un paquet de mes rêves pour les jeter à l'eau. Je
marche le long des quais, le paquet se défait, s'éparpille
et me suit. Rêves longs à sombrer sont les mensonges
des amours, l'inutilité des voyages, l'anneau doré de nos
sourires, tous les mots qui n'ont pas su nous accompagner. Je regarde mes peaux anciennes se perdre dans le
reflet des nuages. Je suis libre puisque mes mains sont
vides. L'ombre du pont est froide, les arbres noirs
s'effacent, la ville tend son piège de lumières. Je nourris
la rivière de tous les feuillets renvoyés. Ai-je eu le temps
de vivre pour tant écrire ?... Tous les dimanches je
reviens jeter quelques-uns de mes rêves dans la Seine,
m'y jeter un peu aussi. Pour accomplir la gestation
de notre histoire. J'ai peur des boursouflures de l'eau
et des mains inconnues qui me recueilleront, alors j'hésite.

Je crains les malsonnances sur toi, de tous ceux qui
n'auront rien compris à ton amour, alors je survis.

J'ai pris des vacances sans toi.
Je me suis réfugiée dans la foule d'un village de neige.
Toute propre, détendue, ma peau brûlée d'air, de vent
et de ciel. Dans la journée je me sens très forte. Il est
plus facile de ne pas dialoguer avec la neige. Le soir,
dans les conversations, dans les visages rencontrés, je
reste chargée de toi. Tu es inséparable de tout ce qui
m'arrive, dans les rires et les danses. Les mots entendus,
le calme reçu, les idées à naître, les certitudes qui
tonnent tout à coup, c'est toi. Mais après, quand je ne
parle plus, quand je suis laissée seule, devant un
moment blanc, alors ton absence ne suffit plus. Je sens
de façon aiguë les possibilités infinies à te regarder, à
t'écouter, à t'apprendre à nouveau et encore l'émerveillement de t'aimer, de me donner. Je me transporte
auprès de toi. Je le fais si intensément qu'il doit bien t'en
parvenir quelque chose. Quelques fluides impercepti-

bles pour te protéger. Aura de ma tendresse par-delà toutes nos absences.

Si le manque de contact ou l'éloignement finissaient par étouffer les richesses de l'amour, il serait temps de se laisser mourir. Que je sois vivante pour toi, et le savoir m'entraîne avec une force pressante à exister. Cette croyance éclaircit les doutes. Je me raidis contre les circonstances, puis les accepte car elles ne sont pas toi. Ma confiance en toi est plus forte que tous les obstacles.

Aimer c'est dépendre de celui qu'on aime pour être plus libre d'être. La force de tes attaches sont autant de preuves de la liberté reçue de toi. Pour l'offrir à nouveau multipliée à ceux qui m'entourent.

Mars

Aux Pâques, j'irai vers le sud, en Espagne. Déjà le voyage commence. Les cartes sont sur la table. Nous irons très au Sud, au plus chaud, au plus sauvage. Les villages et les paysages y sont encore à l'image d'une Espagne dont je rêve, celle de la violence et du don. J'y serai ressuscitée, je te ferai partager mes ardeurs.

Je ne crois pas à l'impossibilité du partage, comme tu l'as soutenu l'autre jour. Tu vois je me rebelle à nouveau, je ne m'incline plus devant tes mots. Bien sûr, j'ai pleuré sur ma peur devant toi. J'ai ressenti trop violente la violence de l'instant. Tant qu'il y a des possibilités de se voir, tant qu'il y a la certitude que nous existons l'un pour l'autre... pourquoi se refuser de vivre ? Je serai à Paris, dimanche matin. Si tu veux, si tu le peux, téléphone-moi. Bien sûr t'entendre, te parler un peu, agrandir ma fenêtre, mais surtout faire une pause dans ton matin. Tu comprends, cela peut t'aider à passer ce dimanche...

Il me tarde d'être à jeudi, d'être avec toi, toute la journée. Une longue journée claire, pleine de possibles. Tu me trouveras attentive, accueillante, infiniment. Nous ferons cette journée à ta couleur — je n'aurai pas froid. A nouveau éveillée avec toi. Cela est possible, n'est-ce pas ? Je commence à vivre ce jeudi sans trop le rêver, sans trop le bâtir par avance. Je tente de m'introduire à une autre saison, sortir enfin de la longue hibernation des sentiments. Je veux croire au printemps, je sais qu'il provoque en toi des forces nouvelles. Nous allons le vivre ensemble sur des espaces et des temps éloignés, sur des partages différés, mais ensemble quand même.

Image de toi.

Les mains dans les poches, les épaules apaisées, le cou secret, c'était toi. A ton habitude tu marchais à longues enjambées, le buste penché en avant. Tu rôdais, les yeux guettant le silence, traquant le moindre bruit, saisissant la plus petite lueur ou l'intensité des lumières. Tu suivais l'atmosphère, l'odeur des choses. Tu allais captant les paysages, arbres, maisons, cailloux, pour les condenser dans l'ombre de ton regard. Tu étais le gardien du monde. Tu amassais ainsi des trésors, puis alchimiste pudique plein de mystère et de savoir être, tu les métamorphosais en sensations, en émois, en dons nouveaux sur tes lèvres, en rides nouvelles et rieuses autour des yeux. En gestes, en paroles, en silences aussi, en caresses, tu formais patiemment ma sensibilité, déformais ma tolérance, en puisant dans les richesses du monde. Tu alimentes en moi ce que je suis. Tu m'as donné des yeux, tu m'as donné des sens. Tu m'as donné un temps, une infinie disponibilité. Je me sens unique, je me sais immense.

Les enfants disent — si l'on fixe le soleil sans prudence, fixement, le soleil tue les yeux. Je t'ai fixé fixement, sans bouger. Sans prudence, je t'ai regardé, j'ai bu longuement à l'eau de ton regard. T'ai-je vu, t'ai-je rêvé ! Je suis devenue plus aveugle aussi. Je marche dans le monde avec des yeux brûlés ou inondés de lumière. Une tache rouge me limite et me contient. Je bute contre la vie, contre les gens. Je piétine les autres possibilités d'aimer. Je ne vois plus, je ne sais plus les gens à aimer. Je ne sens plus les moments pour me nourrir. Je n'ai plus de jambes pour me porter vers d'autres instants.

Je te vois trop peu. Je tâtonne maintenant dans toutes les directions sans guide, sans fil conducteur. J'utilise toujours le même chemin, le seul que je connaisse, que tu m'as appris. Je tourne en rond ou en carré, je parcours une figure de Moebius invisible, à la recherche d'une troisième dimension. Aveugle et voyante par tes yeux, je te cherche quêtant mon attente. Je reste ainsi mon seul témoin. Sans aide, sans recours, surtout sans secours, sans écho. Je suis devenue le son originel, le cri premier, celui qui n'a jamais été entendu, répété, qui est resté enclos. Sans écho, sans résonance. Plus seule encore.

N'avoir jamais existé.

Je me regarde et ne me vois pas. Tout est bien.

Habituellement tu te nourris d'échanges. Ces jours derniers je te sens hibernant, dans le refus d'aimer, d'être aimé. Tu réduis les échanges externes et internes par le silence. Ce soir, ton milieu nourricier est la musique. Mozart seul et unique parlant pour tous les autres. Tu dis en plaisantant « Mon ascèse de Pâques » et c'est un grand renfermement. Tu m'as éloignée : « J'ai besoin d'être seul. » Pendant trois jours je n'ai pu t'atteindre. Je n'existais plus, exclue de ta respiration même.

Hibernation aux sourires gelés, souvenirs immobiles sous l'épaisseur des silences. La vie se répand, perdue. Hibernation. Paupières ouvertes sur un regard d'eau sale. Gestes lents évadés d'un sommeil de feu. Errance du vide. Hibernation, repli et refus, défense d'amour.

Vivre ainsi dans l'économie des sentiments. Ne rien éveiller, ne rien découvrir, ne rien donner, ne rien prendre, ne rien perdre. Vie par osmose avec seulement le goût d'un soi-même qui se perd.

Ah pouvoir me cacher à l'ombre d'un mur blanc, sous le soleil long d'une heure d'été. Avec mes ongles gratter, patiente, la poussière des jours. Car je suis née peut-être d'un clin d'œil ou d'une évocation de tes mains. Le vent m'aide un peu à effacer des rêves tissés à longue haleine dans l'air pâle du sommeil forceur d'étoiles. Pour te retrouver à l'abri des songes, j'irai courir par le monde et délivrer un à un les chemins, écarter des pierres, planter des arbres, élever des collines, semer des grottes.

Je dois me perdre pour te retrouver.
Je dois te perdre pour me retrouver.

Je voudrais de mes doigts éteindre la musique des voix, le glissement des pas, le grignotement des heures.

Respirer dans un corps anesthésié, endormi sur le lit du silence. Amante dévorée. Un jour l'image séductrice s'est glissée sous ma peau, a ouvert mes oreilles aux mensonges. Difficulté à retrouver la nuit ancienne où je te connaissais.

Car je reste errance née d'une absence.

A trop nier son chagrin
c'est la mort qu'on
engrange.

Ma colère scintille
au plus profond du ciel.

Mettre en mots non seulement le plus déchirant, le plus douloureux, le plus absurde ou le plus injuste, mais aussi l'incroyable, le merveilleux, l'ineffable et l'indicible d'un instant de folie, l'éphémère du bonheur, le feu dans l'incendie le plus violent. Eluard savait capter l'éphémère des rencontres.

Au premier mot limpide au premier rire de ta chair
La route épaisse disparaît
Tout recommence.

Je retrouve l'envie de toi et sans jalousie aucune ton enthousiasme pour les femmes. Ton respect reste profond dans l'attention et l'amour que tu leur portes. « Oui que chacune apprenne à oser pousser, à laisser grandir et naître son sexe nénuphar. Et apprendre aux hommes à appeler, à apprivoiser, à inviter cette algue fragile, profonde, à venir jusqu'au bord. Le sexe d'une femme peut venir éclore à l'aplomb de son ventre. Il peut venir à la surface pour fleurir là, au bord de la faille lumineuse et ombrée. A fleur de lèvres, laisser chanter leur plaisir, plutôt que de repousser, acculer à l'intérieur. Les traquer avec leur sexe torrent. Qui a dit aux hommes ce forcement? Qui leur a appris à s'enfouir ainsi, à labourer, à écraser la vie secrète qui réclame lumière... »

J'ai noté tes mots pour ne pas les perdre, tant j'avais envie de m'y reconnaître, de me les approprier.

PRINTEMPS

Me voilà au matin du printemps, émerveillée par ce flot de vie en moi, par de nouvelles sources de bonheur en mon corps révélé. Par la rencontre inespérée de désirs enfouis et retrouvés ! Ce matin, juste à l'éveil, j'ai aimé t'écouter te dire, me dire, nous dire. Ta voix douce et ferme comme ta main caresse mon oreille, mon cœur et mon corps. Cette douceur qui me révèle à moi-même, me définit, m'ouvre et me ferme en même temps.

Complétude — Plénitude — Finitude — Je suis la vie ronde comme une terre ensemencée. Ce matin, c'était hier où j'étais encore avec toi, boule de feu déposée au creux de tes reins, pleine d'un nous printemps.

A peine née, cette saison-tremplin s'enfuit en projets vers la suivante. Tu dois partir cet été avec tes enfants. Ce voyage, je croyais l'avoir bien caché dans les replis de ma mémoire. Pourtant, à mon insu, c'est lui qui a fait la journée glauque. Je ne comprenais pas combien j'étais perdue, déchirée entre le respect de toi et mon besoin de toi. Je t'ai appelé à nouveau et n'ai pas su te parler. Je ne savais pas ce qui se passait en moi. Et puis soudain, au téléphone, j'ai hurlé, j'avais mal au plus profond. Je pleurais comme si tu étais perdu à jamais, très loin, plus loin que les distances connues. J'ai compris ta lassitude, avant même d'entendre le déclic. Tu avais raccroché. J'ai perdu connaissance je crois, car le téléphone était encore à terre quand je me suis relevée. Je suis redescendue dans les abîmes noirs, sans générosité, prise à nouveau dans les souterrains nauséeux à être sans toi. J'ai mal, Gaël. Mal de chercher à être, mal d'avoir à retrancher en moi des morceaux de vie, mal de me détruire. Mal de la lumière et de l'ombre. Du gris indolore où la pensée même se dessèche.

Ce voyage, je le hais de toute la violence dont je suis capable, de toute la violence de mon amour. Plus injuste que ce voyage injuste, je suis jalouse des visages, des objets, des paysages que tu vas surprendre, cueillir, connaître sans moi. Ce voyage, je le hais d'en être seulement le témoin invisible. Et puis les fleurs sont arrivées. Inespérées. Roses rouges, étincelantes dans leur fragilité. Avec toute leur tendresse lumineuse, assez pour éclairer, pour réchauffer toutes les nuits du monde. Ces fleurs qui me venaient de toi, qui me portaient vers toi. Ta présence-pétale recréée, le temps fragile devient à nouveau habitable. Et cette promesse de vie d'un temps de vacances à inventer pour nous deux seulement.

Dimanche à Paris.

Toute la journée j'ai peint. Je m'étonnais de n'avoir pas encore vu toutes ces lignes partant de ma fenêtre et sillonnant l'espace des toits. Je peins assise, couchée ou debout sur la table. J'ai tenté de dire avec des couleurs mon regard luttant contre la course du temps. La nuit allait venir très vite et engloutir la fenêtre, mêler les lignes, recréer un écran.

Je t'aime.

Toute la nuit je suis restée éveillée à tes côtés. Tu avais oublié un pull frais de ton odeur. Sa laine fut douce à mon épaule. Je t'aime. Ce mot à ne plus dire. Ce mot où je ne veux pas t'enfermer, car mes sentiments sont bien plus forts, oui plus tenaces. Je voudrais aux mots un sens unique, celui que je leur donne pour toi seul.

Et le lundi matin j'ai manqué le train. J'avais trop dormi, bercée entre les manches de ton pull. Durant la journée, je me suis réveillée plusieurs fois pour peindre à nouveau, couchée sur la table, en pyjama ou nue, captant de ma fenêtre un paysage inventé. Lorsque je suis repartie tard dans la nuit du lundi, par le train de Nantes, la route s'est ouverte sans difficulté. De Tours à Loches j'ai roulé doucement pour tromper les distances. En arrivant, j'ai trouvé le pull autour de mon cou, à même la peau sous mon chemisier. Ce matin, avant de reprendre les cours, j'ai jeté mon cafard, cette noirceur de l'âme, à la rivière. J'ai seulement gardé ma peine. Chargée de toute ma mémoire, je vis avec elle. Parasite d'un rêve clos qui ne débouche pas sur un réveil, qui ne s'écoule pas aux rives des matins.

Entends-tu le besoin que j'ai de toi, ce soir? J'ai l'empreinte de ton corps dans l'ombre de mes mains. Et je sais ton cri. A chaque fois, ton cri d'extase, libéré à pleine gorge, je le perçois comme le plus beau don de l'amour. Comme l'expression la plus violente de ton partage. Je reste là, éveillée, présente, oh! si présente, lourde, lente, émerveillée.

Dans ces moments, j'ai besoin de l'accueil de ton épaule parfumée, de l'immobilité attentive de ton corps, de la caresse apaisée de ta respiration. Mon corps te garde longtemps, refusant la séparation inéluctable quand ton ventre glisse du mien pour s'inscrire dans un espace autre.

Il m'avait tout donné,
mais savait si peu de chose sur l'amour
que j'aurais pu lui inventer encore.
Il m'avait tout pris,
mais savait si peu de chose sur l'amour
qui me restait encore.

... L'Autre, le grand rival invisible emplissait tout l'espace de mon amitié avec Pierre. Avec rage et mutisme, il me disait sa foi, son impuissance et sa passion.

« Je n'ai rien. Je n'ai pas de moyens d'expression contre lui. Une équation inégale. Je ne possède rien en propre. Je ne peux agir. Je hais ma jeunesse, mon âge. Tant d'insuffisance m'écrase. Je n'ai pas les moyens d'exister, d'être pour elle. Je ne peux que rester éveillé près d'elle. Présence dérisoire, balisée de sourires furtifs et de regards aveugles. »

Il inventait, pour se donner consistance, des situations folles. « Il faut la sauver malgré elle, la séquestrer au besoin — ah ! si elle était malade, tuberculose, cancer, dépression — autant de maux bienfaisants pour échapper au pire. Si nous étions en Afrique, j'achèterais à un sorcier le philtre magique pour la délier, le sortilège pour la réveiller, la rendre à elle-même. »

Le vent est encore jeune, et le soleil trop incertain pour être le centre du monde. Le ciel grimace lentement au gré des nuages laiteux et sans saveur. Tous les arbres sont là, en attente. Les bouleaux sont les premiers, ils sont montés haut chercher leurs feuilles de dentelles. Le vieux sapin de la cour, lui, ignore les saisons. Lui seul connaît toute notre histoire, lui seul reste attentif à ma présence. Les hêtres sont trop en retard, leur sève qui s'éveille est une rumeur encore lointaine. C'est pourtant eux qui délimitent le bout du ciel au-delà de la rivière. Tout a commencé quand le vent s'est tu. Tout se dessina lentement entre les branches noires. Ma promenade s'acheva près d'un talus moussu. Ai-je dormi si longtemps? Un élève, dont je t'ai parlé, Pierre, était là, immobile à mes pieds, tenant ma main droite sur sa joue, les yeux sérieux et graves, le front têtu, le corps noué d'attentions émues. Ai-je dit « Pourquoi cela ». Ai-je dit « Non ». Ai-je dit « Relevez-vous ». Lui ai-je dit « Partez ». Ai-je dit « C'est toi Pierre ? ». Il est parti en courant, oubliant son foulard. Faut-il que je lui parle? Pour lui interdire de s'intéresser à moi, de m'aimer, de penser à un amour possible.

Je découvre à travers lui ma propre folie. Le seul amour possible se donne la nourriture des circonstances. La solitude, je le sais maintenant, est d'être seul à avoir un désir.

Scandale au lycée. Le printemps est là depuis plusieurs jours, peut-être était-il plus précoce pour les enfants ? Le proviseur est hors de lui. Le chœur des professeurs accompagne en mineur. La découverte est d'importance. Un nouveau fleuron va s'ajouter au domaine royal, c'est-à-dire au lycée. Le bâtiment casernal du lycée est surmonté d'un toit, ô surprise ! Les yeux des adultes l'avaient oublié. Sous ce toit un grenier profond comme un navire. Immense d'obscurité et de recoins, labyrinthe en voyage. Ce grenier était le domaine de Jean-François, douze ans. Depuis « plusieurs mois » il occupait « les lieux ». « Au fond, il en est l'inventeur », commente M. Marty, le professeur d'histoire.

Jean-François, élève de cinquième, interne de surcroît, disparaissait plusieurs heures par jour. Seul, il découvrait, aménageait, peuplait ce continent qui voyageait au-dessus de nos têtes. L'exploration n'était certainement pas achevée, il devait rester des terres vierges, des espaces inconnus encore en attente... Jean-François avait toute sa scolarité devant lui. Dans peu de temps — le grenier deviendra dortoir, électrifié, aseptisé, carrelé, éclaté au jour par d'immondes chiens-assis.

Jean-François, enfant « sournois et vicieux, qui-sait-ce-qu'il-faisait-là-haut-tout-seul ! », sera renvoyé. Son mutisme l'accuse. Sa violence contenue fait peur. Ses yeux secs seront le miroir de mon impuissance à le défendre. Je découvre comment les adultes colonisent les aspirations des enfants, en détruisent les potentialités pour confirmer leur pouvoir, étendre leur ingérence.

Je ne fais pas le poids au conseil de discipline. Puis-je exiger qu'on lui restitue « ses terres », qu'on le remercie d'avoir permis la découverte de « mais-c'est-ce-qu'il-nous-fallait-pourquoi-ne-pas-y-avoir-pensé-plus-tôt-à-ce-dortoir ». Il est déjà trop tard. Le proviseur traverse

la cour, pour la première fois depuis que je le connais, il
marche les yeux au ciel. Il montre le toit du doigt, il
dessine à grands gestes sur l'horizon des tuiles « l'exten-
sion de l'internat » ! Le grenier découvert est tombé
aux mains des adultes, irrévocablement. Je me suis
repliée sur ma classe. C'est un peu moi qu'ils ont
renvoyée du lycée. Je ne resterai pas l'an prochain.

Ce soir, je me rapproche de toi. Je crée une soirée
pour nous deux. Une soirée où tu resterais toute la nuit
près de moi. Longtemps je t'aimerais, bien au-delà de
ton épuisement. Puis à voix basse, dans cette pièce enfin
habitée, je te dirais les merveilles accumulées. Je dirais
notre vie durant de longs jours. Tu m'écouterais vivre.
Tu serais ravi de m'entendre. Nous serions chauds. Il
n'y aurait plus de temps. Plus de temps à surprendre ou
à chercher.
    Dans le silence de ma feuille blanche, je n'ose me dire
l'avenir qui restera quand le temps reviendra. Et le
temps revient toujours au détour d'un mot, d'un regard,
d'une inattention de l'œil. J'ai entendu dire une fois
auprès d'une malade mourante : « Un peu plus d'amour
aurait pu la sauver. »
    Je sais bien que l'apparence de l'amour n'est pas
suffisante. Vient un moment où l'imaginaire s'appau-
vrit. Il n'alimente plus les mots. Le sang de l'absence est
stérile, il faut puiser dans les réserves.

Gaël me vivifie à nouveau, à petit feu, à petits mots. Il
téléphone souvent. Voix affectueuse, chaude. Voix
inachevée à mon oreille. Je deviens archéologue en
fouillant ses silences, en recherchant les mots qu'il ne dit
pas. Je deviens cosmonaute en tendant le corps à des
caresses que je n'ai pas. Je suis aussi funambule sur le fil
étroit des certitudes, à la poursuite de ses sourires, s'il
me souriait...

... Un événement imprévu introduisit les Indes dans la classe ce printemps-là.

Son collier de bois s'est défait. Les morceaux de santal ont roulé sous les tables dans toute la salle de cours. Nous avons cherché longuement chacune des perles de bois odorantes et satinées et les rapportions au creux des mains comme des joyaux inestimables.

« Elles sont pour vous, un collier ouvert ne peut redevenir collier. » Nous reçûmes chacun une boule de santal comme on reçoit un mystère. Ce don inattendu éveilla nos inquiétudes. Pierre les exprimait ainsi : « Son sourire n'est plus le même — elle est triste — elle est plus silencieuse. Son regard n'a plus la force de nous réveiller, de nous réchauffer... » Pendant plusieurs jours nous parlâmes de l'Inde et d'elle.

Un soir, chez Cordier, nous conçûmes le projet de la faire s'évader de son amour.

« Lui saisir la main et la conduire au-delà de l'Autre. » Nous projetions de recréer un univers à sa mesure. De la libérer de ses peurs. Qu'elle redevienne telle que nous la connaissions au début, telle que nous l'avions reconnue. Pierre réaffirmait : « Je dois aussi me libérer, transformer mon impuissance en forces d'amour. Ne plus lui cacher mes regards, ne plus me nier, ne plus me réduire. Ne plus attendre. Ne plus être pur de fausse innocence. Ne plus être protégé par nos

différences. » Ainsi nous nous affirmions pour Claudel
contre l'Autre. Mais ce n'était qu'un levain sans pâte, il
y manquait aussi la violence du feu.

Nous naviguions les uns et les autres, sans le savoir
tout à fait, dans des mondes parallèles. Notre jeunesse
seule nous donnait l'illusion d'aller à la même vitesse.

Tu ne me vois pas dans la grande chambre de Loches, murmurant ta présence. Un homme est là tout près de moi, buvant le temps à travers le whisky offert. Je ne le connais presque pas. Professeur égaré lui aussi. Il parle, parle. Je parle, aussi. Nous ne nous écoutons pas. Il prend ma main, caresse ma joue et je t'appelle de tout le cri de ma solitude. Il arrange gentiment la mèche de cheveux qui barre mon nez et me sourit, approche sa bouche de la mienne, sans voir mes larmes. Je lui dis bonsoir, il ne veut pas s'en aller. Tu n'es pas là, il le sait. Il veut m'embrasser, me donner vie peut-être. Et je souris. Je parle encore, il s'en va au milieu d'un écheveau de mots. Nous n'aurons rien tissé ensemble. Tu ne me vois pas dans la grande chambre blanche au bord du lit où moi aussi je voudrais te caresser. Où toi seul sais m'embrasser. Tu ne me vois pas, désespérant de n'avoir pu imaginer sa présence pour apaiser ton absence. Tu ne me vois pas, dans ma rue le matin, nue sous la robe blanche. Un homme est à mon bras que je ne connais pas. Il parle, parle pour reconquérir sa nuit manquée. Je raconte des histoires sur l'amour sans amour. Il n'entend pas que je t'appelle de tout le cri des heures sans toi. Tu ne vois pas les salles laides des bistrots mal éveillés et sa main sur mon bras, pression molle approuvant la laideur d'alentour. Tu ne vois pas les terrains vagues et les chardons desséchés sans espoir

de refleurir. Les pans de murs sur nos deux ombres
vides. Un homme est à mon bras, un inconnu de plus.
« Vous avez une pointe d'accent du Midi, Tulipe, d'où
cela vous vient-il ? » Et je t'appelle encore plus fort dans
le feu d'artifice des visages qui montent. J'entends
l'accent qui t'identifie, entre toutes les voix, l'intonation
particulièrement douce avec tes enfants. « J'ai envie de
raconter une histoire à mon petit câlinou... » ou
encore : « Oui, mon caillanou, mon chiffounou, je
t'écoute. » Je me réconforte ainsi, écoutant ta voix
parlant à tes enfants comme toi seul sais le faire. S'en
souviendront-ils ?

Puis tout cela s'éteint, soufflé par le vent de ma peur
sans toi, au bras d'un inconnu qui aurait pu être toi.

Comme une pensée, comme un sentiment venu de
plus profond, comme une feuille soudain échappée de
l'horizon, je surgirai venue de loin. Brillante de choses
vues. Je me montrerai, je me prolongerai en toi le temps
d'un regard.

Quand je serai ailleurs, tu auras autour de toi des
traces de ma présence. Les objets aimés pour toi. Du
plaisir dans la mémoire de ton corps, et mes yeux le
temps d'un sourire. Toujours renouvelée, je reviendrai
de plus loin encore, plus lumineuse à ton souvenir.
Bateau en mission de trésors, je ramènerai les richesses
éparses de la tendresse humaine. Je serai la navette
tissant des vies autour d'un abandon et les fils de mon
désir te conduiront au seuil de l'infini.

Un jour viendra où, partie trop loin, il me faudra plus
que le temps d'une vie pour retrouver mes pas, ainsi
s'achèveront les voyages... Tes rêves me rejoindront
encore quelque temps, puis ton oubli, plus profond que
les distances, plus grand que les mondes connus. Je serai
très discrète. Accompagnant tes pas, aimant tes amours,
suivant tes pensées, te précédant sans te freiner, me
reposant, inconnue auprès de toi et riant tendrement à

l'intérieur de ta tendresse. Dans la mort de nous, je serai plus proche de toi. C'est dans la mort de notre relation que je pourrai enfin t'aimer uniquement pour toi, m'oubliant enfin...

Envoûtement.

Ma présence au lycée devient vague, floue. Impalpable je traverse les couloirs et les murs portée par une attention trop vive de regards. Les heures moribondes s'écoulent, morceaux malades du présent, elles s'évadent alentour dissociant l'univers. Elles s'installent parfois dans mon passé, muraille protectrice contre les désirs invaincus qui tenaillent encore. Je grelotte de froid et de vide devant mes élèves. Leurs yeux glissent et patinent sur moi pour se perdre dans leurs questions. Pirouettes de leurs âmes qui retournent à la fosse commune du temps.

Et tous ces mots non dits. Et ces liens qui flottent sans attaches. Brouillards toujours renouvelés traversés de lueurs éclatantes. Ce sont les forces vives de toi qui résistent sauvagement à l'étouffement. Je te donne le nom de ces témoins inconnus de toi. Jean la douceur, Pierre l'inflexible, Eric le silencieux, à la tendresse ouverte, Bruno vif-argent, Marine malicieuse, Nathalie rêveuse, Clara scintillante, François la colère. Ils attendaient de moi l'impossible. Ils attendaient de toi une révélation. L'hiver est fini. Le temps des naissances est passé.

J'ai froid dans mon ventre vide. L'espace se rétrécit à ma mesure, puis augmente soudain, éclate en lambeaux inachevés. Si tu es là encore, chasse mes pensées noires, mon Gaël, donne-moi un semblant de cohérence. J'en suis au septième mois d'une gestation impossible, celle de te porter absent de moi. Je suis engrossée d'une absence trop lourde.

Crois-tu qu'on peut crever de vivre ? Je regrette tous mes choix. Je veux tout saisir, tout étreindre. Tout ce qui était souterrain, obscur, se révèle, exige le grand air, se tend vers la lumière, appelle à grands cris, veut boire à sa soif, manger à sa faim. Mon corps est trop étroit, ses mesures craquent. Toutes les impossibilités qui l'habitent, par une aspiration violente à la lumière, le désintègrent, l'éclatent en soleils dentus. Révélation fugace qui s'estompe à peine ressentie.

Gaël une fois de plus, lentement, délicatement, essaie de mettre fin à notre histoire. Il n'écrit pas, ne téléphone plus, ne fixe de prochain rendez-vous qu'en disant « A je ne sais quand ». Nous ne partageons plus rien, si ce n'est quelques gestes hâtifs, quelques caresses qui sont des dons à notre inquiétude. « A dans trois siècles », dit-il pour clore une séparation. Pour lui, je sais que c'est grave. Il ne rêve plus, ne fait plus de projets, ne vole plus d'idées, ne transforme plus l'univers qu'il rencontre pour en faire des virtualités. Se déshabituer progressivement l'un de l'autre permet de marcher encore ensemble vers un même but, une dernière fois. Ce n'est pas un amour qui s'éteint, mais une relation qui s'apaise. Je cherche vainement de nouveaux moyens pour me taire, pour me rendre invisible. Pour laisser Gaël aux lendemains sans moi. J'imagine des recettes pour l'aimer d'une « autre façon » jusqu'à l'épuisement des temps. Des trucs pour ne pas le perdre totalement.

Je cherche l'espoir de l'aimer sans le savoir, en cachette de moi.

Avril

C'EST le temps qui t'accompagne. Ton nom est devenu synonyme de temps. Le temps de te quitter, le temps de te perdre, le temps de te retrouver. J'attends un jour entier. Une vie complète pour me montrer à nouveau riche et jeune, heureuse, pleine de promesses apprises sans toi. Quand je reviens le dimanche soir ou le jeudi perdue et fatiguée, je me sens laide. Je me resserre autour d'un semblant de moi me protégeant du froid qui envahit tout mon corps. Je m'accroupis, dans ma chambre, les cuisses serrées, lovée sur un reste de chaleur au plus secret de mon ventre. Je suis tout l'abandon de la terre, dans un monde peuplé de frustrations.

Vivre à l'économie de ses pensées. Se ménager doucettement comme un malade que le grand air chavire. Ne pas s'imaginer à l'avance la couleur des jours. Respirer parcimonieusement un air inodore, sans goût. Compter le temps pour le tuer plus sûrement. Laisser suinter les souvenirs et leur odeur de fièvre. Oui laisser se perdre les élans, ne plus les recueillir. Egarer leur trace. Dans ces feuilles à jeter au fil de l'eau, je tiens le journal de l'imaginaire. Dans ce temps de folie elles sont le sens et l'aboutissement d'une existence. Chaque mot est un chemin qui me conduit à toi et à son impossibilité. Chaque phrase une invention nouvelle de toi et ma destruction. Chaque page une certitude perdue et un labyrinthe où je me cherche. Il y a longtemps, tu as pris soin de te survivre dans tous les objets que tu m'offrais. « Ils sont ce que j'ai de plus durable, disais-tu, ils sont ma signification. »

Les bagues et les colliers que je porte, les livres que je lis, feuillette, ou annote. La lampe qui éclaire mes peurs. Le tapis pour étouffer mes pas et adoucir nos étreintes. Les deux lithographies de Picasso que nous aimons pour le plaisir des yeux, pour le plaisir de notre connaissance à les avoir découvertes ensemble. Cette table comme elle est belle. Tes mains y sont inscrites. Tu m'as expliqué sa fabrication, tes difficultés à vaincre le bois. J'aime poser ma joue dessus, sentir le satin du bois, suivre du regard le veinage roux, qui coule brusquement dans l'immense gerce du milieu. Tout cela te reviendra. La bibliothèque aussi t'appartiendra — ces lignes d'arbre sur le mur blanchi — elle contient mes livres de jeune fille, toute la séduction des jours anciens, elle recèle nos découvertes, nos amours communes. Chacun des livres qu'elle porte est un lien, un guide vers toi. Tout cela te revient. Je suis un cadeau qui te choisit. Brassens ne m'en voudra pas de me servir de lui pour me dire plus.

Ce jour-là encore, nous fûmes au rendez-vous, moment arraché à nos occupations par je ne sais quelle volonté de l'un ou de l'autre. La librairie nous accueillait dans son sous-sol calme, celui des livres d'art, des reproductions, des photos, des lithos, des affiches que nous aimions à retrouver, heureux qu'elles ne soient pas déjà vendues. La vendeuse s'est absentée, nous confiant à ces merveilles.

Aujourd'hui il me parle de l'atelier de Giacometti par Genet, il déborde de tendresse pour ce livre d'amour. Je retrouve sa douceur, sa plénitude à parler de ceux qu'il admire. Lui qui écrit en secret et ne montre jamais, en parle comme des égaux et son admiration m'en paraît plus belle. Ma joie est calme et mesurée auprès de lui. Tout entière présente je recueille ce moment comme une offrande. Plus tard nous avons joué avec nos sourires, nos mains, nos regards, notre savoir d'être ensemble. Nous avons ri sans motif, par simple besoin d'être heureux. Près des quais il m'a serrée doucement. « Il faut nous quitter. » Non, tout en moi dit non, ma tête, mes lèvres, mes yeux. Puis ce froid immense partout. Pas encore, ce n'est pas possible. Je devenais laide, vieille, desséchée. Je me sentais criblée de trous d'où s'échappaient mon souffle, mon sang, mes sentiments. Autant de plaies par où s'écoulait ma vie. J'ai essayé par mes cris d'arrêter le chaos. S'engouffraient dans le même temps des blessures anciennes à la place laissée vide. A cet instant je suis devenue folle, aliénée. J'ai dû avoir quelques réflexes de fuite, d'annulation avant de m'abandonner, d'être étrangère.

Il m'a dit, plus loin dans la nuit, que je secouais la tête sans arrêt, les yeux fermés, qu'il m'avait sentie fondre, diminuer, devenir liquide. Sa frayeur était encore visible dans la chambre. Il m'a déshabillée, chauffée, nourrie, protégée toute la nuit.

Au matin pour l'aider à partir j'ai fait semblant d'être guérie. « Il me faut maintenant donner le meilleur de moi-même à mes enfants... le meilleur de moi-même à mes enfants... le meilleur de moi-même à mes enfants... »

J'avais donc eu, moi aussi, une part du meilleur de lui-même. Il souriait de toute sa volonté d'adulte sage, de toute sa bonté d'homme, de toute sa gaieté d'être en vie, de toute sa tendresse de m'avoir aimée. Il souriait de m'annoncer ma mort prochaine.

Un peu plus tard des gestes me parvenaient encore de toi, et m'agitaient tout entière. J'ai dû être mal tuée, quelques nerfs récalcitrants témoignent encore. Fantasmes, dit ma raison que je n'entends pas. Je ne m'explique pas ma violence à te survivre, mon corps. Tu étais ma justification.

Avril qui dure, se perdure.

Je viens d'un autre monde. J'ai fait un voyage éclair à Berlin. Est-ce un privilège, une chance, un prélude, un premier pas vers ma fuite ? Je ne sais encore. Le Mur. J'allais le voir, presque sereine. Il y avait tant de soleil ce jour-là. Tant de bontés se répandaient autour. Les grands jardins de la ville sentaient les odeurs que j'aime, la feuille, l'eau, le gravier sec, la paix. Le Mur. En une seconde tout a changé dès que je l'ai vu. Une nuit ils l'ont dressé, mauvais, à hauteur d'homme puis plus haut pour interdire la liberté. On ne le voit pas de loin. Dur, rugueux, presque fragile avec les barbelés du dessus. Ce n'est pas un rempart, mais un obstacle caché. Un filet pour couper la route. Il est là comme la mort, injustifié, venu hors du temps. Il est plus qu'une fin, l'interruption d'un commencement. Il est arrêt. Il est l'interdit profond de chercher sa source dans le secret des étoiles. D'un seul coup je suis devenue tous ceux qui la veille s'étaient dit au revoir, à demain, à bientôt. Qui se tenaient la main, puis s'éloignaient en faisant des signes. Et qui au matin ont vu l'interdiction de se joindre, l'impossibilité de retrouver la main aimée. J'étouffe comme eux. J'ai envie de crier. Je suis devenue ceux qui s'aimaient et se regardaient coupés l'un de l'autre par le Mur. Je suis devenue le signe invisible qu'ils se font au-delà du Mur.

J'ai imaginé le jour où l'un d'eux n'est plus venu au rendez-vous du Mur. Le jour où l'une n'a pas vu de main levée pour elle. Une absence de main signifie un amour mort, étouffé, oublié, perdu dans une autre ville, dans un autre cœur.

Je t'ai vu aussi, devant moi et pourtant loin, très loin à cause d'un mur qui s'élevait. Un mur long, bas, rugueux, hérissé de pics. Je te voyais me souriant, sans parole, sans geste. J'entendais tes mots. « Je ne sais plus. Qu'est-ce que tu vas faire maintenant ? » Tu étais là, me regardant longtemps, derrière le mur, dans un décor de maisons éventrées, me forçant à sourire, à ne pas pleurer, à ne pas désespérer, m'invitant à survivre. Tu étais sans promesse, sans joie et je savais cependant que je franchirais le mur malgré toutes les défenses. Je savais qu'on me tirerait dessus. Je savais qu'il fallait traverser l'opacité des pierres et des nuits, c'est pour cela que je suis revenue, paisible, de Berlin. Un jour le Mur tombera.

CHANGEMENT

Les murs ne sont pas toujours au-dehors...
Dans tous les murs il y a une lézarde,
            dans toute lézarde, très vite,
            il y a un peu de terre,
dans cette terre la promesse d'un germe,
dans ce germe fragile, il y a l'espoir
d'une fleur
et dans cette fleur, la certitude
ensoleillée
            d'un pétale de liberté
Oui la liberté est en germe même dans les
murs les plus hostiles
La liberté peut naître d'une fissure,
d'une rupture,
d'un abandon.
Elle peut naître aussi d'une ouverture,
d'un mouvement
ou d'un élan de tendresse.
La liberté a de multiples visages,
elle est parfois la caresse d'un regard
qui a
croisé le mien,
le rire d'une parole qui a transformé
la mienne
            pour en faire un chemin.
et dans ces murs aussi, il y a des lézardes...

laisse pousser tes fleurs !
elles sont les germes
de ta vie

On dit que même les bouches du métro sont murées, que les égouts sont obturés, que les fenêtres donnant sur Berlin-Ouest sont condamnées. La terre est partagée au-dessus et au-dessous par une ligne de refus et d'interdits. Toutes les issues sont bloquées. Partout la mort attend. Ce Mur, je le connais bien. Je l'ai reconnu tout de suite. C'est celui qui nous sépare, il est possible de partager un corps comme un pays.

Pour m'endormir je pense à Délos. Ile de pierres blanches et roses où je fus statufiée, puis changée en chaux et devenue blancheur sur un mur inconnu.

Pierre me dit entre deux cours que le cheval est le seul animal à ne pas gémir quand il a mal. Blessé, le cheval n'émet pas un cri, pas un son. Il reste noble et silencieux dans sa douleur. C'est pour cela, peut-être, que l'homme ne résistant pas à ce silence l'achève d'un coup de pistolet ou le tue d'une piqûre.

Je respecte ce garçon et je crains de le blesser par maladresse. Aussi je ne lui dis pas que je me voudrais moi aussi semblable au cheval. Ce serait mieux pour moi, et aussi pour toi, mon Gaël.

C'est vers le soir que j'ai enfin entendu ce que Pierre me disait, en parlant du cheval, ce qu'il me disait de lui.

Je crains de trouver des satisfactions à gémir. Oui, des

satisfactions, les dernières peut-être venant de toi.

La nostalgie de toi, comme une drogue qui ne m'apaise plus.

Je parle de la mort, j'y songe sans y croire. Je ne me sens pas encore tout à fait concernée par elle. Cependant elle est proche de moi, je puise dans sa présence un certain courage, une force à nier l'usure et la détérioration de nos sentiments, de nos preuves d'amour. Une très forte sensation de liberté m'envahit à évoquer un choix possible, une maîtrise ultime.

Attente. Contre le désespoir des têtes, les mains battent et frissonnent. Le corps est lent à croire qu'il est seul. Résonne toujours l'habitude de tes mains, de ta peau sur la mienne. Le souvenir des gestes de l'amour contre la faim des caresses. C'est d'attente blessée que je meurs. L'amour que nous faisions, que nous nous donnions l'un à l'autre était le phare qui jalonnait les jours, au plus épais des distances. Amour-balise réduisant les silences et les peurs, pour devenir soleil au plus profond des absences. Mon corps doit t'aimer mieux que mes pensées. Il t'a englouti, absorbé, digéré. Mon corps au plus infini est resté jeune. Il bouscule encore le réel à chaque pas. Poisson pilote il me guide, me fait signe tout à la recherche de toi, d'océan en océan, de chaos en chaos. Mon corps-plaisir reste la mémoire vivante du tien.

Mon corps-de-vie-courante — corps-mort sans amarre — flotte encore à la surface des apparences.

Gaël se fait invisible pour ne pas encourager mes désespoirs. Pour ne pas recueillir mes élans d'amour, pour ne pas réveiller ma folie. Sa présence est comme une pluie qui renonce à tomber sur un pays voué à la soif. Quand les bûcherons viennent abattre l'arbre, il tombe mieux si les racines sont mortes. Pour nous séparer, nos attaches devraient être fragiles et nos liens sans sève. Liens de papier et de mots je vous garde encore un peu. Se regarder sans se voir — parler sans se dire. S'écouter sans s'entendre. Etre ensemble, être deux. « Faire » l'amour quand il n'est plus possible de le donner. Interdire au présent d'enfoncer loin sa force dans l'avenir. Etre deux sans être ensemble pour un aujourd'hui de fin de vie.

L'un peut être l'autre, mais aucun ne le sait.

Mai

Tu avais un infini besoin d'être aimé. Cette soif d'amour, j'ai cru pouvoir l'étancher seule.

Il y a en moi toutes les questions, toutes les réponses. Te donner en un seul sourire, en un seul moment toute la tendresse, toutes les promesses, toute la confiance d'une existence entière.

Se taire, se rétrécir. Ne plus écrire et moins encore le dire. Clore les mots. Eteindre ce que tu es, ce que je suis. Reconnaître et accepter les nouveaux interdits puis secrètement, lentement laisser naître des distances différentes. Créer des barrières de protections nouvelles. Des lettres reviennent que je n'ai pas envoyées. Des lettres que tu n'as pas lues, car je ne les ai pas écrites. Mon visage lancé dans l'espace alors que je suis enterrée, et que seuls les yeux vivent.

Plus tard.
La ville s'ordonnait aux rayons du soleil. Nous étions sur un pont au milieu de Paris, au cœur des pierres rondes, nos mains se cherchaient. Tu as regardé l'eau essayer des images. Sur le tapis du ciel avec des bouts de

toits la Seine joue aux dés. Elle joue l'histoire de nos
malentendus. Jouons aussi. Nous avons vu le fond du
fleuve se charger de nos peines, mieux que nous les
reflets sauront ce qui nous porte à tant souffrir.

Plus tard encore.

Muette, immobilisée dans mes emportements, je
paralyse mon corps et mes pensées. Tremblante de dire
je t'aime. Une grande certitude de tendresse qui ne sait
où se poser. Une immense chaleur qui ne peut éclore,
éclater, se répandre. Un sanglot qui ne peut mûrir, ni
engendrer. Geste esquissé qui ne s'accomplit pas, égaré
par avance. Mes deux mains levées vers ton visage
s'arrêtent sans pouvoir te toucher. Nous voulons nous
donner le meilleur, étreindre l'ultime, je le crois, mais
l'effort est si grand, l'inconnu si pesant. Ton visage
offert ne peut s'avancer, seuls nos regards se rencontrent un temps infinitésimal, se traversent puis se
perdent, étrangers.

Je crois vivre dans ce regard qui traverse le tien. Sur
ce rayon d'infini je demeure tout entière. Je ne cesse de
lutter, d'avancer pour me prouver que l'amour n'est pas
seulement le résidu d'une satisfaction, qu'il n'est pas un
épanouissement repu. Il est au contraire recherche,
état de tension vers un rapprochement des pôles du
déséquilibre. Je sais qu'il est errements, incertitudes,
tentatives. Je dois ruser avec les images, stériliser mes
émotions, les anesthésier pour mieux les amputer.
Eviter surtout la gangrène de l'amour. L'envahissement
purulent de l'indifférence désespérée. Je me torture
pour te voir, seul, sans lieu, sans cadre, sans temps. Une
simple vision de toi « comme avant » me fait mal, un
mal laid. Tu ne parles pas, tu ne racontes plus. C'est
bien. Je ne veux plus te voir dans un espace où je ne suis
pas admise.

Tu laisses à l'intelligence du silence les souvenirs se dissoudre. Aujourd'hui un appel de toi me donne une voix. C'est un hurlement d'accouchée avec un sexe vide.

Nous sommes en mai. Neuf mois de gestation douloureuse pour accoucher de ma mort. Neuf mois pour porter notre séparation. Le joli mois que nous faisions naître ensemble, il y a un an déjà. L'attente de l'été enfin récompensée. Des soirées plus longues, des promenades dans Paris plus profondes. Une certaine douceur, un certain repos dans la plénitude.

Gaël.
Je me débats pour ne pas trop exister. Pour ne pas glisser trop vite entre tes doigts. Pour ne pas me dissoudre. Je me laisse deviner encore dans quelques mots. Lutter bien sûr contre mes peurs. Surtout celles de ne plus avoir de printemps avec toi, celles des étés noirs à venir. Partout je suis Françoise-dont-tu-es-absent. Ombre parmi les ombres, mon regard n'atteint plus les autres, il les traverse et se cherche bien plus loin. Je vis quelque part dans l'épaisseur de ton absence. La lumière me pénètre et s'évade, particule immobile dans une mécanique faussée. Quelques morceaux de corps survivent douloureux, leur mémoire est trop longue. Je sens par à-coups que le futur existe. Je dois le vivre certainement en souvenir. Puis tout se voile de présent. Présent épais, non vécu, mais déversé dans la fosse commune du néant.

Désir de m'enfermer dans le silence, pour décourager les appels. M'isoler, détruire les signes, faire un blocus.
S'il m'était possible d'assassiner l'amour.

Désaimer.
Combien ce verbe peut être actif.
DÉSAIMER.

Je vais chercher la vie échappée, au théâtre. Comédie de Beckett. Sur la scène trois formes immobiles, devant la nuit de la salle où brillent les visages lunaires des spectateurs. Au début, dans la foule des yeux, je suis spectatrice. Sur la scène trois personnages, chacun dans une grande jarre de terre. Seule la tête dépasse, elle aussi terreuse, anonyme. Bientôt mienne. Tous les trois sont mêlés à la même histoire, la leur, croient-ils. La même trame de sentiments, la femme, le mari et l'autre. Chacun inlassablement raconte son histoire, se raconte leur histoire. Notre histoire. Chacun se raconte pour comprendre, pour s'expliquer, pour s'occuper, pour se dire, pour sortir de la jarre, pour y rester ! La même histoire, trois fois, est dite, de la même voix neutre. Qui parle ? Le personnage femme, mari, l'autre, la jarre, le spectateur dans la nuit anonyme ? Qu'importe. La jarre comme la solitude ne se fêle pas. Chacun est prisonnier ou geôlier de son histoire. L'histoire ne sera jamais claire, jamais comprise à cause de la solitude. Chacun est mêlé, ou croit l'être, à l'instant du présent, au vécu immédiat puis séparé au moment du souvenir, ou l'inverse.

Toute expérience de vie, toute tentative d'être est irrémédiablement personnelle et inexplicable. Toute histoire, toute expérience demeure à jamais incomprise et irracontable. Ici même les vagues de la détresse et du désespoir n'affleurent pas. Spectatrice ou personnage, j'ai découvert notre histoire. Notre histoire était la jarre. Ai-je découvert aussi que nous n'étions pas dans la même jarre ? N'ai-je connu que la mienne, avec la couleur de mes sentiments, paroi et écran de mes désirs ?

Le silence a commencé. Il s'épaissit, se poursuit en tumultes floconneux. Dans ma tête, je ne te souris plus. Je ne feins plus de te voir, de te parler, je ne te force plus à vivre en moi.

Je suis tout entière un absolu d'amour — sans le comprendre tout à fait. Je suis bien au-delà des mots, des interrogations, des fuites. Je suis silence. Je suis amour de toi avec ou sans toi... Je reste cet amour. Ton regard sur moi a repris ce pas nomade que rien ne fixera. Il est le vent dessinant sur le sable l'empreinte que je suis un instant.

Puis le fruit du soleil explose, et recrée ma chambre.

Chuchotement, tic-tac des murs. Le désert souffle sur le poli de la table. L'attente aride d'un temps déjà perdu continue ou commence. La lampe bouge, auréole de sang ou frémissement du ciel dont je ne suis que le bleu...

Je m'abandonne c'est-à-dire que j'abandonne moi — pas seulement l'enveloppe, tout l'intérieur et le reste, le possible et l'impossible.

... Nous étions en froid avec Cordier le graveur. Il avait osé dire : « Elle sent la mort. » Nous ne pouvions lui pardonner de se séparer ainsi de ce que nous croyions être notre raison de vivre. Cordier faisait éclater ainsi notre mirage en donnant une réalité morbide à nos illusions. Ainsi nous découvrîmes soudain au milieu du printemps que nous étions seuls, Pierre et moi. La classe n'existait plus, tous les autres s'étaient évanouis de notre perception, rejoignant les ombres habituelles du lycée. En quelques semaines, une sorte d'oubli inattaquable s'était reconstruit, la surface lisse des jours ressemblait à celle des autres années. Il y a bien longtemps une pierre avait été jetée dans l'eau. Nous en avions été les ondes merveilleuses, nées à partir d'un centre englouti dans les profondeurs que nous ignorions. Nous étions Pierre et moi la dernière onde, plus tenace, qui se propageait encore à la surface des jours. Déjà le souvenir du choc initial se perdait dans nos consciences. La surface redevenait lisse, unifiée, pacifiée.

Pierre continuait de lutter pour combattre l'usure des peurs, pour réduire les incohérences, pour colmater les hémorragies de ses déceptions. Il devint de plus en plus silencieux et sa parole s'enferma dans ses écrits.

Pour te rejoindre un moment, au plus proche de toi, dans le vivant de tes yeux, dans la caresse de tes mains, dans l'infini de ta respiration. Me laisser porter et te laisser en dépôt mon corps-ouvert, mon corps-attentif, mon corps-accueil, mon corps-entente. Je me laisse ainsi être près de toi quand je suis ailleurs.

Ce jour-là, un arbre rempli d'humanitude se promenait dans ce coin de terre. C'est lui je crois qui recueillit le trop-plein de mes silences. Sage il ne soufflait mot à mes confidences. C'est ainsi que je sus qu'il m'avait comprise. Tentative de suicide ou tentative de sommeil. Le goût amer des cachets provoque le sursaut de la vie, l'estomac se rebelle plus vite que la tête.

Le corps tenace expulse sa violence. Seigneur, tout ce liquide. Un ventre aigu palpite en moi, s'accroche à mes jambes molles. Ma bouche hurle des hoquets de pierre.

Tentative de me survivre en créant l'irréparable. Comment dire le moment précis où l'attention d'être, de capter sa conscience bascule, tombe pour faire place à un malaise nauséeux. Je suis enceinte d'une vie trop précoce, engrossée d'un amour tentaculaire. Marteaux de ma tête, ceinture de feu qui forgent mon crâne. L'abîme glauque, rejeté devient un marais croupissant sur les draps. La fétide nausée une fade éternité

immobile, qui soudain déferle en spasmes amers. Les
murs se rident de boursouflures tristes, et se plissent aux
pleurs sulfureux. Un flot de grumeaux flotte au bord de
mon œil gauche. Quel gâchis. Le tapis vient à ma
rencontre, il est trop haut pour que je puisse en
atteindre le bord. Je dors.

J'ai de plus en plus de mal à écrire. Les lettres
s'enracinent autour de ma bouche, deviennent méduses
molles. Les mots mentent ou je les fais mentir. J'en ai
assez d'avoir froid. La brume ne se dégage pas. Un
travail de force cloisonne mes idées. Le temps refuse de
se réveiller. Même le soleil me fait mal car il tenaille des
images oubliées. S'éveiller, courir et suivre les spirales
irisées de la terre. Revenir à la certitude du grain de
sable. Je vis dans un silence tumultueux. Des sentiments
de haine et de violence naissent et se brisent sous ma
peau. Plus rarement une étrange douceur me déchire,
me laisse étonnée, épuisée, sereine.

Gaël, d'où me vient cette haine de toi, de moi aussi?
Quelle inconnue mauvaise surgit de mon angoisse? Je
brûle tes objets, j'ai piétiné le premier brandebourgeois
au moment de l'adagio. C'était trop intense. Cette flûte
comme imposée par toi devenait horrible. J'avais peur
aussi de l'allegro qui suit. Comme j'ai peur de ta joie, de
l'éclat de tes yeux, de ta présence. Comme j'ai peur de
la désirer, peur de l'indifférence, peur de l'esseulement.
Peur à la seule idée de peur. Je suis devenue vieille du
seul futur immédiat. Les souvenirs figés s'estompent.
Comme seule trace de toi, Gaël, il ne restera peut-être
que des mots inutiles, des objets dépossédés, une odeur
d'imprévu. Je change aussi d'état. Vais-je devenir
matière? Me verra-t-il dans les formes de bois, dans la
structure lignée d'une pierre ramassée pour lui à Skopelos? Me verra-t-il dans le métal, dans le tissu, dans la
terre cuite?

Je bois les sons du présent. Du présent éphémère, du

présent tenace qui roule et gronde contre les murs pour se multiplier.

Je suis dans l'œil du typhon, paix immobile entre deux tempêtes. Je suis dans un espace noué de trop de forces obscures. Les contractions du mal m'obligent à rétrécir, rétrécir. Je deviens toute petite, nodule dense. Hors d'atteinte je suis enfin expulsée sur une plage de pleurs — Les hoquets du désespoir ne peuvent plus rien.

Réminiscences voraces.

Toujours croire au soleil. Retrouver mon sourire d'enfant heureux. Et si je pleure que ce soit dans un autre temps. Surtout ne pas sommeiller, pour ne pas accélérer la mort de notre histoire. La vraie agonie doit être lente. Toi, tu ne dors pas. Tu aimes que je vive. Mes yeux se dirigent encore vers toi. Je ne me souviens pas s'il faut regarder ailleurs. Regarder ailleurs pour être séparée, décrochée. Mes yeux te serrent fort. Les peuples de la nuit m'assaillent.

Il est venu. Comme dans les jours anciens, il a frappé imperceptiblement à la porte. Et encore aujourd'hui, avant même qu'il ait frappé je savais sa venue. Ce n'est pas une question de bruit. Dans le vacarme des maisons, de la pluie, du vent, des pigeons sur le toit, de la musique aux fenêtres, je le perçois qui vient. Lui ne s'annonce pas, ne fait pas de bruit. Ses pas viennent de loin. Savaient-ils qu'ils le conduisaient jusqu'ici, jusqu'à mon attente ? Nous nous sommes aimés tout de suite, de tous nos corps, sans paroles, comme aux jours anciens de fêtes et de rires. Mon poids sur lui ne pesait pas, son poids sur moi se fondait au mien. Je l'ai regardé. Je l'ai vu un peu pour moi. Déjà bronzé et repu de soleil, habité de toutes les forces qu'il reçoit. Ensemble nous avons lu à haute voix les pages d'Hemingway sur Paris. Nous lisions debout. Je tiens le livre d'une main, l'autre

abandonnée à son ventre, le front sous son menton. Il
suit des yeux ce que ma voix raconte. Son sourire doit
être beau. Je souris en le regardant chercher avec ses
yeux une réponse à mes certitudes de joie. Il prépare un
sourire qui dira nous nous aimons encore dans les mille
demains qui attendent.

Mais il ne sourit pas.

« Je vais t'offrir un disque, une chanson », dit-il
brusquement.

La peur a recommencé là. Peur sans bruit tu es venue
et je t'attendais. Gaël-peur ta bouche muette crie dans
ma tête que nous allons nous quitter.

« Elle est triste la chanson que tu m'offres ?

— Non, pas vraiment. »

J'ai peur de l'entendre. Dans la voiture il fredonne un
air qui se répète gentiment. Chansonnette nostalgique
venue d'un autre océan pour m'annoncer mélodramati-
quement, en paroles et en musique, une évidence de
tous les jours.

> A quoi ça sert de chercher la lumière
> quand il n'y a rien à voir
> A quoi ça sert de chercher la lumière
> je veux rester dans le noir...

Dans la cabine d'audition, serrés l'un contre l'autre,
nous écoutons le verdict qui pour l'instant, loin de nous
séparer, nous rapproche.

> Moi, j'ai choisi la route solitaire
> pareille à celle du vent....

La chansonnette me bouleverse.

Il fredonne encore l'air, murmure des paroles, chante
l'amour qui doit finir.

L'amour comme une erreur.

Gentiment il s'inquiète de ma pâleur, de mon silence :
« Tu es bouleversée. » Je serre sa main, le rassurant. Je
lui offre mon visage. Ses baisers sont frais et fragiles.

Nous marchons sur les quais. Recommencement. Les
librairies, les ruelles, les bistrots et tous les toits, notre
royaume.

Notre-Dame flotte dans mes yeux. Arrachée un
moment à la nuit, au courant du fleuve, elle surgit en
pans de lumières sans matière. Taches lumineuses,
éphémères, mouvantes. Notre-Dame, notre témoin.
Nous nous sommes regardés longtemps. La chambre
était immense. L'hôtel seul pouvait nous accueillir. De
nos corps avides nous avons bu la sueur. Recueilli
chacun des gestes. Nous nous sommes reçus l'un à
l'autre. Je ne me révolte pas, moi je n'ai pas choisi la
route solitaire. Dans mes yeux tu continues de voir mon
plus grand regard, ma plus grande voyance. Je reçois
toujours tes mains, pour mieux m'élever et m'agrandir.

Renaissance avortée. Tes mains comme des coqueli-
cots sur le grand pré de mes désespoirs se fanent vite.

Je suis devenue chien galeux. Chien de froid, de vent,
de faim. Chien de solitude dans un univers de ponts, de
carrefours, d'asphalte noir. Personne ne me soupçonne
d'être morte. Au lycée les cours ne m'alimentent plus.
Quelques lambeaux de vraisemblance m'enveloppent
encore. Mes élèves de grandes classes sont-ils dupes ?
Un moment arrachées à leur nuit, les ombres redevien-
nent ombres. Leur destin s'accomplit. Lycée de Loches
tu n'as été qu'un avatar, épluchure d'un fruit jamais né.
Seul le regard de Pierre est un kaléidoscope où je me
vois brisée, parcellisée. Pierre mon témoin, c'est à lui
que je vais faire le plus de mal.

Si je devenais une parcelle immobile du temps —
forme figée et immuable. Un moment du temps d'où tu
ne puisses me déloger.

Il faut faire vite — tu n'aimes pas le temps gaspillé.

Le moment vient où il n'est plus temps de construire. Je reste les mains vides préférant m'épuiser au superflu pour mieux m'aveugler sur l'essentiel. Tu te hâtes de façonner des projets. Tu guides les autres dans les minutes comptées de ton temps. Dis-moi quelle œuvre à faire, une fois les prémisses accomplies ? Sais-tu clairement toutes les mesures comme les bâtisseurs du Moyen Age ? Sais-tu les mesures cachées sans lesquelles toute œuvre se vide de signification ? Ou bien es-tu prêt, pour ne pas être pris au dépourvu quand la lumière viendra — car une intuition me dit que la vie est grave.

Le temps est une aide prêtée sous forme de symbole. Il dit que nos actions orientent le monde. Il nous donne un cadre où les situer, une perspective — on a pensé pour nous, aux heures.

La vie a besoin de toi. Tu es appelé à participer. Mais l'appel est-il assez clair ?

Comment l'entendre ?

Si nous étions transparents et liquides dans notre écoute, comme l'eau, nous irions — en rivière ou en ciel — vers la mer. Ne croyez pas que je sois vivante pour vous. Je suis ailleurs, merveilleusement morte. Je suis d'un autre monde, attardée un instant. Je m'oublie à plaisir pour mieux glisser dans le néant. Les chiffres cachés m'entraînent vers l'invisible. Je ne suis plus de votre monde, vous restez à la porte. Je vous entends. Vous voulez me réchauffer, me retenir, m'aimer peut-être. Vous voulez savoir aussi, me comprendre. Tout cela pourrait être bon, chaud, vivifiant. Parfois je reviens, clin d'œil indécis. Mais je suis déjà trop morte. Il vaudrait mieux, Gaël, que tu me tues simplement, plus définitivement.

Mes sens ont une telle intensité que je vois des feuilles éclore doucement en haut des arbres ou jaunir peut-être d'un automne passé. J'entends le ciment du mur s'ouvrir et se détacher des pierres. Des milliers de visages, de pensées en rondes lumineuses et claires, tournent, s'approchent, se dénouent, disparaissent.

Mes sens me trompent. Ou est-ce alors la folie dévoilée ? La vie ne se laisse pas faire facilement. Je ne désire rien. Je veux tout.

Avec arrogance tout exiger de lui, des sourires, de la chaleur, des promesses. Une possession commune du lendemain, le partage du présent, la certitude du soleil. L'écorce de l'arbre monte, m'enveloppe, se resserre. Je suis bien.

M'habitent une autre architecture, une autre dimension, un autre langage. La même étreinte se referme, le même mot s'étire, le même univers issu de moi. Gaël, tu n'es plus.

Des signes clairs sur l'eau semblent cacher un vide. Je m'approche du geste de ma mort pour atteindre la survie. L'eau m'appelle.

Inutile violence pour déchirer un rêve.

Rester au bord de soi-même dans l'équilibre de deux inerties.

Basculer suppose un élan, un souffle. Rester, un appel, une force.

L'attente vaine, sans déchirement, prolonge un temps sans mémoire.

Je sommeille sans dormir.

Si je m'éveille en ce moment, je débouche sur la folie, dernière ressource de la vie. Je vais mieux. Je ne m'éveille pas. Je reste au-delà de ma déraison. Je n'ai aucun besoin. Je ne mange pas. Je bois beaucoup. Puis soudain, la folie est là, partout, à chaque coin de ma chambre. A chaque angle de mon cerveau, au coin de l'œil, elle m'épie et attend une faiblesse, un relâchement.

S'entourer de sommeil.

Hiberner, vieille solution. Au-dehors il y a des relents de vie.

Mai est un mouvement. Une révolution au-dehors s'est ouverte, enfantée par les étudiants et les lycéens. Il paraît que des gens bougent et se parlent dans les rues. Des échos de fête sauvage me parviennent endoloris, lointains, trop tardifs.

Mai est en vacances, je ne peux le savoir.

« La folie commence là où la conscience se met à empiéter sur la maîtrise que j'ai d'elle. » Le fou est bien celui dont la conscience infinie part à la dérive d'un univers trop grand, ou trop petit. Je vis une folie pour rire. Une folie qui n'est pas vraie. Seulement elle me protège encore, me retient un peu.

Il faut avoir vécu sa folie, avoir dépassé le néant. Peut-on la traverser comme on traverse la nuit pour retrouver le jour ?

Ma déraison est certainement trop petite, une folie de poche. Gadget personnel, elle reste sensation, acuité de perception. Je sens tout à distance. Ma tête, éponge crevée, laisse s'égoutter la vie. Mon cœur est devenu boussole. Il indique le centre, et se tord dans toutes les directions.

Mes écrits vers toi se perdent. Les mots se dissolvent, lettres invisibles, ânonnement symbolique d'un autre âge. Je ne peux plus écrire beaucoup. Les moments à peine éclos tombent dans l'oubli, quand ils n'ont plus devant eux une promesse de vie, de devenir.

Les mots s'égarent entre mon désir et ma main. Ils trébuchent et s'envolent. Les mots sont les pieds nus d'un enfant qui se lève au milieu de la nuit à la recherche d'un rêve qui n'est plus.

Mes lettres sont tristes, anachroniques.

Lettres de l'inutile.

Et toi, tu vogues sans rien entendre, mon Gaël.
Quand s'éteint même le souvenir des souvenirs commence le temps de la déraison.

Parler, parler. Les enfants bavent. Ma bouche articule des mots oubliés et ma langue figée est un morceau de cuir. Autrefois très loin dans les rues, j'ai vécu. Les bras nus, les jambes libres sous des jupes légères. Ma poitrine riait portée par le regard des hommes. Chaleur humaine, plus forte que le soleil, plus douce qu'une caresse. J'oscille, sans tomber tout à fait, sans me relever tout à fait. Pendule perpétuel. Lévitation absolue.

Mai éclate de partout — la rue explose. Tout ce mouvement dont je suis absente. Ma chambre est un blockaus. Harcelée je résiste à toute les sollicitudes. Portes fermées, main sur la bouche, yeux clos.

Là où je suis intelligente, je me sens vulnérable, atteinte. Là où je suis bête, je me sais inébranlable. Si je pouvais laisser la bête grandir. Je ne sais pas. Dans la saulaie des attentes, il n'y a plus de pleurs.

Soir de vague à l'âme, vague de souvenirs, mer de nostalgies sur des rivages blancs. Je suis plage au vent de tes caresses. Matin de sable fin, marin des eaux lointaines, bateau des mille demains, algue noire. Je suis algue au courant de tes mains. Heure des fleuves mauves, fleur des vents et marées, pleurs et sanglots des aubes roses j'attends l'aurore aux portes de tes mots. Vague à l'âme, lune mauve de la peine, vent vers toi à perdre haleine. Voile, je suis voile au vent d'un lointain rêve.

La mer m'attire depuis que Paris m'est fermé. Je dialogue avec l'eau. Dans cette ville-là les rues sont

étroites et les murs plus épais que mes silences. L'odeur
saline tapisse les maisons. Je sais cela, me semble-
t-il, d'un autre temps. Car les yeux voient loin au-delà
de mes peurs. Il faut une maison pour contenir le
quotidien et ses forces secrètes. Il faut des pierres
posées en contour pour donner un foyer et accueillir
un espoir de partage. Ménager un peu d'ombre pour
l'avant et l'après des voyages. En Grèce, les femmes
blanchissent les murs et les pavés pour mûrir un
repos. L'eau ne coule qu'à l'intérieur des maisons pour
étancher des soifs réveillées par les hommes. Les
avenues sont pour les villes d'où jamais personne ne
part.

Mes pas n'avancent pas, je réduis l'immobilité des
mondes à un clignement de paupières, à un mouvement
microscopique, au désir d'un geste à faire et qui ne sera
pas.

Mai se révolte pour tant d'années de silence. Peut-
être ce siècle est-il une erreur sur mon chemin.
   Ma folie est l'impossibilité de communiquer l'irrece-
vable désir. Une spirale ouverte. Une spirale fermée.
Enchevêtrement des désespoirs.

Il y a encore des résistances féroces, des défenses
souterraines qui tiennent bon. Le désir de fuir, d'abandonner, de me soigner, le désir de mentir. Vouloir
mentir. Désirer la paix. Etre jeune et aveugle. Se faire
accompagner. Soupirer auprès d'une mère autre que la
mienne. Mentir et vivre au chaud dans une maladie
incurable, indolore. Chaque matin réveillant l'impossibilité de souffrir.
   Heureusement je sais.
   Je me sais invulnérable à ce retour de vie.

Sous ma paupière close coule une rivière au clapotis joyeux.

Ne pas pouvoir me séparer de toi, mon Gaël, mais tenir bon. Accepter. Tu es une île-caresse sur l'océan de mon amour. Les communications sont rompues. Seules des ondes portées par les vagues restent. Impossible d'émettre ou de recevoir. D'ailleurs, c'est inutile. Emettre seulement avec moi-même puisque je suis tout toi. Je me suis condamnée à être océan, celui des profondeurs sans horizon de réalité. Je me suis dissociée, multipliée. Il faut habiter chaque partie de cet amour immense. Heureusement j'ai pensé à tout. L'amour est bien cet impérieux besoin de la présence de l'autre. Une immense présence dans le besoin de l'autre. Nouvelle mesure de soi.

Voyage.

Je n'ai plus le temps d'aller faire mes cours. Qu'importe. C'est le plein été en nous, sous l'océan. Les îlots se milliardisent. Ils ne sont pas immobiles comme on pourrait le croire, ils baignent dans le liquide infini.

Le moindre bruit me transperce.

Il est temps d'être à soi.

Partance.

J'ai traversé. Oui je suis passée.

Un bébé rieur s'est levé de ma poitrine. Il a dansé longtemps au milieu de mes pleurs.

Puis j'ai su que cette tristesse millénaire était partie, lavée.

Une feuille presque blanche où tu liras un sourire multiple.

Il est ce que nous serons encore, ce que nous avons été, ce que nous n'avons pu être.

Un sourire de quai de gare où demain inconnu trouve sa place autant qu'hier.

Il t'accompagne, pellicule invisible protégeant ton visage.

Je ne serai plus là pour le porter. Pour toi.

Plus savante que tous les livres, même à distance je nous souris.

> Puisqu'il me faut détenir
> le rêve plus haut que mon corps
> mais à peine au mistral de mon élan
> puisqu'il me faut lever l'offrande
> jusqu'à sa prière
> laisse-moi partir
> mais ne pas te quitter.
>
> Olympia Alberti

Tu es chacune des planètes d'un cosmos éblouissant.

Ma signification demeure malgré moi, sans toi.

Lecteur passionné ou patient
je t'invite ici
à un choix.
Deux chemins de lecture s'offrent à toi,
pour accomplir plus loin
ou achever cette histoire.
Je t'invite réellement par une décision
inhabituelle
à faire le choix de l'un ou l'autre
des deux chapitres qui suivent,
et à accepter d'en laisser un des deux,
libre de ta lecture.
Ce choix ne sera pas innocent
la suite de l'histoire de Françoise
et de Gaël t'appartient aussi.

Un livre a toujours deux auteurs
celui qui l'écrit, celui qui le lit,
ici plus que jamais, dans la résonance, le
prolongement de tout ce que tu as entendu.
Tu peux donc poursuivre à la page 332.
ou continuer à la suivante.
Il s'agit bien de la même histoire
et seule ton écoute en dira le sens.

A l'os du désespoir.

Une voisine avait vu les mouches.

Un énorme nuage de mouches noires autour de la fenêtre.

Par la suite, elle confirma à la police qu'elle avait bien vu une ombre immobile derrière le rideau plusieurs nuits de suite, comme un long manteau déchiré. Que la lumière brûlait dans cette chambre.

En plein jour, la chambre gardait encore son aspect de nuit : les vêtements sur une chaise, une tasse de café sur la table avec une croûte de sucre noirâtre au fond. La fin d'une nuit inachevée.

Elle dut monter sur la table, on retrouva un chausson dessus.

Quand la corde se tendit.
Elle ne savait pas que la mort venait si lentement.
Elle ne savait pas que la mort était ce scintillement d'étoiles.

Cette myriade de vie.
Un cri de lumière.

Dans sa main, un billet froissé :
« Je n'ai d'excuse que ma désespérance, c'est le prix de ma folie. Je n'ose te dire que je t'aime plus que moi-même. »

Gaël fut rejeté dans le monde des vivants.
Parfois il doute encore de sa mort.
Parfois même de son existence.
Il porte en lui des traces et des chemins où nul ne se hasarde plus.

... A Loches, l'été retrouvé emplissait nos silences. La disparition de Françoise nous sépara à jamais. Nous devînmes les uns pour les autres des inconnus, d'anonymes impénitents. Nous fûmes plusieurs à entrer dans la vie à reculons, porteurs d'une infinie détresse où se mêlaient parfois ses sourires et l'éclat de son regard.

Seul Pierre demeura longtemps encore mon ami et mon témoin.

Avant de s'éloigner à jamais dans la courbe immense de la vie.

« Voudriez-vous me dire s'il vous plaît quelle direction je dois prendre pour quitter cet endroit?

— Ça dépend surtout de l'endroit où vous voulez aller, dit le chat.

— Ça m'est égal, dit Alice.

— Alors, peu importe la direction que vous prendrez, dit le chat.

— Pourvu que j'arrive quelque part, dit Alice en manière d'explication.

— Oh, vous êtes sûre d'arriver quelque part, si seulement vous marchez assez longtemps, dit le chat.

Lewis Carroll,
Alice au pays des Merveilles

L'ÉTÉ

Cette nuit j'ai fini de t'attendre Gaël, j'ai épuisé mon temps de toi. C'est à la recherche de moi-même que je pars maintenant et non plus à la recherche de toi.

J'ai fini de te chercher et de me perdre en toi, de m'oublier aussi.

Je me sépare, je sors de la faim d'amour qui me comblait et m'ensevelissait. Je quitte ton non-désir de partager, d'accueillir ma tendresse. Je laisse ouverts les bords de nos déchirures. Il y a trop d'oublis, trop d'absences, trop de pertes de vie. Le temps est venu de rassembler les échos et les lumières de ce qui fut notre amour. De protéger, pour les garder vivants, nos tendresses folles, nos désirs entiers, nos compassions inouïes, nos émerveillements ensoleillés et aussi nos rencontres écorchées, nos attentes noires.

Ce qu'il reste de trous à nos mains déjà vides, ce qu'il reste d'étoiles à mon rêve. Je n'ai rien oublié et ne peux rien garder.

Notre amour était trop isolé, sans amis, sans témoin pour en dire la force, sans lieu et sans temps assignés pour l'abriter du futur.

Sans réserve
pour le sauver de sa souffrance.

Tu sais, la présence attentive d'amis aurait pu nous aider à comprendre et à progresser sur le fil acéré de nos élans brisés. Trop envahi par tes peurs ou tes projets tu n'as pu m'entendre. Tu n'as pu faire alliance avec la terre, avec l'eau, avec le ciel. Tu n'as pu te laisser porter par la lumière et par les rires.

Gaël, quelle solitude effroyable aussi pour toi d'être seul à porter mon amour.

Quelle folie secrète dans l'acharnement de tes refus à t'abandonner plus, à te laisser aller à travers heurts et récifs, à plonger plus profond dans les courants de nos rencontres.

Aveuglée par mes découvertes, je n'ai pas su comprendre moi non plus que cette femme-là, pleine de vie et d'espoir que je révélais, n'était plus cet être fragile, fusionnel, inconditionnel de ta présence, irréductible à ton absence, que tu avais aimé.

J'ai bien compris que tu as aimé plus l'amour que je te portais que moi-même. Et moi sans le savoir, je t'en offrais sans cesse. Tentant désespérément d'inventer l'amour le plus éblouissant qu'un être puisse porter. Peut-être étais-tu devant le choix ultime et impérieux de m'aimer, devenu trop angoissant car cela supposait aussi que j'allais peut-être choisir de te dés-aimer.

Ma décision de renoncer à toi va aussi t'éviter de faire face à cette angoisse, Gaël : m'aimer pour moi. Tu l'as dans le passé souvent contournée en multipliant tes rencontres et tes amours. Tu t'es protégé trop souvent de l'abandon possible, de la faim des amours et de leur fin.

Quelles peurs lointaines et présentes t'habitent-elles pour ne jamais oser aimer pleinement et seulement te laisser aimer ? Oh, avec quels fougue et enthousiasme, avec quels plaisirs, avec quels abandons et quelle folie tu acceptes et reçois l'amour de l'autre. Tu as reçu le mien merveille intacte, toujours renouvelé. Tu l'as engrangé, enrichi, redonné peut-être ailleurs.

Nous sommes aujourd'hui dans deux trains parallèles.

Peut-être le sais-tu déjà, nous roulons dans la même direction mais pas à la même vitesse, le mien a commencé à s'emballer, il m'entraîne loin du tien. J'essaie désespérément de courir à l'intérieur pour te rejoindre, te garder en vue, rester à ta hauteur, mais cette course effrénée à contre-courant ne sert plus à rien dans le bruit, la vitesse et le silence oppressant de l'irrémédiable. Je frappe contre les vitres, je hurle vers toi déjà déformé, tu ne m'entends plus.

Tu me regardes partir, passif, impuissant à me retenir, à quitter toi-même le train maladroit de tes non-demandes.

Qui suis-je pour toi, tu ne l'as jamais su...

Adieu, mon Gaël. Nous ne serons plus du même voyage. Nos chemins s'égarent. Nous entrons dans la nuit froide et douloureuse du perdu.

J'émerge dans un autre jour, un autre temps avide d'exister, seule la nostalgie restera fidèle.

Sa présence, compagne fertile, nourrira d'autres rencontres, d'autres chemins où aimer, rire et grandir sont possibles. Oui, je sors de la ronde, du cercle de la mort. Au lieu de la retourner contre moi, j'ai fait mourir la relation qui me tuait.

Sais-tu que ce matin, dans la douceur du petit déjeuner, la fenêtre s'est brusquement ouverte sur un coup de vent venu du plus loin de l'océan. Ta photo aimée s'est détachée du mur, elle est tombée dans mon bol de café. Je n'ai fait aucun geste pour la sauver — tes yeux noyés dans le noir liquide gardaient leur vivacité singulière, puis le papier s'est enroulé en spirale et a coulé sans flotter. Retrouvant sans le savoir un rite ancien j'ai bu ce café et j'ai dévoré ta photo amollie en quelques bouchées amères.

Voilà, tout est dit, consommé, consumé aussi.

Je me suis trop longtemps appelée Toi.

Tendresse
Plaisir
Offrande

C'est avec ces mots-là
que je poursuis ma vie
pour aller plus loin que l'oubli.

Il y a des amours qui ne meurent jamais, je le sais, je
le vis.

Ce qui meurt seulement c'est la relation.

Ces quelques points vitaux qui relient deux êtres. Ces
lieux magiques habités par l'autre se délient, se dissolvent. Le lien, et tout ce qui passait dedans, se libère et
retourne au cosmos.

Mes sentiments sont devenus lumière
échappant à la gravitation de toutes les
constellations présentes dans notre Relation-Galaxie
Regarde vers Orion le soir peut-être
le ciel y est plus lumineux.
Ce sera mon seul signe vers toi.

Cette dernière lettre c'est à Moi que je veux l'écrire. Lettre à Françoise devenue, à Claudel abandonnée, à l'aimante qui pendant trop longtemps a vécu à l'ombre de son amour et qui a bien failli s'y perdre avant même de s'être rencontrée.

Lettre à cette enfant que je fus, éblouie par le ciel de tes yeux et son envol d'étoiles.

Lettre à cette femme qui se découvre soudain si seule, si ténue, si nue mais se redresse, encore un peu aveugle aux limites du vertige, aux portes du vide. Qui cerne tout à coup la mesure d'une existence éphémère, mais qui cède devant la vie durable, qui pressent toutes les richesses enfouies et présentes dans son désespoir, qui entend les vibrations.

Françoise, trouve en toi les forces de te battre, de lutter, de te différencier, d'être debout.

Je te parle comme à une personne entière, tu es en chemin vers toi, la rencontre est prochaine. Tu as déjà accepté que des chemins, après s'être cherchés puis rejoints, puissent se séparer et puis encore se perdre.

Tu portes en toi, préservés, intacts tous les à-venir.

Je t'apprendrai l'existence, Françoise,
    celle qui permet d'être le créateur et le réalisateur de sa propre vie, de chanter en accord avec soi-même et

avec le monde, celle qui souffle sur le croire en Soi et qui ouvre sans relâche sur une infinitude d'étonnements.

Je t'apprendrai l'espérance, Françoise,

celle qui permet de prendre appui sur les échecs pour atteindre les trouées lumineuses du ciel, celle qui permet de dépasser la souffrance pour puiser aux ressources de soi dans les forces les plus vives,

celle qui voit au-delà des nuages l'ouverture au soleil pour renouer sans fin avec la tendresse secrète et bienfaisante de chacun.

Je t'apprendrai la distance, Françoise,

celle qui permet à l'amour de s'épanouir et de croître sans s'étrangler. A toi et à l'autre de s'accomplir sans se perdre, à chacun de s'inventer pour se présenter aux miracles des rencontres avec des mains pleines et un corps libéré...

Je t'apprendrai la tendresse, Françoise,

sans cesse renouvelée aux caresses de l'espoir,

aux découvertes des échanges forts et doux

à la fragilité des instants d'éternité.

Cette tendresse qui permet de se préserver des illusions que le manque va être soudain comblé, que la solitude n'est pas un bon compagnon. Celle aussi qui devient prolongement de la durée, non pas la tendresse éternelle, mais la tendresse durable des réciprocités acceptées.

Je te dirai le partage, Françoise,

celui du désir reconnu et entendu.

La demande dite et recueillie, le dépassement des refus, la violence à être, les certitudes abolies, l'étonnement du reçu et l'éblouissement du donné.

Je te dirai l'amour, Françoise,

celui qui survit à la passion et dépasse l'ennui,

celui qui ne nourrit pas les affamés mais les rend beaux. Celui qui permet à chacun de se dépasser, de s'habiter plein en accompagnant les élans vers le toujours plus chaud, le toujours plus plein, le toujours plus haut.

Tu viens de quitter cette peau de chagrin, Françoise,
tu es trop vivante pour elle.
Donne-toi la main
accepte d'être un bon compagnon pour toi,
une femme fidèle au meilleur de toi,
laisse-toi aller à t'aimer plus.
Toi qui as souvent connu l'instant fugitif où l'infini se
trouve à portée de ta quête, préserve encore la petite
flamme qui vacille au creux de tes doutes,
accepte de naître enfin à toi-même,
tu peux encore faire danser la vie.

J'achève mon errance de toi, je peux enfin te laisser,
te quitter, je peux m'éloigner vers plus de moi-même.
J'ai rassemblé mon histoire, en des feuillets noircis de
mes mots, de tes regards, de tes tendresses et ce matin
très tôt, les lèvres du soleil à peine entrouvertes j'ai
déposé notre histoire au grand air de la nuit fatiguée,
entre deux pays bleus.
Ce soir à mon retour il n'y avait plus rien,
pas une seule page, pas une seule ligne.
L'espace, le jour ou quelqu'un s'était chargé de
poursuivre le voyage.

L'année scolaire se termine, je clos le temps de nos
rencontres.
J'ai quelques heures encore pour faire mes adieux,
pour sortir de ton ventre, pour me laisser aller enfin à la
solitude retrouvée.

« Moi qui suis au bord de comprendre sans avoir l'art
pour le dire... »

Et ce soir j'en suis là, Gaël.
Tu m'as donné quelque chose de plus
beau que l'amour, de plus fort que la vie,
de plus doux qu'un enfant.
Tu m'as donné l'envie d'être, d'exister,
de me battre plus loin que mes émotions.
Tu m'as permis d'inventer
mes sentiments
bien au-delà des tempêtes du quotidien.
Tu m'as laissé en héritage
un regard sur moi,
un enthousiasme pour la vie.

La composition de ce livre
a été réalisée par l'Imprimerie Bussière,
l'impression et le brochage ont été effectués
sur presse Cameron
par **Bussière Camedan Imprimeries,**
à Saint-Amand-Montrond (Cher),
pour les Éditions Albin Michel.

Achevé d'imprimer en mars 1997.
N° d'édition : 16533. N° d'impression : 1/781.
Dépôt légal : mars 1997.

Imprimé en France